EN BUSCA DE UNA RELIGIÓN PERSONAL

Thomas Moore

En busca
de una religión personal

Guía para crear una espiritualidad
personal en un mundo secular

URANO

Argentina – Chile – Colombia – España
Estados Unidos – México – Perú – Uruguay – Venezuela

Título original: *A Religion of One's Own — A Guide to Creating a Personal Spirituality in a Secular World*
Editor original: Gotham Books, Published by the Penguin Group, New York
Traducción: Camila Batlles Vinn

1.ª edición Julio 2014

ISBN: 978-84-7953-870-5
E-ISBN: 978-84-9944-725-4
Depósito legal: B-13.230-2014

Fotocomposición: Ediciones Urano, S.A.
Impreso por: Rodesa, S.A. – Polígono Industrial San Miguel – Parcelas E7-E8
31132 Villatuerta (Navarra)

Impreso en España – *Printed in Spain*

Dedicado a:
James Hillman (1926-2011)
y Ben Moore (1912-2012)

ÍNDICE

PREFACIO

Yo nací con los temas de este libro arraigados como semillas en mi corazón. Siento un profundo respeto por las tradiciones religiosas, siempre he concedido al arte un lugar central en mi vida, creo en una existencia espiritual en un mundo secular, y la vida erótica me produce placer. Estas ideas están tan grabadas en mí que me resulta natural escribir sobre ellas.

Cuento muchas historias de mi experiencia personal y de las vidas de personas del pasado y del presente. Las personas del pasado a las que me refiero me parecen muy vivas. No son fantasmas, no son meros nombres, sino personas reales que se esforzaron tanto como tú y como yo en lograr que su vida tuviera sentido y vivirla con plenitud. Figuran en mi lista personal, mi comunidad del pasado que me habla alto y claro. Quizás hayas leído sobre ellas en mis libros anteriores. Tengo que seguir citando a las que significan tanto para mí.

Las personas vivas que menciono también son mis maestras. Al describirlas procuro hacerlo con la máxima precisión. En cuanto a las personas que vienen a verme en busca de consejo y para consultarme, siempre soy muy escrupuloso con los asuntos privados. En este libro, he camuflado a algunas utilizando nombres distintos y modificando ciertos detalles. En algunos casos, he combinado dos o tres personas que comparten los mismos problemas vitales para dar mayor interés a la historia. El lector se percatará de cuándo cito a personas directamente y cuándo oculto sus identidades.

Si James Hillman tiene una presencia más preponderante que de costumbre en estas páginas, se debe a que murió cuando empecé a escribir este libro. Mantuvimos una estrecha amistad durante treinta y ocho años, y las conversaciones íntimas que tuvimos, en especial los últimos días de su vida, me produjeron una impresión indeleble. Cuando este libro empezaba a adquirir forma, mi padre murió también, y sentí en mí la fuerza de su espíritu mientras navegaba por las procelosas aguas de un tema complejo. Tengo una deuda impagable con estos hombres extraordinarios.

Introducción

EL PLANETA EN LA VENTANA

El mundo cambia a tal velocidad que algunos días me produce vértigo. Soy un espíritu juvenil que habita en un cuerpo anciano, y trato de mantenerme al día con los cambios que se producen a mi alrededor. De una forma u otra, la religión siempre ha constituido una parte importante de mi vida, y eso también está cambiando a un ritmo que yo no habría podido predecir hace diez años. La pregunta es: ¿debería tratar de vivir sin ella? ¿Debería resistirme al cambio y mantener mi religión tradicional? ¿O debería replantearme en qué consiste la religión?

Siempre he creído en una vida secular intensa y estimulante, dotada de alma mediante un profundo punto de vista espiritual y una práctica religiosa activa. Me considero un humanista religioso. Pero la religión no sólo está cambiando; en muchos aspectos está desapareciendo, al igual que las librerías, los periódicos de papel y las fronteras. Me resisto al secularismo que avanza de modo inexorable y deseo luchar por la religión, pero por una religión esencial y radicalmente reimaginada para adaptarla a nuestra época. El tema esencial de este libro es reimaginar la religión.

No nos percatamos de lo profundamente que nos afectan los cambios que se producen en la ciencia, la tecnología y la cultura. Hoy en día hay poco espacio para la religión. La ciencia pretende responder a todas nuestras preguntas, y la tecnología pretende hacer que la vida sea llevadera. Pero seguimos cayendo en la depresión y la ansiedad. Seguimos acusando la ausencia de una meta y un sentido en la vida. Nos guste o no, tenemos un alma que se queja cuando la descuidamos. Y esa alma necesita de la religión. No es una opción.

Nada es más importante que aportar alma a todo lo que hacemos. Pero no puede haber un alma sin un nítido sentido de lo sagrado, sin religión. Puesto que el «alma» y la «religión» son palabras difíciles de definir, quizá sea el momento de ofrecer algunas definiciones. Según el profundo conocimiento que he adquirido de esta palabra, la religión es nuestra respuesta creativa y concreta a los misterios que impregnan nuestras vidas. Cuando me refiero a la religión como una institución u organización, lo hago de forma explícita, denominándola una religión formal. Mi intención es que conozcamos más a fondo las tradiciones religiosas, aunque soy consciente de que en algunos casos pueden entorpecer mi búsqueda de la profunda religión que persigo.

Utilizo la palabra «alma», otra misteriosa palabra que escapa a toda definición, en el sentido en que surge en una conversación normal y corriente. Hablamos sobre personas, lugares y casas que tienen alma. El alma es la profundidad inalcanzable, la vitalidad sentida, y la plena presencia de una persona e incluso un objeto. Una persona con alma nos produce la impresión de que realmente ha vivido y que tiene una marcada personalidad. Durante milenios teólogos y filósofos han afirmado que el mundo también tiene alma.

El alma es ese elemento invisible, misterioso y suavemente radiante que impregna nuestro ser y nos hace humanos. Como el plasma que corre por nuestras venas, nos proporciona un sentido, sentimientos, conexión y profundidad. Si tienes alma, tienes un resplandor visible y estás vivo y presente. Cuando las personas se encuentran contigo, ven a una persona auténtica.

Sin alma, nuestro mundo y nosotros estamos muertos. Sin alma no existe una sustancia y un valor real, el amor y el afecto son imposibles, no hay corazón ni un poder real o ternura. Sin alma vivimos una vida vacía y metálica, sin tocarnos unos a otros y sin conectar con el mundo. Sin alma sentimos un angustioso vacío y una vaga sensación de estar perdidos. Sin alma muchos escenifican sus pasiones inconscientes a través de una conducta antisocial. Cuando te encuentras con ellos en la calle, observas que tienen la mirada perdida, porque hay un hueco donde debería estar el alma. Sin alma nos obsesionamos con nosotros mismos, porque es el alma lo que nos procura una vida real.

Cuando pienso en un lugar con alma, recuerdo la vieja granja cerca de Auburn, Nueva York, donde mi familia se instaló después de emigrar de Irlanda en el siglo xix. Los destartalados graneros y establos, los oxidados rastrillos y arados, la acogedora y húmeda casa que carecía de agua corriente y los viejos olores de la estufa de queroseno y de las habitaciones cerradas; en mi recuerdo, ese lugar huele a alma.

Con frecuencia las personas se centran en el aspecto espiritual de la religión: creencias, moral, eternidad y lo infinito. Pero la religión también tiene alma. Como la vieja granja, la religión posee una larga historia de evocadoras enseñanzas, pinturas, arquitectura, música y relatos. Puede alimentar el alma e inspirar el espíritu. Lo que recuerdo con más nitidez sobre mi infancia católica es el olor a velas de cera, al humeante incienso y los misteriosos cantos en latín. Para mi alma, sentir era más importante que comprender. Las sensaciones permanecen en mi memoria, inspirándome afecto por la religión, mientras que las enseñanzas y las amonestaciones se han desvanecido.

Cuando estaba inmerso en la escritura de este libro, mi padre falleció, dos meses después de cumplir cien años. Yo le quise y admiré cada día de mi vida. Era un ferviente católico, y a su muerte mi hermano y yo nos enfrentamos a un inesperado problema. No conseguimos hallar a un sacerdote local cuya agenda le permitiera oficiar el funeral.

Si de joven me hubieran dicho que las iglesias cerrarían sus puertas y los seminarios y conventos se vaciarían, no lo habría creído. El hecho de que las iglesias estén vacías y en declive se asemeja al cambio climático: algo importante e inquietante nos está ocurriendo.

Observo los efectos de esto en mi trabajo como psicoterapeuta. Mis clientes acuden a mí con problemas muy arraigados. No están seguros de qué significa estar casados, tienen problemas con sus hijos, se sienten deprimidos, beben demasiado o consumen drogas, o temen no encontrar un trabajo que les satisfaga. Viven en un mundo donde un psiquiatra les receta pastillas para aletargar sus emociones y donde todo excepto una explicación literal y científica de los misterios de la vida es ridiculizado. Es un mundo donde la religión formal, incluso en el mejor de los casos, ha sido arrinconada.

La desaparición del sentimiento religioso va acompañada de una pérdida de alma porque, en el mejor de los casos, la religión habla al alma y la alimenta. La religión tradicional necesita una profunda revisión, pero la religión personal es un requisito indispensable. Es el fundamento imprescindible de un enfoque inteligente y generoso con respecto a la vida.

Una religión con alma

Cuando uno es religioso en un sentido profundo, siente lo sagrado en las cosas, un tenue y misterioso pulso. En el mundo y en ti mismo vislumbras lo numinoso, un atisbo de algo que es más que humano. Cuando desarrollamos nuestra propia religión, conviene cultivar un ojo capaz de observar lo numinoso, una luz sagrada en las cosas o un aura que las rodea, la sensación de que hay más en el mundo de lo que vemos a simple vista. No debemos ser ingenuos ni interpretar esto de forma literal; se trata simplemente de una capacidad de los seres humanos para captar lo infinito en el mundo finito, o una profunda vitalidad y sentido en lo que de otro modo nos parecería vacío y sólo material.

La espiritualidad puede ser abstracta y en gran medida interior, pero tradicionalmente la palabra «religión» comporta algún tipo de acción, a menudo simbólica o ética, por lo que yo prefiero la palabra «religión» a «espiritualidad». La religión personal constituye al mismo tiempo una percepción de lo sagrado y una acción concreta que brota de esa percepción. Cuando comprendes que algo es sagrado, pongamos un río o un lago especial, o incluso una vieja granja, deseas protegerlos de la destrucción. Las percepciones religiosas profundas conducen a respuestas específicas.

Tomemos, por ejemplo, los trágicos asesinatos en masa que conmocionan a la gente y la inducen a llevar a cabo acciones religiosas espontáneas. Depositan velas, ramos de flores o ángeles hechos a mano en el lugar donde ha ocurrido el acto violento. También vemos cruces y flores en una carretera donde se ha producido un fatídico accidente. Son respuestas religiosas personales a un acto misterioso y trágico que no podemos abordar de modo racional. Estos rituales surgen de la inspiración directa de personas que tratan de afrontar algo que no alcanzan a comprender. Contribuyen a restituir el espíritu original del lugar y convertirlo en sagrado, y a menudo restituyen el alma de una comunidad.

Un nuevo secularismo

He estado relacionado con la religión formal toda mi vida. Crecí en el seno de una devota familia católica y luego me marché de casa para estudiar y prepararme para el sacerdocio. Durante trece años gocé de la vida en una comunidad religiosa, como hermano que había hecho profesión solemne en la comunidad de los servitas, una orden italiana fundada en el siglo XIII. Los servitas conviven en prioratos y conventos, pero también trabajaban fuera, sirviendo en una parroquia o impartiendo clase en una escuela. Los hombres no son monjes en el sentido estricto de la palabra, sino frailes. Como estudiante para el sacerdocio, yo no trabajaba fuera, de modo que mi vida con los servitas era casi idéntica a la de un monje. A los veintiséis años dejé la orden y al cabo de un tiempo abandoné la religión formal. Sin embargo, casi cada día añoro mi antigua vida en un monasterio. No me arrepiento de mi decisión de abandonarlo o poner fin a mi preparación para el sacerdocio, porque, cuando echo la vista atrás, está claro que estaba destinado a otro tipo de vida religiosa tan o más intensa que la otra.

Posteriormente cursé estudios doctorales en el campo del estudio de las religiones. Aunque ya no llevaba un hábito negro con un rosario que colgaba de mi cinturón y no meditaba cada mañana y cada noche en una silla de coro de madera pulida, rodeado de somnolientos hermanos, mi vida interior se hizo más profundamente religiosa. En la actualidad, cuarenta años más tarde, me siento más religioso e incluso más católico que nunca, aunque verás pocos signos externos.

Cuando describo mi religión personal a lo largo de este libro, bebo de varias fuentes: mis años en un monasterio, mis estudios sobre religiones, mi práctica de psicoterapia, mi estudio constante y mis escritos. Todo ello forma parte de mi religión personal. Me he alejado progresivamente de la religión organizada y he profundizado más en mi estilo personal de espiritualidad. Sería más exacto decir que he cambiado de forma significativa en mi relación con las tradiciones espirituales. Hoy, forman una parte esencial de mi práctica personal, aunque no soy miembro activo de ninguna. Cuantas más tradiciones estudio y tomo prestadas, más profunda es mi vida espiritual.

Curiosamente, mi religión personal se ha hecho más individual a medida que estudio las distintas tradiciones. Antes, cuando mi visión se limitaba al catolicismo, prácticamente carecía de una individualidad espiritual. Pero ahora que estoy abierto a numerosas tradiciones, paradójicamente tengo una intensa experiencia personal de la religión.

Durante los veinticinco últimos años mi religión personal se ha visto enriquecida por la religión de mi esposa, en gran medida una mezcla de su catolicismo nativo y el sijismo, que ella eligió. No pretendo convertirme en un sij, pero la devoción de mi esposa ha influido en mí. La mayoría de mañanas damos un paseo con nuestro perro y ella me habla de sus ideas teológicas, sus conocimientos sobre el sijismo. No deseo unirme a ella en su devoción, pero ésta me afecta. Sus puntos de vista afectan mi religión, que cambia y evoluciona continuamente.

Te recomiendo esta práctica. Si tienes un cónyuge o un amigo que persigue una vida espiritual distinta de la tuya, y esta persona está dispuesta a hablar contigo sin tratar de convertirte, escúchala, Necesitas toda la información y ayuda que puedas obtener para crear tu propia religión.

Este libro es fruto de mi experiencia personal, el surgimiento de mi vida espiritual a lo largo de muchos años. La he vivido y ahora quiero enseñar a otros cómo enriquecer su vida, darle un sentido y hacer que el día a día merezca ser vivido. Deseo proclamar que no existe nada que no sea sagrado. Deseo promover una religión sentida y no sólo meditada, significativa y no sólo emocional, la mía propia y no una tradición antigua. Estoy convencido de que este tipo de religión personal, tan real como el Vaticano y tan sagrada como el Dalái Lama, puede ofrecer una solución al problema de la fe en el mundo moderno.

Cada día añado otra pieza a mi religión personal. Se basa en años de meditación, cantos, estudios teológicos y la práctica psicoterapéutica, que para mí constituye una actividad sagrada. Pero utilizo mi propia inspiración, mis conocimientos, mis gustos y mi percepción para dar forma a esta religión que se corresponde con la persona que soy hoy en día. Confío en ser una persona más madura que el niño de trece años que se hizo monje, y necesito una religión acorde con un hombre adulto en la madurez de su vida.

No quiero convertir a nadie a mis ideas, y no quiero tener seguidores. Por supuesto, si deseas aprender más sobre lo que he descubierto, puedes estudiar conmigo, pero confío en que consigas crear tu propia religión. Yo invertiría el fervor apostólico: en lugar de convertir a otros, quisiera ayudarles a hallar su propio camino.

Muchas personas, como yo, han recibido una formación en una religión formal, o pertenecen a una determinada tradición. Tú puedes crear tu propia religión profundizando en tu tradición, asimilando sus enseñanzas más sutiles, no interpretándolas de forma demasiado literal, y sintiéndote libre para llevarla en las direcciones que tengan sentido para ti. Lo importante es no mostrarse pasivo, sino abordarlo de forma activa. Puede ser un recurso enriquecedor y un buen punto de partida.

Cuando decidas crear tu propia religión, desearás estudiar las tradiciones de las religiones formales con un fervor que jamás habías experimentado. Descubrirás lo valiosas que son y la belleza y sabiduría que contienen su arte, sus textos y sus historias, sus rituales y sus imágenes sagradas. Desearás aprender de los *sutras* budistas, de las enseñanzas de los Evangelios, de los poetas sufíes y de los dichos de Lao Tzu y de Chiang Tzu. Te asombrará la maravillosa precisión de la Cábala y la fina sensibilidad espiritual del Corán, porque sabes lo que significa buscar una percepción espiritual y expresar tus sentimientos espirituales.

Quizá descubras también, al igual que yo, que lo que denominamos arte y literatura seculares completan tu educación espiritual. No comprenderás lo que es la religión hasta que leas a Emerson y a Thoreau, a Emily Dickinson, a Samuel Beckett y a Anne Sexton, a D. H. Lawrence, a Wordsworth y a W. B. Yeats. No sabrás cómo ser espiritual hasta que conozcas y escuches a J. S. Bach y a Arvo Pärt. Te asombrará lo que los pintores Lucas Cranach y

Rene Magritte pueden aportar a tu religión. Todos ellos son algunos de mis favoritos.

Creatividad espiritual

Este nuevo tipo de religión requiere que te niegues a ser un seguidor para convertirte en un creador. Yo preveo un nuevo tipo de creatividad espiritual, en la que ya no decidimos si creer en un determinado credo o seguir una determinada tradición a ciegas. Ahora nos permitimos un saludable e incluso piadoso escepticismo. Lo más importante es que ya no nos sentimos presionados para elegir una tradición en lugar de otra, sino que somos capaces de apreciar los numerosos caminos que conducen a la riqueza espiritual. Esta nueva religión es una mezcla de inspiración individual y tradición inspiradora.

La idea de este libro surgió a raíz de una visita a Walden Pond, que dista una hora en coche de mi casa, donde, el 4 de julio de 1845, Henry David Thoreau inició su experimento de vivir solo para descubrirse a sí mismo y emprender una vida con sentido. Yo daba clases a mi hija en casa y fuimos a Walden para que conociera a los trascendentalistas de Nueva Inglaterra. Hacía un apacible día de primavera y después de guardar silencio un rato en la réplica de la cabaña de Henry David Thoreau, paseamos por el perímetro del pequeño lago.

Thoreau no pertenecía a ninguna religión formal, pero su simple acción de abandonar la ciudad, no distinta de lo que hicieron los padres cristianos cuando partieron para el desierto, y construir su cabaña a orillas del lago se convirtió en un acto icónico. Fundó un movimiento: alejándose de las gigantescas instituciones religiosas para crear una religión personal inspirada y culta.

Durante esta visita imaginé a Thoreau emprendiendo el breve recorrido desde la ciudad de Concord al remoto paraje de Walden y construyendo su cabaña, de tres por cinco metros, según el espíritu de los antiguos constructores de catedrales. Construían una casa para Dios, al igual que Thoreau a su manera más modesta. Al cabo de un tiempo escribió una pequeña biblia, *Walden*, una compañera verbal para su diminuta catedral, que contiene multitud de detalles prosaicos que forman un perfecto telón de fondo para sus profundas percepciones sobre la vida espiritual. Te recomiendo que leas sus palabras una y otra vez, colocándolas junto al *Tao Te Ching*, los relatos de los Evangelios y algunos poemas de Rumi y Hafiz. Pero la tarea principal es emular a Thoreau, seguir tu inspiración y construir tu propia «catedral», por personal y libremente adaptada que sea, y crear tu propia biblia y tu *Walden*.

Thoreau recorrió a pie tres kilómetros y medio para hallar un centro espiritual, mientras que el astronauta Edgar Mitchell recorrió más de cuatrocientos cincuenta mil kilómetros. Encontró su religión personal en una nave espacial que regresaba a la Tierra después de una visita a la Luna. Sentado en el reducido espacio de su cápsula espacial, de regreso de la misión del *Apolo 14* en 1971, Mitchell contempló de pronto una increíble vista «del planeta tierra, azul, semejante a una joya». Al contemplarlo, dijo que había «vislumbrado la divinidad».

Mitchell, un experto astronauta enfundado en su traje espacial, sentado en un minúsculo vehículo espacial controlado por ordenador, rodeado de la parafernalia de la alta tecnología de su época, tuvo una experiencia casi mística. Posteriormente escribió: «Fue una sensación totalmente extraña. De alguna forma me sentí conectado a algo mucho mayor que yo, mucho mayor que el planeta que veía en la ventana. Algo incomprensiblemente grande».[1]

El comentario de Mitchell no era una simple metáfora pronunciada en el fragor del momento. La visión que tuvo en el espacio cambió su vida. A partir de entonces contempló el mundo de otra forma y se convirtió en un líder de un nuevo conocimiento, la noética, que él describió como situada en la cúspide de la religión y la ciencia. Su historia, una parábola de nuestro tiempo, nos enseña cómo podemos descubrir una nueva y más eficiente forma de ser religiosos en una era dominada por la ciencia.

Mitchell duda a la hora de calificar su experiencia como religiosa y mística. Yo no dudaría. La cuestión no es si nos enfrentamos al hecho de la divinidad o de una verdad, sino si somos capaces de ir más allá de nuestra habitual y materialista cosmovisión. La religión significa trascender, ir más allá. Es más bien un verbo que un pronombre. La cuestión no estriba en encontrar algo, sino en ir más allá. Las palabras de Mitchell sobre sentirse en contacto con algo incomprensiblemente más grande que él mismo describen una auténtica experiencia religiosa basada en lo prodigioso, y lo prodigioso abre un cosmos que de otro modo permanece cerrado.

Una religión secular

Como un aerosol que impregna el aire e induce sueño, el secularismo de nuestra cultura nos atonta. Lo respiramos todos los días y lo consideramos natural. Es tan atractivo que no nos per-

---

1. Doctor Edgar Mitchell, *The Way of the Explorer* (G. P. Putnam's Sons, Nueva York, 1996), p. 58.

catamos de que lentamente elimina toda sensación de misterio, de profundo asombro y percepción de un gran Algo Más u Otro Lugar que podría sustentar a la religión. Progresivamente y en silencio nos convertimos en secularistas hiperactivos o nos limitamos a ser personas religiosas con un grueso muro entre nuestro estilo de vida secular y nuestras creencias religiosas. Huérfanos de una profunda imaginación religiosa, somos incapaces de enfrentarnos a los retos de la vida. Como he dicho, lo he observado en mi consulta psicoterapéutica.

Hace años una mujer me envió un correo electrónico diciendo que deseaba tener una entrevista privada conmigo. Sarah entró en mi consulta sonriendo, sin parar de hablar, feliz de tener la oportunidad de relatar su historia. No tenía quejas, nada importante que contar. Pero de repente su talante cambió. Durante un rato guardó silencio. Los ojos se le llenaron de lágrimas y me habló sobre las veces en que había ingerido sobredosis de fármacos y se había cortado las venas. Yo la animé a que siguiera hablando.

Sarah tenía un trabajo bien remunerado, un bonito apartamento en propiedad en una elegante zona de la ciudad, y numerosas oportunidades de viajar. Pero era incapaz de mantener una relación íntima. Mientras me relataba su historia, formulaba reflexiones cruciales, pero luego se reía y decía que quizás había sido un error venir a verme. Me pregunté si se comunicaba conmigo de la misma forma en que abordaba una relación íntima.

Después de la primera sesión —hubo muchas más—, mis sentimientos eran ambivalentes. Como persona Sarah me caía bien y era consciente de su dolor. Sentía que su principal problema era espiritual. Estaba perdida en su despreocupada existencia secular y no podía aterrizar en ninguna parte. Nada era sagrado.

Nada la obligaba a detenerse el tiempo suficiente para meditar con detenimiento sobre su vida. Incluso nuestras sesiones constituían un reto, porque su actitud autoprotectora asumía la forma de evitación bajo una intensa y nada convincente felicidad, que es un síndrome de nuestro tiempo.

Sarah no tenía ninguna religión, nada que diera peso y sentido a sus actos. No sabía si reír o llorar porque estaba totalmente alejada de los fundamentos de su vida. Recordé el sermón de Paul Tillich «Sacudir los fundamentos»: «Cuando el hombre descansa con autocomplacencia en su creatividad cultural y su progreso técnico, en sus instituciones políticas o en sus sistemas religiosos, cae en la desintegración y el caos; todos los fundamentos de su vida personal, natural y cultural tiemblan».[2] Más adelante, Tillich recomendaba basar nuestra conciencia religiosa en «nuestra preocupación primordial», creando así una religión propia. Hasta el momento, yo no había oído de labios de Sarah nada parecido a una preocupación primordial.

Mi reverenciado profesor de religión, Stanley Romaine Hopper, solía decir en sus seminarios que hasta que descubramos un nuevo y profundo mito que tomar como ejemplo, estaremos a merced de los seudomitos. Yo sustituiría aquí la palabra «religión». Estamos asaltados por personas ordenadas por la sociedad para convencernos de sus creencias y valores, ofreciéndonos una seudorreligión. Lucen batas blancas, como han hecho durante siglos los sacerdotes y líderes espirituales; hablan un lenguaje canónico y consideran infieles a quienes no están de acuerdo con ellos. Los médicos con los que he hablado no están de acuerdo conmi-

---

2. Paul Tillich, *The Shaking of the Foundations* (Charles Scribner's Sons, Nueva York, 1948), p. 6.

go, pero sospecho que los estetoscopios que llevan alrededor del cuello son vestigios de la antigua naturaleza religiosa de su posición. Los líderes espirituales de numerosas tradiciones también lucen alrededor del cuello cadenas, cruces y abalorios.

Así pues, ¿qué opciones tenemos? Una es seguir adheridos a la religión hueca de las ciencias materialistas y otra regresar a las religiones formales que tantos han abandonado. También podemos conformarnos con una vaga y anodina noción de espiritualidad. Yo opto por la religión en lugar del secularismo, pero creo que necesitamos una religión que brote de nuestros corazones y mentes y se ajuste a nuestros propios valores y sensibilidades. Este nuevo enfoque necesita explorar las religiones formales para aprender de ellas, pero arraiga y florece en una vida individual.

Cuando hablo de una religión propia, no me refiero a un pastiche espiritual egoísta, egocéntrico, pergeñado de cualquier manera. Lo que recomiendo es una vida valerosa, centrada, que persigue su destino, informada e inteligente, que posee una dimensión sublime y trascendente. Puede ser compartida en una comunidad. Puede alcanzarse dentro o fuera de una organización religiosa tradicional. Pueden adoptarla miembros devotos de un grupo religioso y agnósticos y ateos. Para ser religioso incluso de forma personal, tienes que despertarte y buscar tus propios portales de acceso a lo maravilloso y trascendente.

Mi clienta Sarah no tenía ninguno de esos portales de acceso. Estaba atrapada en los estrechos límites de una vida carente de religión. Ignoraba que vivir en un ámbito única y exclusivamente secular significa perder contacto con tu alma, ese «vasto telón de fondo de nuestro ser», como decía Emerson.[3] Si te des-

---

3. Gay Wilson Allen, *Waldo Emerson* (Penguin Books, Nueva York, 1982), p. 329.

conectas de ese telón de fondo, la vida no sigue como de costumbre: te vuelves loco.

Un medio sagrado

Hasta que cumplí veintitantos años seguí el pensamiento actual de la Iglesia católica. Mi individualidad sólo aparecía de modo superficial y muy de vez en cuando. Curiosamente, tres teólogos de marcada individualidad me inspiraron a buscar un profundo cambio espiritual. No me desperté espiritualmente hasta que empecé a leer a Pierre Teilhard de Chardin, un paleontólogo jesuita y visionario espiritual censurado por la Iglesia, y al teólogo luterano Paul Tillich, y estudiaba el Nuevo Testamento con el ahora respetado y polémico John Dominic Crossan. Más tarde, cuando abandoné la orden religiosa y el seminario que había sido mi vida durante trece años, abandoné la fe de mis padres y madres y durante largo tiempo fui un buscador.

Chardin dice a propósito de la evolución física que al cabo de un tiempo entra en una fase espiritual. La espiritualidad no es algo añadido a la vida física sino el mundo natural que crea su destino. Según él, somos naturalmente espirituales, y el mundo físico posee un hermoso y poderoso potencial. Hoy en día a la gente le gusta citar a Chardin: «No somos seres humanos que tenemos una experiencia espiritual. Somos seres espirituales que tenemos una experiencia humana».

Chardin hablaba de «lo divino que irradia de las profundidades de la materia». Cuando yo estudiaba su obra, estaba aún en el priorato, donde me enseñaron a ver los aspectos más ordinarios de la vida, desde leer a podar los árboles frutales, como una labor espiritual. Recibí el mensaje de muchos frentes, y me inspiró e impuso el rumbo de mi vida. Sigo viviendo de acuerdo con esa norma.

Ahora veo lo sagrado del mundo normal y corriente como un importante aspecto a la hora de crear una religión propia. Las figuras clave que invoco son hombres y mujeres que consideraban el mundo natural y las actividades cotidianas sagrados. Georgia O'Keefe no pintaba Vírgenes; pintaba flores y calaveras, pero los plasmaba con tal fuerza y alusiones simbólicas que su carácter sagrado es innegable. Glenn Gould, un pianista canadiense e intérprete de Bach, no promovía una religión específica, pero hablaba de «la presencia de lo divino» en ciertas obras musicales que tocaba con reverencia y asombrosa vitalidad.

Por lo general oímos estas afirmaciones como metáforas pronunciadas a la ligera, pero yo las tomo muy en serio. Sugieren un nuevo tipo de teología, que no se circunscribe a una tradición u organización, que aprecia el carácter sagrado de lo secular, y que brota de la experiencia personal.

Hemos llegado a otro principio clave del libro: *Tú puedes descubrir lo sagrado y lo divino dentro o fuera de una Iglesia u otra organización espiritual.* Los pioneros espirituales pueden inspirarte a descubrir tus propios elementos sagrados en la vida y en el mundo y crear tu propia religión.

¿Dónde está Dios en todo esto?

«¿Dónde está Dios en todo esto? ¿No se basa la religión en creer en Dios?»

Dios está en todas partes, pero no de la forma habitual. Entiendo que los seres humanos necesitan imágenes tangibles, a veces personales, para sus creencias e ideas más etéreas. La ma-

yoría de las personas negaría que su Dios sea un anciano barbu-
do sentado en las nubes. Pero los teólogos y místicos se esfuerzan en describir a Dios en los términos más puros posibles. No
quieren que el objeto de su devoción sea un ídolo, un concepto
demasiado limitado de lo infinito. Al principio del *Tao Te Ching*
hallarás esta simple y estimulante frase: «El Tao que puede ex-
presarse no es el Tao eterno». Los escritos judíos evitan la palabra «Dios», y utilizan en cambio «Yavé» o «Yo soy el que soy».

Personalmente, soy extremadamente cauto a la hora de utilizar esa palabra. A veces utilizo sólo la letra D. A menudo siento
como si necesitara una larga nota a pie de página para aclarar
cualquier concepto demasiado ingenuo o humano y concreto.
Para mí, D es una realidad misteriosa que descubro sólo en mis
reflexiones y meditaciones más profundas.

Puedo hablar de Dios en circunstancias fuera de lo corriente
y «vislumbrar» a Dios en la naturaleza y en ciertos eventos de la
vida humana. Puedo rezar a Dios y puedo dirigirme a Dios directamente en momentos de extrema necesidad o temor. Pero
por lo general procuro no minimizar el concepto de Dios debido a las limitaciones de mi intelecto y mi insignificante vida.

No me gusta llenar las lagunas de mi ignorancia con pobres
sustitutos del conocimiento. Utilizo el lenguaje tradicional cuando ofrece una expresión más sublime, profunda y bella. Me dirijo
a Dios en momentos de extrema necesidad. Pero no me gusta
minimizar a Dios fingiendo que es un «él» que ejerce gran influencia en el cielo. Prefiero no utilizar la palabra cuando resulta
pequeña e insuficiente.

Así pues, mi religión contiene la palabra «Dios», pero la utilizo con tal moderación que te costará encontrarla. Me siento cómodo hablando con ateos, porque mi idea de Dios está llena de

ateísmo. Al igual que un ateo, rechazo las habituales invocaciones de Dios que resultan burdas y carecen del debido misterio y temor reverencial. La mayoría de ateos atacan la idea ingenua y demasiado concreta de Dios y dan por supuesto que las personas religiosas se hallan en el extremo opuesto del espectro. En términos generales, estoy de acuerdo con ellos. Debemos madurar y rechazar ese tipo de religión. Pero los místicos que hay en todo el mundo no son tan ingenuos. En general tienen un concepto más sofisticado de Dios, y yo prefiero el suyo al de los ateos.

Estoy influido por muchos piadosos místicos del pasado lejano y reciente. El teólogo medieval Maestro Eckhart dejó dicho: «Ruego a Dios que se deshaga de Dios». El mártir del siglo xx Dietrich Bonhoeffer observó, no menos paradójicamente, que «Dios desea que sepamos que debemos vivir como personas capaces de organizar sus vidas sin él».[4]

Prefiero vivir vislumbrando de vez en cuando a Dios que contemplándolo. Una representación extraordinaria de la maravillosa naturaleza o el arte emana una sensación de lo divino. Podemos incluso sentir a Dios en una manifestación especial de terrible violencia: la famosa frase de Oppenheimer con motivo de la explosión de la bomba atómica en el desierto de Nuevo México: «Me he convertido en la Muerte, el destructor de mundos».

Comoquiera que este libro se centra en ofrecer una respuesta concreta a lo misterioso y honrar los aspectos más profundos y

---

4. Dietrich Bonhoeffer, *Letters and Papers from Prison* [Resistencia y sumisión: cartas y apuntes desde el cautiverio], ed. Eberhard Bethge (Collier Books, Nueva York, 1971), p. 360.

más importantes de la vida, a mi modo de ver trata sobre Dios, aunque utilice en escasas ocasiones su nombre. De hecho, el nombre de Dios puede minimizar el sentido de divinidad que deseo evocar. Dios está en los espacios entre frases. Dios es lo que no se dice y no se escribe. Dios es a quien invocamos, pero no vemos.

Si dices demasiado, ahuyentas precisamente lo que tratas de evocar. Recuerdo una antigua fórmula: Dios es una esfera cuyo centro está en todas partes y cuya circunferencia no está en ningún sitio. Necesitamos esas dos percepciones para comprender la naturaleza de Dios: Dios está en todas partes y en ningún sitio. Los teólogos lo denominan la vía negativa o apofática, la negación. Miramos hasta que no vemos nada tangible, y eso es Dios.

La religión que propongo no es el tipo de religión domesticada, insulsa, ensayada y repetida hasta la saciedad. Es una religión que se revela y renueva de forma constante. Cuando digo que es una religión personal, me refiero justamente a esto. No es un compendio formulado por otros sobre que lo que debes hacer y ser. Es la nueva y constante revelación de las profundas verdades que pueden configurar tu vida.

La religión es concreta

Mientras escribo, estoy en una habitación de mi casa que utilizo como estudio para escribir. Da a un pequeño estanque circular con una fuente en el centro; cada parte sugiere la cuadratura del círculo, un tema tradicional en las religiones y la alquimia, que evoca simbólicamente la encarnación de lo invisible, el cuadrado del cuerpo que corta el círculo del espíritu. Uno de los temas principales de este libro, hallar lo sagrado en la vida cotidiana, está oculto en el símbolo de esa fuente. En esta habitación, que presenta un aspecto bastante monacal, estoy rodeado de libros y figuras procedentes de diversas tradiciones espirituales. Mandé que construyeran esta habitación según las antiguas proporciones musicales. Cuando estuvo exterminada comprobamos que constituía una excelente caja de resonancia para una minicadena musical, cuyos altavoces están instalados en lo alto, cerca del techo. Todos estos detalles reflejan mi religión, no mi cristianismo, budismo o sufismo, sino mi religión personal y concreta, mi propia forma de abordar los misterios que se ocultan detrás de lo ordinario, mi inspirada manera de encarnar el espíritu.

Desde mi mesa veo a través de la ventana el jardín y observo cómo las mariposas y las abejas realizan durante todo el día su silenciosa labor. Me pregunto por qué los griegos empleaban la misma palabra para referirse a una «mariposa» y al «alma». Dos peces de colores, que crecen de modo alarmante, nadan sin cesar en el estanque debajo de las hojas de nenúfar y en aparente armonía con las ranas, que suelen aposentarse en la base de la fuente. Los peces han representado desde hace mucho tiempo los pensamientos, fantasías y emociones que nadan en nuestro interior. El jardín constituye un amplio y hermoso terrario exterior, un universo en miniatura en el que, como los ríos del Paraíso, el agua fluye y salpica. Es un emblema de la vida en su aspecto más puro.

PRIMERA PARTE

UNA NUEVA ESPIRITUALIDAD SECULAR Y NATURAL

«La "realidad" me abruma cuando regreso a casa caminando bajo las estrellas y hace que el mundo silencioso sea más real que el mundo del lenguaje, y ahí está de nuevo, en un autobús en medio del bullicio de Piccadilly. A veces, parece hallarse también en formas demasiado lejanas para discernir su naturaleza. Pero da a cuanto toca fijeza y permanencia. Eso es lo que queda cuando concluye la jornada; eso es lo que queda del pasado y de nuestros amores y odios […] Así que cuando os pido que ganéis dinero y tengáis vuestra propia habitación, os pido que viváis en presencia de la realidad, que llevéis una vida, al parecer, estimulante, os sea o no os sea posible comunicarla.»

VIRGINIA WOLF, *Una habitación propia*

I

LAS TRADICIONES ESPIRITUALES
EN LA ACTUALIDAD

«Cada manifestación de lo sagrado es
importante: cada rito, cada mito, cada creencia
o figura divina.»

MIRCEA ELIADE[5]

«El Señor es mi pastor» es un hermoso salmo, pero las personas están cansadas de ser ovejas. Cada vez son menos las que están dispuestas a hacer lo que les diga el sacerdote, el rabino o el pastor protestante; o entrar en una iglesia abarrotada y llevar a cabo ritos sin sentido. Y menos aún las que están dispuestas a restringir sus intereses sexuales porque un sacerdote célibe, reprimido sexualmente u obsesionado, les dice que lo hagan. Pocas mujeres están dispuestas a seguir siendo observadoras de segunda clase ante una jerarquía masculina. Y muchas iglesias están vacías y en declive.

---

5. Mircea Eliade, *A History of Religious Ideas*, [Tratado de historia de las religiones: morfología y dialéctica de lo sagrado], volumen 1, trad. Willard R. Trask (University of Chicago Press, Chicago, 1978), p. xiii.

Para algunos, la respuesta consiste en resistirse al cambio e insistir en la religión de antaño. Otros no ven la necesidad de practicar ninguna actividad religiosa o espiritual, sea cual sea. Ambos planteamientos tienen sus peligros: uno induce al lavado de cerebro y el otro a una vida demasiado superficial. Un tercer grupo busca otra alternativa. Yo recomiendo una forma nueva y más profunda de ser religioso, no sólo espiritual, que satisfaga tanto a creyentes como a buscadores.

Aproximadamente cuatro de cinco personas en el mundo pertenecen a una religión organizada, y éstas necesitan también un nuevo enfoque más personal y estimulante. Incluso ellas sienten la acuciante necesidad de convertirse en seres espirituales y no seguir simplemente un credo o cumplir con los ritos de rigor.

Si te hallas entre el veinte por ciento de personas que son ateas y agnósticas, tú también puedes crear una forma de vida espiritual concreta —es probable que no desees utilizar la palabra «religión»—, y también puedes beneficiarte de las tradiciones espirituales y las religiones sin creer en ellas. Están a tu alcance, al igual que al alcance de sus seguidores. Puedes ufanarte de formar parte del veinte por ciento de humanistas ilustrados y sin embargo maravillarte ante la belleza de las tradiciones antiguas.

Los escépticos califican este enfoque más libre de las religiones del mundo como «un enfoque de cafetería», «una religión de bar de ensaladas» o «la proliferación de la espiritualidad», tomando prestado un poco de aquí y de allá. Se da la circunstancia de que las cafeterías y los bares de ensaladas me gustan y la comparación no me ofende. Nada te impide profundizar en las enseñanzas e incluso las prácticas de una tradición formal sin rendirte a la religión en su integridad. En mi caso, las ideas clave del taoísmo, el politeísmo griego y el budismo zen sumaron a mi experiencia sustancialmente católica, creando un rico tesoro del que tomar prestadas imágenes, historias, enseñanzas y sabiduría. La mera belleza de la arquitectura, la música, las artes visuales y otras representaciones artísticas en las tradiciones las hacen aún más valiosas.

Mi padre era un ferviente católico, en muchos aspectos liberal en su pensamiento, pero tradicional en su práctica. Un año, por Navidad, le regalé un libro sobre religiones asiáticas. Lo leyó enseguida y me dijo que era uno de los libros más interesantes e importantes que había leído en su vida. A lo largo de los años lo releyó varias veces y nunca se cansaba de decirme lo mucho que le gustaba. A punto de cumplir cien años su fe católica fue en aumento, pero su afecto por ese libro no mermó. Deduzco que si mi padre, que llegó a cumplir cien años, al que yo llamo afectuosamente «el fontanero filosófico», podía ser un buen católico y estudiar el taoísmo seriamente, cualquiera puede hacerlo.

Muchas tradiciones, muchas sabidurías

Las tradiciones espirituales de todo el mundo, grandes y pequeñas, ofrecen dos importantes regalos: sabiduría y belleza. Aquellos que entienden la religión como una verdad esculpida en granito probablemente no obtendrán mucho provecho de estos beneficios. Para ellos, la religión se basa en convicciones inamovibles y una absoluta corrección. Pero tú puedes construir una vida sobre la sabiduría y la belleza, atesorando conocimientos sobre la experiencia humana y la gloriosa expresión de esos conocimientos plasmados en el arte y la artesanía. El primer enfoque puede hacerte duro e inflexible, pero el segundo puede hacer que tu vida sea muy bella.

Ésta es una de las principales diferencias de esta religión nueva y personal: profundizar, en lugar de tener razón. Esto significa estudiar tu tradición u otras que te atraigan y seguirlas a tu estilo, con sinceridad y entusiasmo. La cuestión no estriba en unirse al grupo adecuado, sino en hallar los recursos que te permitan ahondar en tu búsqueda y te ofrezcan percepciones interesantes.

Entre las guías que utilizo está el *Tao Te Ching,* los Evangelios, las historias sobre los dioses y diosas griegos, las enseñanzas de los maestros zen, los poemas sufíes, las canciones y los relatos épicos de los americanos nativos y los escritos de los trascendentalistas de Nueva Inglaterra. Estas sólidas fuentes me han procurado en su conjunto los conocimientos que precisaba para pisar terreno firme en mi vida espiritual.

A ellas añado también los escritos seculares que profundizan en sus reflexiones sobre la experiencia humana, los cuales sitúo junto a los textos sagrados. Para mí, las obras teatrales de Samuel Beckett y los poemas de Rainer Maria Rilke y Emily Dickinson destacan por su rigurosa descripción de los principales problemas que nos afectan a todos. La sensual y penetrante poesía de nuestra coetánea Jane Hirshfield abunda tanto en la espiritualidad tradicional como en la natural. La lista de poetas y dramaturgos rayanos en lo sagrado es muy larga.

Los escritos de C. G. Jung, en particular sus memorias autobiográficas dotadas de una extraordinaria profundidad, *Recuerdos, sueños, pensamientos,* junto con su trabajo sobre la alquimia y las tradiciones espirituales, sirven como una teología y una psicología básicas. Del mismo modo que teólogos como Paul Tillich me ayudan a expandir mi formación cristiana, Jung me ayuda a centrar mi religión personal. Asimismo, sigo hallando apoyo en las numerosas fuentes judías que tengo hoy a mi alcance, en especial los rabinos Lawrence Kushner y Harold Kushner, y siempre, por supuesto, Abraham Joshua Heschel.

Las tradiciones espirituales ofrecen los rudimentos de una vida religiosa. Te dicen cómo vivir e imaginar un mundo atento y con sentido. Puedes buscarlas, estudiarlas y adaptarlas a tus propios fines. Si las estudias, no necesariamente como un erudito sino como un buscador sincero, no serás un aficionado. Serás un estudiante serio de la religión que estás creando.

Leer es una práctica espiritual

Recomiendo leer los textos espirituales clásicos de todo el mundo, en especial los que te atraigan más. Léelos despacio y con atención, meditando en ellos. En muchas religiones formales leer constituye una práctica espiritual. En el primer siglo después de Cristo existía la costumbre de leer en voz alta pasajes del Nuevo Testamento. En el cristianismo hallamos la *lectio divina*, leer a modo de meditación. En el islam la lectura del Corán[6] es una devota práctica espiritual, rodeada de una etiqueta espiritual muy precisa. No debes tocar siquiera un ejemplar del Corán hasta no haberte purificado antes. Recuerdo, cuando era un niño del coro, católico, de once años, sostener un misal encuadernado en cuero contra mi frente mientras el sacerdote lo leía durante una misa mayor solemne. En el judaísmo, el gran honor concedido a los manuscritos de la Torá demuestra también la importancia sa-

---

6. S. Sayyid, «Rituals, Ideals, and reading the Qur'an», *American Journal of Islamic Social Sciences, i-epistemology.net/...893_ ajiss-23-1-stripped%20-%20Sayyd*. Este excelente artículo no versa sobre la lectura propiamente dicha del Corán, sino sobre cómo comprenderlo.

grada de los libros y la lectura. Los sijs conceden un gran honor al Gurú Granth Sahib, una colección de escritos tradiciones que enseñan la forma de vida sij.

Puedes practicar tu propia *lectio divina*, leyendo para adquirir una percepción espiritual más que para informarte o divertirte. Elige un texto breve de una fuente clásica y lee despacio una frase tras otra. Léela más de una vez, a ser posible en voz alta, para que la palabra penetre en ti de modo sensual. Deja que el sentido y la belleza del lenguaje te impresionen. Quizá tengas que probar varias traducciones hasta encontrar la que te satisfaga más. O, como hago yo, puedes utilizar varias traducciones a la vez, probando una tras otra. Deja que los matices de los textos te ofrezcan una estimulante y variada noción de lo que dicen.

Puedes crear una estantería especial de libros, las fuentes de tu lectura espiritual, libros que consideras sagrados. La mía incluye la Biblia, el Corán, una traducción especial de los Salmos, la inspiradora colección de Jane Hirshfield titulada *Women in Praise of the Sacred*, la autobiografía de Jung y la *Odisea* de Homero. Tú puedes hacer lo mismo con tu lector electrónico, otorgando a estos libros un lugar especial. Puedes leerlos con asiduidad y de forma reverente. La práctica cristiana *lectio divina* comporta cuatro acciones: leer, meditar, rezar y contemplar. Después de leer con atención, analizas los pensamientos en tu mente. A continuación entablas un diálogo con lo divino, y por último te abres al mundo que te rodea. Te abres por completo y sinceramente.

Mi *lectio divina* sería algo distinta: lee despacio, medita sobre las palabras, deja que te conduzcan a un lugar profundo, asimila el mensaje o la lección de ese lugar. Penetra en el mundo con tu imaginación ilustrada y preparada por las imágenes de tu lectura meditativa. Si quieres rezar, hazlo después de estos cuatro pasos.

Una idea clave en cada tradición

Cada tradición espiritual contiene unas ideas clave que ofrecer a tu percepción espiritual en general. Yo acudo al *Tao Te Ching* para que me recuerde lo que David Hinton traduce como un «oscuro enigma». Conozco bien este fenómeno en mi vida. Me canso de oír a algunas personas referirse a la luz, porque a mi entender el gran misterio es más oscuro que luminoso. No lo encuentras sólo en la luz de la esperanza pura y la felicidad. A veces, tienes que acercarte a la oscuridad y analizar tu vida y soportar el tormento de la autoconfrontación. También puedes sentir el dedo de lo divino cuando enfermas de cáncer o pierdes a un hijo.

Acudo a los Evangelios para otros asuntos determinados en la vida espiritual. Allí encuentro una lista de cuatro instrucciones especiales: 1) sana a los demás; 2) afronta lo demoníaco; 3) respeta a tu prójimo; pero no sólo a los de tu círculo; 4) despierta y permanece despierto. Este último paso constituye el sentido existencialista profundo y personal de la resurrección. Son auténticos retos, que Jesús imponía a sus seguidores íntimos cuando emprendían su primera misión.

De los poetas sufíes aprendo a embriagarme con lo divino que me rodea por doquier. Buscar la divinidad, dicen, es como estar en un lago y tener sed. Me enseñan a bailar como un planeta que gira alrededor del sol, encarnando la atracción de todos los seres hacia su fuente de vida.

De San Francisco, que es posible que estuviera influido por los sufíes, y de los americanos nativos aprendo a relacionarme con el mundo natural como con la familia. Hermano sol y hermana luna. Los abuelos y las abuelas en el cielo. Me siento más conectado que desligado del mundo, viviendo en un planeta maravilloso, en lugar de en un planeta que ha sido meramente explicado y explotado.

En la tradición judía del árbol cabalístico observo otras pasiones arquetípicas enmarcadas en un hermoso y riguroso diseño de flujo y tensión, contrarios y tándems, los movimientos ascendentes hacia el espíritu y descendentes hacia el alma.

Ante todo, en las complejas historias de los dioses y diosas griegos, de ninfas y extraños animales, aprendo cómo los profundos deseos y temores cotidianos están interrelacionados. Observo cómo lo espiritual interacciona con las profundidades del alma, cómo lo religioso y lo psicológico funcionan en el mismo espectro. El politeísmo no es sólo una creencia en muchos dioses, sino una devota atención a numerosos momentos sagrados, a menudo contradictorios, en la vida cotidiana.

Las tradiciones espirituales educan y enriquecen la imaginación. Sin ellas, ¿cómo podríamos ver el amplio abanico de poderes que nos empujan en todas las direcciones mientras tratamos de hallar sentido a la vida? Cada tradición nos ofrece una pista sobre cómo abordar un determinado aspecto de los misterios que representan un reto para nosotros, en especial el más grande, que consiste en cómo hallar sentido en una vida que no dura eternamente. Casi todas ofrecen alguna versión de la paradoja en virtud de la cual nos sentimos plenamente realizados cuando nos ocupamos de los demás. La palabra puede ser «compasión», «caridad», «*seva*» o «altruismo»: todas apuntan hacia la capacidad de empatizar con los otros.

La historia del buen samaritano en los Evangelios no es una lección sobre ayudar a alguien en apuros, ser un «buen samaritano» en el sentido habitual de la frase. Se trata de responder a alguien que está en apuros cuando esa persona no es un pariente o un vecino, no pertenece a tu círculo, sino que se halla al margen del mismo o incluso consideras un enemigo. Esa concienciación radical y ausencia de egoísmo constituye la medida de la compasión.[7]

Tomar prestadas ideas y prácticas

Las tradiciones espirituales no tienen que vendernos su valiosa mercancía, pero pueden prestárnosla. El lenguaje, las ideas, las técnicas, los métodos y los rituales están allí para que los tomemos prestados. Podemos aprender de diversas tradiciones cómo meditar, cómo honrar días especiales, cómo venerar a personas extraordinarias, cómo emprender un peregrinaje, cómo rezar, cómo ayunar y abstenernos, cómo reunirnos en sagrada comunión, cómo perdonar y sanar y ofrecer gratitud, cómo casarnos y cómo enterrar a nuestros seres queridos.

Las tradiciones abundan en ideas y ejemplos de cómo cuidar del espíritu y el alma a lo largo de nuestra vida. En estas cuestiones fundamentales no tenemos que depender por completo de nuestra originalidad, porque disponemos de diversos y poderosos modelos e instrucciones. Lo único que debemos hacer es adaptarlos a nuestro tiempo y a nuestra situación. Existe una

---

7. Recomiendo los libros de John Dominic Crossan sobre este tema.

gran diferencia entre sentirte libre para tomar prestados estos conocimientos y sentirte obligado a sustentarlos.

Durante varios años, cuando mis hijos eran más jóvenes, algunos domingos celebrábamos un pequeño ritual en nuestra casa. Apartábamos los muebles de la sala de estar, e invitábamos a vecinos y algunos amigos. Solíamos tomar prestado el modelo simple de la misa, aunque nunca pensábamos que lo que hacíamos era celebrar misa. Leíamos pasajes de distintas e importantes fuentes espirituales y seculares y cantábamos canciones procedentes de diversas partes del mundo. Nos esforzábamos en ser inclusivos, no sexistas ni autoritarios. Asimismo, dedicábamos un rato a comentar las lecturas y siempre invitábamos a los niños a participar en todo lo que hacíamos, incluyendo los debates. Siempre había animales también presentes, atentos y curiosos.

Yo sabía que el ritual que celebrábamos en nuestra casa tenía raíces muy antiguas que se remontaban a los primeros tiempos del cristianismo e incluso más atrás. Utilizaba ese venerable modelo como la base de nuestra reunión, su estructura. Pero a ese esquema añadíamos diversos e interesantes elementos de nuestra imaginación. Por ejemplo, incluíamos lecturas «sagradas» de novelistas y poetas seculares y dedicábamos media hora a comentar las lecturas. Asimismo, elaborábamos pan y utilizábamos una botella de buen vino para la «comunión». Invitábamos a amigos pertenecientes a distintas tradiciones, y todos respondían de forma positiva al esquema, aunque fuera ajeno a ellos.

Con frecuencia concluíamos el ritual con una canción o un poema de la literatura americana nativa o de Irlanda. No hay nada mejor que las oraciones celtas para experimentar un sentido de comunidad con todos los seres. También soy muy aficionado a los poemas sufíes que evocan un sentido de ultimidad y la divinidad absoluta no antropomorfizados.

He asistido a rituales que consisten en una larga retahíla de oraciones y ritos pertenecientes a una tradición tras otra. Pero nuestra reunión era distinta. Tomábamos elementos prestados de muchas fuentes, pero principalmente se trataba de un ritual nuevo y unificador que era nuestro y no una sarta de oraciones y lecturas tomadas de las distintas religiones del mundo. Ante todo, era una religión propia, nuestra, aunque estuviera conectada con antiguos ritos y oraciones.

La espiritualidad de la vida cotidiana

En mi consulta terapéutica me encuentro con muchas personas que necesitan más espíritu en sus vidas. El espíritu es el elemento que desea perfeccionar, purificar y trascender. Dirige nuestra atención hacia el futuro, el cosmos y lo infinito. Abunda en educación, progreso y visión. Nos permite avanzar y movernos en sentido ascendente en todos nuestros empeños. Hace que dejemos de obsesionarnos con la vida cotidiana, el cuerpo y la existencia sensual. El alma es lo contrario: está incrustada en nuestros problemas y goces, en nuestras circunstancias y relaciones cotidianas, y en las emociones y fantasías que residen en lo más profundo de nuestro ser. Sentimos la presencia de nuestra alma en las reuniones familiares y nuestras visitas a casa, en nuestras amistades íntimas y nuestras relaciones sentimentales. Las cenas reconfortantes y los almuerzos en buena compañía —la comida en general— hacen que el alma cobre vida. Las personas traen con frecuencia los problemas de su alma a la consulta terapéutica, y en muchos casos lo que necesitan son mejores ideas y una visión con respecto a su vida.

Christina, por ejemplo, es una mujer vivaz e inteligente que tiene una tienda en la que vende artículos hechos a mano confeccionados por artesanos de su región. A la gente le encanta su tienda, y agradecen todo lo que ella ha aportado a su comunidad.

Pero Christina se siente desdichada. Está enamorada de un abogado local, el cual está casado, aunque no es feliz en su matrimonio, y tiene tres hijos. Ella sufre por no poder estar con él. Mantienen una relación esporádica que resulta divertida durante breve tiempo, pero que luego se va al traste. Como en muchas situaciones análogas, el abogado no acaba de definirse y ella cae en estados de profunda depresión y ha pensado en vender su tienda y trasladarse a otro lugar. No sabe qué hacer.

Es una de esas personas abrumada por sus emociones, cuyo juicio se ve empañado por lo que Jung llamaría «estados de ánimo». Parece hallarse inmersa en el líquido del amor, incapaz de respirar y analizar su vida en su conjunto. Carece de una filosofía vital, la capacidad de comprender los eventos y de una lista de prioridades, un sistema de valores que le permita vivir de forma más satisfactoria. Esta filosofía vital sería para ella un logro espiritual. Al igual que una religión formal puede ofrecer una visión de conjunto, una filosofía personal es también muy útil.

En lugar de decir a Christina «necesitas una filosofía vital», trabajé con ella para ayudarla a desarrollar esa filosofía. Le pregunté qué era más importante para ella, su tienda o su amante con el que no podía estar. No buscaba una respuesta sino un análisis de sus valores, los cuales la conducirían a su filosofía vital. Exploramos las raíces de su negocio y las raíces de su insatisfacción en materia de amor.

Su situación era complicada. Nunca se había tomado en serio sus emociones y había crecido sin madurar en ese ámbito.

Sabía ganarse la vida y era creativa en su trabajo, pero ingenua en el amor. Dicho de otro modo, aunque tenía gran habilidad para relacionarse con su comunidad, su inteligencia emocional dejaba mucho que desear.

Con el tiempo, a medida que conversábamos no sobre su amante sino sobre su visión de la vida, su interés por el abogado empezó a decaer. Al cabo de unos meses vino a verme y me dijo que no entendía lo que le había ocurrido. Había ampliado su tienda y había conocido a un hombre soltero y disponible. Se habían casado y trabajaban juntos en el negocio. Este detalle me pareció significativo porque representa una unión concreta de amor y vida.

El espíritu puede ofrecer la necesaria sequedad a un alma empapada de deseo y atracción. Insufla aire a una relación sentimental opresiva, tanto si se trata de una relación seria como de una simple aventura. Una visión de conjunto sitúa la pequeña frustración en su contexto y permite que el resto de la vida fluya libremente. El alma necesita espíritu, al igual que el espíritu necesita la influencia humanizante del alma.

Lo que aprecio en las irónicas historias del autor David Chadwick sobre sus denodados esfuerzos por aprender budismo zen en Japón es su convencimiento de que el alma y el espíritu van juntos.[8] David viaja a Japón y comprueba que el zen es practicado en los reverenciados monasterios. Busca una orientación en esta tradición. Y la encuentra, pero mezclada con tal confusión cultural y conflictos interpersonales que tiene que

---

8. David Chadwick, *Crooked Cucumber: The Life and Zen Teaching of Shunryu Suzuki*, (Broadway Books, Nueva York, 1999); *Thank You and OK!: An American Zen Failure in Japan* (Penguin/Arkana, Nueva York, 1994).

extraerla como si fuera oro. Quizá nos sirva de lección: no tomes las tradiciones tal como se te ofrecen. Lucha con ellas, esfuérzate en extraer sólo lo que tienen de valioso para ti, y desecha lo superfluo.

Chadwick escribe sobre las relaciones en el monasterio, los vecinos, los visitantes, su pareja sentimental y sus fallos humanos. En mi opinión, el relato de sus experiencias en un monasterio zen en Japón no revela un fracaso, como sugiere el título del libro, sino un éxito sutil y complicado. Tanto en la filosofía zen como en la forja del alma, a menudo el fracaso constituye la fachada superficial de un profundo éxito, o el medio de alcanzar el tipo de éxito que importa. Por supuesto, David lo sabe bien. Suele escribir en tono irónico, utilizando abundantes juegos de palabras.

Le pedí que respondiera a unas preguntas sobre su búsqueda espiritual y la forma en que formula sus actuales ideas sobre las religiones formales. Su respuesta fue brillante, pero prolija. Sólo reproduciré algunas frases: «Los ateos y escépticos racionales modernos me parecen guardianes apostados a la puerta del templo, ridiculizando y ahuyentando a los idiotas mientras ellos mismos ignoran lo que hay en el interior».

Esto se asemeja a mi análisis, cuando más adelante afirmo que una pizca de ateísmo puede hacer que tu fe en Dios se mantenga sincera, pero que demasiado puede destruir tu religión. David concluye la nota que me escribió con un interesante resumen de su planteamiento: «Desecho la paja y conservo el trigo, luego desecho el trigo y conservo la paja, luego conservo ambas cosas, luego desecho ambas cosas, ¡y luego bailo y me río y canto y grito!»

La tradición como recurso

Aunque la tarea de construir una religión propia puede resultar satisfactoria, puede progresar más rápidamente con ayuda de las tradiciones espirituales. Tu sendero espiritual corre el riesgo de ser demasiado personal y limitado. ¿De qué recursos dispones comparados con las tradiciones que han pensado en cosas que a ti jamás se te ocurrirían? Han perfeccionado conceptos, imágenes, enseñanzas y pautas morales expresadas de forma elegante e inspiradora. Han producido una belleza espiritual como jamás podría crear una sola persona. Si lees los diarios de Emerson comprobarás que dedicó muchos meses a leer a Hafiz, y las simples percepciones espirituales de Thoreau vienen envueltas en referencias a las tradiciones occidentales y orientales.

Las religiones formales a menudo son demasiado complicadas, trufadas de inútiles formalidades, conceptos psicológicos pueriles y pomposas autoridades. Hace poco vi el funeral de un famoso político y observé que el lenguaje de la ceremonia religiosa requería conocimientos arcanos y no aludía a las intensas emociones de las personas presentes. Había una abundancia de teología académica y escasa conciencia psicológica de las necesidades emocionales de la gente, como si los sentimientos no tuvieran nada que ver con la espiritualidad.

Pero detrás de todo lo superfluo puede haber percepciones que uno podría pasar años buscando. Como suelen decir las autoridades religiosas, la institución es humana, mientras que la sustancia de la religión es trascendente.

Mientras escribía este libro, tenía junto a mí un calendario de sobremesa con un dicho de Lao Tzu en la cubierta: «El mundo es gobernado dejando que las cosas sigan su curso».[9] Merece la pena meditar sobre estas palabras durante los doce próximos meses. Durante todo el año trataré de dejar que las cosas sigan su curso, y este dicho filosófico será mi guía, recordándome una verdad que me animará a seguir adelante. Durante doce meses basaré mi religión en un calendario.

Esto encierra también otro secreto, en el que confío abundar más adelante. No sólo necesitamos buenas ideas; necesitamos expresarlas con elegancia y belleza. Si volviera a empezar, creo que sería un traductor de textos sagrados.

De mi tradición católica, recuerdo siempre las enseñanzas de uno de mis teólogos favoritos, Nicolás de Cusa (1401-1464), quien sostenía que todos deberíamos ser lo bastante sofisticados para saber lo que no sabemos. A continuación reproduzco una frase que me guía en mi sendero espiritual:

> Una teología de la ignorancia es necesaria para la teología del saber, porque sin ella Dios no sería venerado como lo infinito, sino como una criatura, y eso sería idolatría.[10]

Mi propia tradición católica comparte la enseñanza central del budismo zen: no debemos aficionarnos al lenguaje técnico que empleamos en nuestra espiritualidad. Debemos saber, cada vez que lo utilizamos, que es deficiente, vacío. Cuando compruebo que estoy demasiado obsesionado con una determinada

---

9. *Zen 2013*, producido por Laura Livingston (Ziga Media, Darien, CT, 2012).

10. Nicolás de Cusa, *De Docta Ignorantia*, citado en Pauline Moffitt Watts, *Nicolaus Cusanus: A Fifteenth-Century Vision of Man* (E. J. Brill, Leiden, 1982), p. 60. Traducido por Thomas Moore.

palabra o enseñanza, me acuerdo de la filosofía zen y de Nicolás. Me tomo muy en serio las enseñanzas zen y el pensamiento de este teólogo del siglo xv. Ese amor por las tradiciones me mantiene en el buen camino y evita que me entusiasme demasiado con mis costumbres.

Uno de los principales propósitos de la religión formal es ser un arte de la memoria, recordándonos cierta visión de la vida y los valores que emanan de esa visión. Olvidamos las cosas importantes. Conozco la filosofía de dejar que las cosas sigan su curso. Forma parte de mi naturaleza. Pero me alegro de recordarla cada mañana cuando abro mi calendario de sobremesa.

Todos necesitamos que nos recuerden una y otra vez las verdades que sustentan nuestra existencia, lo cual es una buena razón para leer los textos de forma reiterada. En las religiones formales repasamos con frecuencia los escritos principales, leyéndolos uno tras otro a lo largo del año. Puedes hacer lo mismo con las lecturas que tú mismo selecciones. Elige un libro determinado para los domingos o los viernes, lo que más te convenga, y lee unos pasajes cada semana.

Un calendario litúrgico es muy útil. Si es Navidad, es el momento de recordar que de la oscuridad surge la luz, de la tristeza la alegría y de la desesperación la esperanza. Si es la pascua judía, es hora de recordar que la libertad puede brotar de la esclavitud y la liberación del cautiverio. Si es el ramadán, recuerda el mandamiento de atender a los demás. Estos festivales celebran los arquetipos, las eternas pautas que sustentan los movimientos sociales y los eventos personales.

En mi año litúrgico personal, el 25 de marzo recuerdo el nacimiento de mi madre el día de la Anunciación, una fiesta católica. Recuerdo que se llamaba Mary Virginia, o Virgen María.

También honro el primero de julio por ser el día en que se casó con mi padre y el día en que mi madre murió. Mi padre falleció el día de Acción de Gracias pasado, mientras yo escribía este libro, otra fiesta colectiva que ahora ocupa un lugar en mi calendario sagrado.

Son días sagrados para mí, momentos de intensa piedad y meditación en mi propia religión. Las sincronicidades de estos días no hacen sino intensificar su sentido y su carácter sagrado. Si quieres ver una religión real, mira mi calendario litúrgico, una combinación de fiestas cívicas, religiosas a nivel mundial y personales.

Mi propósito es intensificar en lugar de debilitar nuestra dependencia de las tradiciones religiosas y espirituales del mundo, y hacerlo desechando la costumbre de sentirnos obligados y coaccionados. En lugar de ello, podemos adoptar con libertad y alegría las costumbres espirituales del pasado para extraer de ellas ideas e inspiración. Así, nuestra espiritualidad personal puede mezclarse con la tradición de forma alegre y creativa.

La filosofía de Emerson

Ralph Waldo Emerson estaba imbuido de la religión formal, pero al mismo tiempo dispuesto a emprender su propio camino espiritual. Educado en Harvard, se convirtió en un ministro unitario en Boston. Pero al poco tiempo se vio involucrado en una polémica sobre la sagrada comunión y abandonó el ministerio, convirtiéndose en maestro y conferenciante espiritual. A los treinta y tantos años dio una conferencia en Harvard conocida ahora como «El discurso del Harvard Divinity School». Asistió sólo un reducido número de personas, pero el impacto que tuvo su discurso fue enorme. El *establishment* religioso le criticó y no le invitó a regresar a Harvard durante casi treinta años. Esta conferencia hizo que su vida tomara otro rumbo, convirtiéndose en lo que podría constituir el modelo para que uno cree su propia religión.

En el «Discurso del Divinity School», precursor del libro que tienes ahora en las manos, Emerson critica el cristianismo por realizar la personalidad de Jesús, pero minimizar su humanidad. Se queja de que las Iglesias conceden demasiada importancia a los milagros. «La palabra "milagro" —tal como la pronuncian las Iglesias cristianas— da una falsa impresión; es un monstruo; no tiene nada que ver con soplar sobre las hojas de un trébol o la lluvia que cae.»

Yo me convertí en seguidor de Emerson debido precisamente a esta frase: el milagro de «soplar sobre las hojas de un trébol y la lluvia que cae». Imagina el impacto que tendría en tu religión si cambiaras tu sentido de lo milagroso de una asombrosa hazaña realizada por un maestro mago a una profunda apreciación del milagro de la lluvia. Serías una persona diferente que vive un tipo de vida diferente. No te sentirías triste debido al peso de tus deberes religiosos, sino alegre por la belleza y el carácter sagrado del mundo natural. Serías una persona feliz, abierta y amable debido a tu positiva visión espiritual basada en el mundo.

Emerson hace hincapié en el poder espiritual del individuo. «Sólo el hombre sobre el que desciende el alma, a través del cual habla el alma, es capaz de enseñar.» Se refiere a la divinidad de la persona. «¿En cuántas Iglesias siente el hombre que es un alma infinita, que la tierra y los cielos penetran en su mente, que bebe eternamente el alma de Dios?» Continúa diciendo: «Es inútil tratar de crear nuevos mitos, ritos y esquemas. El remedio de la deformidad que presentan es, en primer lugar, el alma, y, en segundo, el alma, y más alma». Ahora comprenderás por qué yo, autor de varios libros sobre el alma, admiro tanto a Emerson.

Emerson no recomienda crear nuevas religiones, porque una religión no se puede fabricar. Tampoco recomienda hacerse ateo. El ateísmo no es más que otra fervorosa religión con el problema añadido de ser excesivamente racionalista. El mejor sistema es vivir una vida más espiritual, aceptando el misterio y organizando tu vida alrededor de ese misterio. Esto mantiene la realidad de Dios, pero nos despoja de nuestras ideas sobre quién o qué es Dios. La fe y el ateísmo se combinan en una teología sagrada. No necesitas la palabra «Dios». Necesitas la realidad, el sentido de alteridad en la creación, un portal de acceso a lo trascendente.

La buena convivencia de las religiones

Al igual que yo, mi esposa fue educada como una devota católica, pero de joven empezó a interesarse seriamente en la religión sij. Un día un estudiante suyo de yoga le hizo un pequeño regalo. «Quería darte una estatuilla de san Francisco —dijo—, pero pensé que te ofendería porque es cristiana.» Mi esposa se encogió de hombros. No siente ningún conflicto entre su catolicismo nativo, que sigue atesorando y practicando a su estilo, y su sijismo. Aceptó encantada el regalo de la estatuilla de san Francisco.

Esta sencilla anécdota confirma el reto al que nos enfrentamos en esos momentos: aprender a apreciar la reciprocidad y buena convivencia de las tradiciones espirituales. Más allá de la tolerancia y el ecumenismo, ésta es una nueva forma de religiosidad: pensando de modo positivo en la belleza y la sabiduría de todas las tradiciones, considerándolas recursos para tu propia religión, y profundizando tanto como desees en cualquier tradición que te inspire. Éste no es el momento de «tolerar» las religiones del mundo; es el momento de prestarles atención, estudiarlas y dejarnos influir por ellas.

Para crear una religión propia, empieza por no volver a sentir conflicto alguno entre una tradición y otra. Disfruta de sus coincidencias, su reciprocidad y su buena convivencia. Regala un día una estatuilla de san Francisco a un sij o un Buda a un americano nativo.

La crítica de basarse en diversas tradiciones, que es como comer en una cafetería, contiene cierta verdad: puede ser superficial. De modo que cuando te intereses por Rumi, por el *Tao Te Ching* o por una tragedia griega, no lo hagas de forma superficial. Tómatelo en serio, estúdialo en profundidad. Incorpora sus profundos conocimientos a tu práctica y añádelos a tu religión personal.

Has aprendido a manejar tu equipo electrónico y tus ordenadores y tienes algunos conocimientos sobre cómo funciona el cuerpo y cómo mantenerte saludable; ahora amplía tus conocimientos sobre la religión y la vida espiritual.

El ingrediente que falta en buena parte de la espiritualidad moderna es inteligencia. Sin embargo, cuando examinas las tradiciones religiosas del mundo encuentras estudio, estudio y más estudio. Los monjes acumulan bibliotecas, tanto en Francia como en el Tíbet. Los maestros espirituales acumulan sabiduría antigua, tanto en Alemania como en África. Para ser espiritual, debes estar en guardia contra las prácticas y las ideas superficiales. Toda la esfera de la religión y la espiritualidad invita a la inconsistencia y está llena de timadores de ambos sexos. Tanto los maestros auténticos como los charlatanes te piden que aceptes su forma de aproximarse a los misterios insolubles. Es difícil distinguir a unos de otros. Tienes que echar mano de tu inteligencia y tu escepticismo. Entre toda la paja reside el verdadero alimento espiritual. Pero no seas crédulo. No te dejes arrastrar por algo que no es digno de ti. Quizá sea preferible ser más escéptico que creyente, menos abierto y más crítico. El problema en el paisaje espiritual moderno no es sólo una plétora de material útil y genuino, sino un mercado rebosante de ideas, prácticas y líderes sospechosos.

Una valiosa variación a la hora de crear tu propia religión es regresar de forma distinta y más seria a las tradiciones de tu familia o tu infancia. Conozco a varias personas que han regresado al judaísmo y al cristianismo después de hallar a maestros imaginativos e instruidos que utilizan un enfoque novedoso. «Ahora me doy cuenta —me dijo una mujer— de que las traducciones que siempre había utilizado eran arcaicas y estaban obsoletas. Ahora tengo un joven rabino que utiliza nuevos planteamientos, lo cual me parece muy interesante. He regresado al redil y me alegro de haberlo hecho.»

En términos generales, hoy en día los maestros salidos de acreditadas escuelas teológicas comprenden el concepto de una buena convivencia entre las tradiciones. Aprecian lo que otras religiones formales tienen que ofrecer y entienden que cada persona utilice elementos de las enseñanzas y prácticas tradicionales según le convenga. Desde el punto de vista cultural, es el momento indicado para que uno cree su propia religión.

2

EL MÍSTICO NATURAL

«En mi vida cotidiana no analizo.
Formo parte de un ritmo natural.
¡Un milagro y un portento!
Partiendo leña y acarreando agua.»

PANG EL SEGLAR

Era la década de 1960, y yo era un fraile servita en el priorato de Nuestra Señora de Benburb, en Irlanda del Norte. Un día fuimos de vacaciones a la costa de Donegal, no lejos del priorato. El espectáculo del escarpado paisaje y las playas que marcan el borde del vasto océano; los impresionantes promontorios que se alzan en el mar; las olas rompiendo contra las rocas y adentrándose en las calas; la elevada y dura espuma del mar empapándote mientras tratas de ver a través del océano con tu imaginación… Este espectáculo sensual ha permanecido grabado en mi memoria como un momento místico de mi juventud, y sigue alimentando esa espiritualidad irlandesa especial que yo llevaba en la sangre mucho antes de nacer.

Durante esos días memorables en Donegal, tuve oportunidad de conectar con la naturaleza, de una forma tan vasta, bella y poderosa que jamás lo he olvidado. Aún siento el impacto que me produjo. Yo no estaba en el espacio orbitando la Luna y contemplando el universo de cerca. Me hallaba simplemente a orillas del mar, pero ello bastó para procurarme una de mis experiencias más reveladoras, memorables, místicas y naturales.

Muchas personas muestran una actitud negativa hacia el misticismo y a menudo utilizan el término «místico» en sentido peyorativo para describir a alguien que está seria y delirantemente fuera de contacto con la realidad. Como estudioso de las religiones afirmo lo contrario: los místicos son quienes están en contacto con lo real. Poseen facultades receptivas y de percepción muy agudizadas. Son porosos y tienen la habilidad de abrirse más allá de nuestro habitual y pequeño ego protector, y en muchos casos demuestran un valor insólito. Debido a su notable —y a veces dolorosa— capacidad de trascender su ego, hallan oportunidades éticas especiales.

Simone Weil, una mística independiente

Simone Weil, una mística inusual del siglo XX que hoy en día ha adquirido una notable relevancia, nació en el seno de una familia judía en 1909 en París, y ya de niña se identificaba con los oprimidos y los perseguidos. De adulta, luchó por los derechos de estos grupos, trabajando como obrera en una fábrica, como soldado en la Guerra Civil española y como miembro de la Resistencia francesa.

Durante años fue una brillante profesora universitaria que se inspiró en varias tradiciones religiosas, aunque, al igual que su familia, era agnóstica. Un día, a los veintiocho años, en Asís, en la iglesia de Santa María de los Ángeles, en una capilla importante para san Francisco, tuvo su primera experiencia mística. Posteriormente, vivió otros momentos de éxtasis espiritual «cuando Cristo descendió y me poseyó». La frase nos recuerda a otra mística, santa Teresa de Ávila, conocida en todo el mundo por la escultura de Bernini en la que se mezclan el desvanecimiento orgásmico y la posesión mística. Pero ten presente que Simone no era cristiana.

Con su agudeza intelectual, Weil desarrolló su propia teología, presentó varios libros no sistemáticos en los que desempeñan un papel diversas tradiciones. No aprobaba la mezcla de religiones, e hizo una observación que podríamos adoptar como regla general al crear nuestra propia religión: «Cada religión es auténtica en sí misma, esto eso, en el momento en que pensamos en ella debemos prestarle tanta atención como si no existiera nada más [...]. Una "síntesis" de religiones comporta una menor calidad de atención».[11]

Profundizó en varias tradiciones espirituales sin llegar a la conclusión de que todas decían lo mismo en un lenguaje distinto, una opinión muy extendida hoy en día.[12] Asimismo, demuestra que una religión propia es más que el hecho intelectual de unir las piezas de un rompecabezas tomadas de diversas tradiciones. Tu religión te exige mucho. En el caso de muchas personas una experiencia mística inspira una vida ética, pero Weil comenzó con una poderosa e innata pasión ética que le sirvió de

11. Simone Weil, *The Notebooks of Simone Weil*, [Cuadernos], trad. Arthur Wills (Routledge, Oxford, 2003), vol. 1.

12. Karen Armstrong, *Visions of God* (Bantam Books, Nueva York, 1994), p. ix.

base para crear su religión. Al margen del método que emplees, aprende de Simone que tu religión es incompleta sin una visión ética. El misticismo y la ética forman un tándem perfecto en la base de tu religión.

Pese a que Weil se crió en una familia judía que era esencialmente agnóstica, sus experiencias místicas la condujeron al cristianismo, sobre todo en materia de ética. Seguía la regla innata de «ama a tu prójimo», y veía una conexión directa entre sus éxtasis espirituales y los de los místicos cristianos. Era una mujer extraordinaria: judía, agnóstica, cuasi cristiana, mística, activista. Tenía mucho que enseñar sobre crear tu propia religión, en particular sobre conservar tu escepticismo incluso cuando profundizas en tu visión espiritual.

Posibilidades místicas en lo normal y corriente

El misticismo comporta una pérdida constructiva del Yo y la sensación de estar conectado con la totalidad de la vida. Los místicos meditan de forma intensa y acaban sintiéndose conectados con el núcleo de la existencia y la totalidad de todo lo que no es ellos. Observamos cómo la pérdida del Yo puede conducir a pasiones éticas. Lo «otro» puede ser a veces otra persona que está en un apuro. Debido a que son tan diferentes, a veces los místicos nos parecen personas especiales y un tanto desequilibradas. Cabe preguntarse si su insólita estructura psicológica forma parte de su afán de llevar una vida fuera de lo corriente en la que los límites son sutiles y porosos.

Cualquiera puede ser un místico normal y corriente. Quizá no experimentes una constante pérdida del ego y absorción en lo divino, pero de vez en cuando puedes tener la sensación de que abandonas tu cuerpo y te abstraes en una bella obra de arte o en una escena en la naturaleza. Como padre o madre, puedes experimentar un momento de felicidad al retroceder un paso y contemplar a tus hijos. Como persona creativa, puedes terminar un proyecto y sentirte de pronto imbuido de una intensa euforia por haber creado algo digno. Puedes gozar de momentos en que te sientes maravillado por lo que te rodea y comprendes lo que significa ampliar los límites del Yo.

En una religión personal, basta con experimentar simples y ocasionales momentos místicos. Unas breves experiencias de sublime abstracción, tan corrientes como maravillarse ante el azul brillante de un cielo despejado, pueden contribuir a darte la sensación de ser una persona religiosa. Los momentos místicos se multiplican y con el tiempo amplías los límites de tu Yo, eres menos propenso a protegerte y empatizas más con las personas y el mundo que te rodea. Si defines la religión como un intenso sentido de lo divino, tu misticismo cotidiano contribuye a ese sentido sacándote de tu ensimismamiento y haciendo que te sientas conectado con la naturaleza y más allá de ésta.

Conviene que te tomes esas experiencias con seriedad y las utilices de forma útil. Adapta tu vida a ellas y busca el medio de cultivarlas. No basta con tener una experiencia sublime tras otra. Tienes que imbricarlas en tu pensamiento, tus sentimientos y tu forma de relacionarte con lo que te rodea. Se convierten en parte de tu vida y tu identidad. Al verte los demás tienen la sensación de ver a una persona mística.

Puedes llevar a cabo un pequeño ritual consistente en visitar un lugar especial en la naturaleza. Conozco a una secretaria que acude todos los días a un determinado lugar junto al río de su ciudad y permanece sentada allí durante media hora. Yo solía hacerlo cuando trabajaba como profesor en verano en la Universidad de Windsor en Canadá. Me sentaba junto al río Detroit y observaba el agua y la actividad del río, en particular los buques de carga que pasaban. ¿Es eso misticismo? En mi religión, sí. Durante un rato permanecía absorto en la naturaleza y la cultura. Estaba abstraído, hipnotizado por esa visión especial de la vida y meditaba no en ella, sino con ella.

Muchas personas encuentran su lado místico pasando horas en un jardín. Yo tengo mi piano. Mi esposa pinta y hace yoga.

En una de sus interesantes charlas zen, el maestro Shunryu Suzuki dijo que en tu práctica debes caminar como un elefante. «Si puedes caminar lentamente, sin proponerte conseguir algo, ya eres un buen estudiante zen».[13] Puedes utilizarlo a modo de mantra en tu religión: camina como un elefante. Significa moverte a un ritmo pausado, sin apresurarte hacia un objetivo. Sin precipitarte en lograr que todo tenga sentido.

Los textos del taoísmo y el budismo zen, a veces inescrutables, nos enseñan que es importante hacer lo que debemos hacer sin tratar de conseguir nada. Una de las ventajas de una religión personal es su simplicidad y su carácter normal y corriente. No necesitas una magnífica ceremonia, un sacerdote ordenado o una reverenciada revelación que te confiera autoridad. No necesitas ir a ninguna parte. No hay metas ni objetivos: nada en lo que aspires a triunfar y nada en lo que puedas fracasar. Puedes quedarte sentado en tu casa, como hacía Thoreau, y permanecer atento, como nos propone. «Estamos rodeados de un miste-

---

13. Shunryu Suzuki, *Not Always So*, ed. Edward Epse Brown (HarperCollins, Nueva York, 2002), p. 30.

rio rico y fértil. ¿No podemos explorarlo, curiosear en él, meditar en él un poco? Si observándolo todo el día y toda la noche consigo detectar un atisbo de lo Inefable, ¿no merece la pena dedicarme a observar?»[14]

El consejo de Thoreau se asemeja al antiguo *Tao Te Ching:*

«Procura ver lo simple en lo complicado.
  Alcanza grandeza en las cosas pequeñas.»[15]

Mi esposa y mi hija tienen nombres espirituales que les fueron dados a través de un misterioso proceso según la tradición sij. Me preguntaron si yo quería tener un nombre espiritual. «Si pudiera elegir —respondí—, me gustaría llamarme Wu Wei, conseguir algo sin hacer nada.» No he obtenido ese nombre, pero me esfuerzo en ser digno de él.

Caminar como un elefante es un buen consejo, pero Suzuki dice también que debes sentarte como una rana. La práctica zen se reduce a sentarse. No a sentarse y hacer algo, sino sólo a sentarse. A propósito de ranas, Suzuki decía:

«Cuando aparece algo comestible, las ranas se apresuran a engullirlo. Nunca les pasa nada por alto, están siempre quietas y en calma. Me gustaría ser una rana».[16]

14. Henry David Thoreau, *I to Myself* [Cartas a un buscador de mí mismo], (Yale University Press, New Haven, 2007), pp. 98-99.

15. Lao Tzu, *Tao Te Ching*, trad. Gia-Fu Feng y Jane English (Vintage Books, Nueva York, 1972), No. 63.

16. Suzuki , *Not Always So,* p. 151.

El místico está vacío y perdido de forma positiva, y sin embargo permanece alerta, preparado para la próxima revelación y oportunidad.

Thoreau describe en *Walden* que en su cabaña tenía tres sillas: una para la soledad, la segunda para la amistad y la tercera para compañía. Estaba preparado para permanecer sentado. Al igual que Glen Gould, que en sus conciertos y en sus grabaciones discográficas solía utilizar una silla baja, funcional, que su padre había confeccionado para él. Las anécdotas sobre Gould suelen incluir la célebre silla hecha a mano, como si fuera un tótem, un objeto de un significado especial, que revela cierto misterio sobre quién era Gould.

Mira tus sillas. ¿Hay alguna que tenga un significado especial? Con frecuencia pregunto a psicoterapeutas qué tipo de sillas utilizan en su consulta. La silla dice mucho sobre el trabajo, porque el opus, la forja del alma, requiere que camines como un elefante o te sientes en una silla. Cierto tipo de inactividad unida a la simplicidad puede hacer que tu práctica religiosa adquiera una dimensión especial. Los estudiosos de zen se sientan sobre cojines, pero la mayoría de los seres humanos se sientan en sillas. En nuestra casa tenemos dos sillas bajas, coloristas, confeccionadas por artesanos en Afganistán. En los respaldos de las sillas hay espejitos. Quizá sean un adorno, pero sospecho que encierran un misterio. Puede que cuando te sientes aparezca otro mundo, el espacio interior del espejito.

Cuando el místico normal y corriente no está sentado en una silla, está haciendo algo corriente y sencillo que ha elevado a un nivel teológico.

Pregunté a un viejo amigo, Kevin Kelly, si había algún misticismo en su tarea de hacer arreglos florales, venderlos y organizar talleres sobre este arte. Me habló de un día muy ajetreado, en que había tenido que ir al almacén de venta al por mayor y luego regresar a casa para disponer las flores en artísticos arreglos. «En cuanto coloqué el primer tallo verde, mi estado de ánimo cambió. Mi cuerpo empezó a moverse y me di cuenta de que bailaba mientras colocaba las flores. Estaba eufórico y lleno de sentido de la vida. El acto de crear trasciende los sentimientos y los pensamientos. Nos conecta con la energía creativa fundamental del universo y nos da vida».

Kevin considera su floristería una capilla. Es un «sacerdote de la belleza». «Las flores no hacen nada, prácticamente, en la vida cotidiana —me dijo—. Sin embargo proporcionan a las personas ese momento que es el aspecto más valioso y precioso de la espiritualidad; un momento de belleza.»

Las enseñanzas y práctica artística de Kevin guardan un paralelismo con la religión formal, en el arte zen del arreglo floral, o ikebana. Aquí encontramos de nuevo una de nuestras lecciones básicas a la hora de crear una religión propia: las religiones formales pueden enseñarnos cómo generar nuestro propio lenguaje y nuestras prácticas. El ikebana no sólo nos muestra que podemos hallar belleza en la contemplación de un espacio natural y de un arreglo floral, sino que las formas de las flores pueden encarnar verdades espirituales, como la impermanencia, el silencio y la meditación.

No tienes que seguir un cursillo en ikebana o ir a Japón para estudiar el arreglo floral como práctica espiritual. Puedes cultivar o comprar flores, colocarlas en jarrones y disponerlas de forma artística en tu casa o tu lugar de trabajo. Pon atención en ello, hazlo con esmero e imaginación. Mientras lo haces, ten presente que estás realizando algo importante: proporcionar belleza a tu mundo, poner alma en tu práctica espiritual.

Una importante enseñanza zen es ver las vastas implicaciones de algo tan corriente como disponer flores en un jarrón o escribir un poema en caligrafía, sin recurrir a la gran filosofía o a una complicada explicación. A algunos les resulta útil comenzar una práctica de este tipo aprendiendo una habilidad tradicional como el arreglo floral o la caligrafía, y luego hallar tu propia expresión artística que te dé acceso a los grandes misterios.

Imagino cierta forma de abordar la cocina, la ebanistería, la costura, la fotografía, la jardinería o escribir poemas que podría constituir el fundamento de tus prácticas espirituales. Para la cocina, recomiendo los libros de cocina de Ed Brown, inspirados en el budismo zen, y para la poesía, los libros del analista jungiano David Rosen sobre la práctica *haiku*. En uno de sus libros de cocina, Ed Brown dice acerca de preparar comida: «Comprobarás que el mundo adquiere un aspecto vívido con las espinacas, las lechugas y las judías negras; con las tablas de cortar, los moldes para horno y las esponjas. Dar libre curso a lo imaginado y lo hipotético para que la conciencia pueda funcionar en el mundo de los objetos».[17]

La capacidad de abstraerse de forma regular en lo sublime o lo bello, incluso en un entorno corriente, puede convertirte en un místico. En este libro utilizo con frecuencia la palabra «portal», y en este caso resulta más que oportuna. Lo bello no sólo te proporciona una experiencia mística, sino que lo bello puede ser un portal de acceso a lo desconocido y lo inconocible. En una experiencia mística quizá no puedas definir o describir con rigor lo que has visto o sentido. Has traspasado los límites de lo cono-

---

17. Edgard Espe Brown, *Tomato Blessings and Radish Teachings* (Riverhead Books, Nueva York, 1997), p. 5.

cido y conectas con el mundo de una forma más parecida a una unión, una participación, una intimidad. A menudo utilizamos la unión sexual como metáfora del «conocimiento» místico.

Algunas personas son místicos o místicas profesionales, como Thomas Merton, que vivió la estricta vida de un monje. Otras son supermísticos que poseen un grado de unión excepcional, como Julián de Norwich o Juan de la Cruz. Otros son místicos normales y corrientes, como tú y como yo, que de vez en cuando experimentamos la sensación de abstraernos en la creatividad, un lapso de conciencia y una atención agudizada.

El astronauta Edgar Mitchell dijo a propósito de su experiencia en el espacio: «Lo que experimenté durante ese viaje de tres días fue una increíble sensación de conexión con el universo [...]. Percibí el universo como si de alguna forma fuera consciente».[18] Su experiencia, como es lógico, fue intensa, pero tú y yo podemos gozar de esta sensación mística a nuestro estilo y en menor grado y comprobar que alimenta nuestra religión personal.

Karen Armstrong, que ha logrado aportar al mundo conocimientos inteligentes sobre la religión, dice de los místicos que «hallan una realidad en lo más profundo del Yo, que es, paradójicamente, Otra y está irrevocablemente separada». Es una experiencia inefable que no puede explicarse de modo racional. Los místicos «encuentran una presencia que transfigura sus vidas, trascendiendo los límites de sus limitados y aislados egos. Se sienten [...] en armonía con el mundo».[19]

Estas palabras se asemejan a las utilizadas por Edgar Mitchell cuando trató de hallar el lenguaje adecuado para expresar

---

18. Edgar Mitchell, *The Way of the Explorer*, pp. 3-4.

19. Armstrong, *Visions of God*, p. ix.

su experiencia en el espacio. Pueden aplicarse también a personas normales y corrientes en momentos especiales de sus vidas, cuando se concentran en una actividad apasionante y sienten que los límites de su individualidad se debilitan de forma positiva. La sensación de abstracción, propiciada por una actividad, una visión o un sonido, constituye un pequeño momento místico cuando nos traslada más allá, a un lugar creado por lo asombroso y prodigioso.

Místicos normales y corrientes

Una religión personal puede surgir a partir de una experiencia que te afecta profundamente. Una enfermedad, un divorcio, problemas económicos o el mero hecho de ver a alguien sufrir puede marcar el inicio de un viaje profundo consistente en hacerse preguntas y maravillarse. Un paralelismo con la religión formal es el despertar de la conciencia de Buda cuando abandona la protección de su hogar y contempla la enfermedad y el sufrimiento. Los Evangelios describen de forma gráfica que Jesús se siente también conmocionado por el sufrimiento al que asiste, lo que le impulsa a hacer algo. Para una persona corriente, el momento transformador puede producirse al sentir el poder y la belleza de la naturaleza o el intenso deseo de ofrecer un servicio al mundo.

Al crear tu propia religión, estarás abierto a momentos en que sientas que tu Yo se expande y los límites se funden. El resultado no es una pérdida del Yo, sino un incremento. Los bordes se suavizan, y aunque para un ego rígido e inflexible la experiencia puede ser aterradora, si estás preparado, el momento místico te permite penetrar en la vida con mayor plenitud. Te sientes más tú mismo y menos perdido en sentido negativo.

La religión comienza con la sensación de que tu vida tiene sentido dentro de un sentido más amplio, de que tú y los animales estáis unidos por un intenso vínculo, que los árboles, las rocas y los ríos son al cuerpo del mundo lo que tus huesos, cabello y torrente sanguíneo a tu cuerpo. Por fin comprendes, de un modo primigenio, que tu felicidad depende de la felicidad de los seres que te rodean. Quizá llegues también a comprender que tu alma participa del alma del mundo.

Una etimología de la palabra «religión», *re-ligare*, unir, describe el vínculo entre tú y tu mundo, y en última instancia entre tú y la fuente oculta e invisible, pero palpitante, la respiración y todo cuanto existe.

La religión nos liga al tenue, transparente e intocable torrente sanguíneo de lo divino, el icor místico que fluye a través de todas las cosas, convirtiéndolas no en divinas, sino en receptáculos de divinidad. Tú formas parte de esa escena y la divinidad fluye también a través de ti. Eres lo que Nicolás de Cusa llamaba un *deus humanus,* un dios humano o un humano-dios. Paradójicamente, sin esa divinidad careces de humanidad.

Muchos místicos se parecen a Nicolás al decir que llevas la divinidad dentro de ti; no está sólo fuera. Si profundizas en ti, te toparás con misteriosas fuerzas creativas. No puedes conocerte por completo, y quizá comprendas, como los místicos han apuntado, que algunos de tus problemas provienen de tu resistencia a esa fuente de vitalidad profunda y desconocida. Si pudieras hacerte a un lado para no entorpecer el proceso, ¿quién sabe en qué podrías convertirte? El creador divino no sólo crea un mundo, sino que crea un ser.

Károly Kerényi, un estudioso de las religiones imaginativo y perspicaz, amigo de Jung, describe la palabra romana *«religio»* como «una actitud de respeto, o más allá de eso, de reverencia, o, incluso, un sentimiento de vértigo al borde del precipicio...»[20] Quizá la palabra «abismo» no sea la más adecuada para describir a lo que se refiere Kerényi, puesto que implica oscuridad, incluso el infierno. En vez de ello, me imagino a orillas del mar o bajo el cielo, consciente del misterioso contexto en que se desarrolla nuestra vida. Diría que siento vértigo al borde de la infinita extensión de vida que contemplo en el cielo.

La visión de Kerényi me recuerda a mi tío Thomas I. Nugent. Escribo a menudo sobre él como ejemplo de una persona religiosa por naturaleza. En 1878 su padre, William, que procedía de Waterford, Irlanda, adquirió una granja de cincuenta hectáreas, situada entre dos elevadas colinas, en un hermoso y ondulante paraje en las afueras de Auburn, Nueva York. Al cabo de un tiempo, mi tío Tom se encargó de la explotación de la granja, y yo pasaba muchos veranos con él, caminando por los campos, ordeñando las vacas, echando de comer a las gallinas y reparando los aperos de labranza.

La granja carecía de agua corriente. Bebíamos agua fresca de un manantial en la colina, situado a unos veinte metros de la casa, y nos lavábamos con el agua de lluvia que recogíamos en la cisterna junto a la cocina. Al principio, mi tío araba, sembraba y recolectaba con dos resistentes caballos, una yegua rucia y un alazán de tiro. Más tarde, modernizó la granja adquiriendo un tractor John Dee. Yo araba empleando ambos sistemas, bajo la tutela de mi tío, y le acompañaba la jornada entera, cada día, mientras él se ocupaba de los animales y estaba pendiente del tiempo.

---

20. Károly Kerényi y C. Kerényi, *The Religion of the Greeks and Romans*, trad. Christopher Holme (E. P. Dutton, Nueva York, 1962), p. 14.

Cuando mi tío no me contaba historias picantes, solíamos guardar silencio. Observábamos las nubes y sentíamos la brisa, decidiendo cuándo debíamos recoger el heno o recolectar la avena. Durante esos días, largos y llenos de cosas maravillosas, aprendí a ser sensible a los signos de la naturaleza y sentirme en mi elemento en los campos y entre los animales. Mi tío era un hombre amable, inteligente, divertido y honrado. Pero no era religioso en el sentido convencional de la palabra, y era el único de la familia que no iba a la iglesia. Pero todo el mundo le quería y respetaba. Yo le adoraba, y como es obvio, sigo adorándole.

Era una especie de místico, un místico normal y corriente, que vivía su vida en sincronía con las estaciones y los cambios que se producían en el cielo y el paisaje. Sabía comunicarse con los animales con un simple movimiento de la cabeza o una mirada, a veces con un sonido apenas perceptible. Tenía por costumbre controlar los movimientos del viento y de las nubes y tocar la hierba para comprobar si estaba húmeda. A menudo me dejaba estupefacto porque poseía poderes que yo jamás había visto en la ciudad.

Cabe imaginar que la vida solitaria de un granjero puede contener cierto misticismo. Mi tío era una especie de ermitaño, que vivía con dos hermanos reservados y taciturnos que trabajaban duro durante muchas horas en sus respectivos trabajos. Todo aquel que conocía bien a mi tío lo consideraba una persona religiosa a su manera. Había rechazado de forma meditada la religión formal y seguía, de manera no menos meditada, sus propias y profundas inspiraciones.

Mi tío no era perfecto. De vez en cuando se emborrachaba, cosa que yo odiaba, porque durante sus borracheras estaba como poseído por un daimon. Pero más tarde comprendí que un *bodhisattva*, con un pie en el cielo y otro en la tierra, a menudo forcejea con uno de los demonios como parte de su vocación como mediador o mediadora. Muchos líderes espirítales sucumben al daimon del sexo; otros al del dinero. Mi tío se enfrentaba a Dionisio, el dios del vino, que ofrece abundante vitalidad a cambio de cierto tipo de locura.

A propósito, un daimon es un deseo o impulso genérico, mientras que, en términos psicológicos, un demonio es una forma negativa de ese deseo. Más adelante abundaré en estos términos.

Las tradiciones espirituales proporcionan un telón de fondo a un granjero místico. Los grandes monasterios cristianos medievales solían estar rodeados de tierras de cultivo que les procuraban alimento y mano de obra. Thomas Merton, que vivía en un monasterio en Kentucky que disponía de su propia granja, dijo a propósito de los Shakers, una comunidad religiosa que centraba su vida espiritual en el trabajo agrícola: «El trabajo de los Shakers posee una belleza sin parangón debido a su auténtica pureza espiritual…»[21] Al escribir sobre los Shakers, Suzanne Skees observa que en 1910 la revista *Harper's Bazaar* dijo sobre las gallinas de los Shakers: «Sus plumas blancas siempre eran algo más blancas que las de las otras aves, y sus patas amarillas parecían haber sido pulidas».[22]

Mi tío Tom trabajaba en su granja con un espíritu análogo al de los Shakers, aunque nunca pensé que las patas de sus gallinas estuvieran pulidas, y con auténtica pureza espiritual, no debido a creencias formales, sino porque era un entusiasta de la natura-

---

21. Thomas Merton, *Mystics and Zen Masters* (Farrar, Straus and Giroux, Nueva York, 1967), p. 196.

22. Suzanne Skees, *God Among the Shakers* (Hyperion, Nueva York, 1998), p. 182.

leza. No creo que para ser un místico tuviera que hablar sobre la divinidad en la naturaleza. Bastaba con que la sintiera y honrara, sin nombrarla ni hacer ningún comentario al respecto.

Permite que me detenga para formular una observación general. Muchas personas, como mi tío Tom Nugent, que crean su propia religión, jamás utilizarían esa terminología para describir lo que hacen. Simplemente viven y se comportan de una determinada manera, y entonces aparezco yo, con mi formación en estudios religiosos y mi preocupación por la secularización de la cultura, y describo sus vidas como religiosas en un sentido informal. Yo los llamo místicos porque han hallado el portal de acceso a la trascendencia, aunque no emplean un lenguaje espiritual o teológico formal. Quizá sea ésa la dirección que tomemos en el futuro: hacia una religiosidad que no está separada de la vida cotidiana secular y prescinde de buena parte del lenguaje correcto.

Soy consciente de que los expertos en ámbitos como la religión y la espiritualidad a veces opinan que el hecho de llevar el misticismo a la vida corriente y normal es un insulto a los grandes místicos y hace que todo resulte demasiado banal y poco serio. Yo pienso justamente lo contrario. Creo que un día comprenderemos que hemos perdido la apuesta de la religión porque la hicimos demasiado sublime y distante. Yo la veo como un simple elemento de la vida cotidiana, y en esa simplicidad reside su belleza e importancia.

La divinidad de la naturaleza

Poco antes de morir, James Hillman, mi viejo amigo y mentor, me dijo que, a decir verdad, era un panteísta. Conociendo su obra, y dado que habíamos mantenido una estrecha amistad durante muchos años, creo que se refería a que percibía lo divino en todo. James suspiró al decirme eso, como si fuera una confesión, como reconociendo por fin que tenía una religión con un nombre, pero al mismo tiempo dándome a entender que consideraba que la vida y el mundo eran sagrados.

En ciertos aspectos James se parecía a mi tío Tom. Era alérgico a la religión. No quería tener nada que ver con una religión formal, pero a su manera era un hombre profundamente religioso. Si examinas su obra con detenimiento observarás el estilo de un teólogo. Lo llevaba todo hasta sus últimas consecuencias. Hablaba de los dioses con un grado de admiración rayano en la veneración. Al mismo tiempo se mostraba siempre crítico sobre las religiones formales. Aunque le asombraba que yo hubiera escapado de ser monje sin sufrir graves problemas emocionales, a mí me parecía que llevaba una vida monacal: centrada en el estudio, los libros, las ideas, los temas religiosos, los animales, la comunidad. Él lo habría negado, pero creo que hubiera sido un excelente monje, sin profesar los votos.

Una de las muchas imágenes del cristianismo que le disgustaba era la de Miguel, el arcángel, peleando con un dragón con una larga y afilada lanza, tal como aparece, por ejemplo, en el complejo dibujo de Albrecht Dürer o el hermoso mosaico de James Powell.

James opinaba que el dragón representaba la imaginación, y que el cristianismo no estimulaba la imaginación. Prefería la religión de los griegos, quienes, según él, utilizaban a los dioses para aportar imaginación a todos los aspectos de la vida. Unos años antes de que James muriera traduje los Evangelios del griego y escribí más de quinientas notas, comentarios de mi propia cosecha y de varios escritores sobre diversos pasajes. Hablé con James del proyecto, porque me fascinaban las nuevas percepciones que había hallado al leer detenidamente la versión griega y a la luz de mis estudios sobre el politeísmo griego. Él se mostró escéptico.

Un día recibí una tarjeta postal de él, en la que había escrito una sola frase: «¿Qué me dices de Marcos 1, 25?» Consulté ese pasaje, cuando un «espíritu impuro» pregunta a Jesús qué desea, y Jesús responde: «Enmudece y sal de este hombre». En el texto griego utiliza una expresión más contundente, semejante a «cierra la boca». Para James era importante que escucháramos lo que tiene que decir un daimon, y lo último que debíamos hacer era impedir que hablara. No debíamos «amordazarlo», sino escucharlo para aprender y dejarnos guiar.

Cuando volvimos a vernos, hablamos de este pasaje más detalladamente. Yo me mostré de acuerdo en que era una frase preocupante, pero añadí que Jesús era capaz de hablarles a los espíritus impuros y a los daimones, hasta el punto de que la gente creía que estaba confabulado con ellos. Después de escucharme con atención, James reflexionó unos momentos y luego abandonó el tema, sin que yo le hubiera convencido.

A menudo he pensado que sabía que el cristianismo había sido en muchos aspectos un enemigo de la imaginación, pero sabía muy poco sobre la otra cara de esa religión, los místicos y los teólogos que apreciaban las interesantes historias y personalidades de la tradición. También pienso que muchas prácticas cristianas, como la veneración de imágenes de los santos, encajarían bien con la idea de James de identificarse directamente con las imágenes y apreciar su realidad.

¿Qué podemos aprender de James Hillman a la hora de crear nuestra propia religión? Que la espiritualidad tiene sus propias sombras. Que el misticismo del alma es tan importante como el del espíritu. Esto es, que el foco de contemplación puede ser la vida cotidiana, el mundo natural, los sentimientos profundos y las relaciones importantes. Que tanto el moralismo como la literalidad debilitan la actitud religiosa. Que la religión y la espiritualidad pueden asumir diversas formas. Que lo que parece lo contrario a la religión puede ser su mejor manifestación.

Unos meses antes de morir James me telefoneó y me pidió que presidiera su funeral en el cementerio. Yo apenas pude articular palabra.

—No te me pongas sentimental —me dijo.

—Existe cierta diferencia entre emoción y sentimentalismo —contesté—. Esto me resulta muy difícil.

Pero seguimos conversando. James no quería un rabino ni cantos, pero quería música. No quería sermones ni charlas. Me dijo que dejaba la solución en mis manos.

Esta conversación, profundamente emotiva, me recordó de nuevo que James tenía su propia religión. ¿Recuerdas nuestro principio de la buena convivencia entre las tradiciones? James, nacido en el seno de una familia judía y siendo un apasionado agnóstico o panteísta, me pedía a mí, un católico en cierto sentido de la palabra, que organizara su funeral. Era extraordinario. Sólo se me ocurre que James, conociéndome como me conocía, había supuesto que yo tenía mi propia religión y confiaba en mí para que honrara la suya.

El cielo azul

Cuando empecé a pensar en el tema de una religión personal, me acordé de Georgia O'Keefe, en particular de su visión y la trayectoria creativa de su vida. Siempre he pensado que muchas personas se sienten atraídas por sus cuadros debido a que en ellos se atisba lo sagrado: flores, calaveras, paisajes y el cielo. No hablaba en nombre de ninguna religión formal, pero yo la consideraba una pintora religiosa.

En una carta fechada en 1952, escrita cuando tenía sesenta y cuatro años, O'Keefe decía: «Entiendo lo poco católica que es mi alma [...]. Me asombra que no sienta le necesidad del consuelo de la Iglesia. Cuando estoy sola, con la tierra y el cielo, la sensación que experimento dentro de mí, algo que se dirige en todas las direcciones hacia lo desconocido de la infinidad, significa más para mí que todo lo que pueda ofrecerme una religión organizada».[23]

El brillante cielo azul de Nuevo México se convirtió en parte esencial del vocabulario de O'Keefe y evoca lo místico de su arte. En esta carta vemos también su situación espiritual. Dice que no teme a la muerte, que la religión formal se basa en el temor. Se sentía atraída por la vida y la vitalidad, como millones de personas pueden apreciar en sus cuadros. No pintaba ángeles y divinidades, sino que plasmaba lo divino en las cosas.

Poseía un ejemplar de *The Cloud of Unknowing,* un conocido texto místico de la Edad Media, y conocía a Thomas Merton y se carteaba con él. La disertación de Brenda Mitchell sobre «el misticismo visionario» de O'Keefe, «Music That Makes Holes in the Sky» [Música que perfora el cielo], define a O'Keefe como una artista intelectual influida por los escritores que conocía. Tenía ideas y era reflexiva en su sencilla forma de vida y su arte.

Mitchell dice también que la fascinación que sentía O'Keefe

---

23. Jack Cowart, Juan Hamilton y Sarah Greenough, *Georgia O'Keefe, Art and Letters* (Little, Brown, Boston, 1987), p. 263.

por el cielo la llevó a pintar pájaros volando. «En estos cuadros observamos el contraste de cuervos de alas negras y blancas con la tierra cubierta de nieve, el espíritu que surca el cielo y la corporeidad terrestre.»[24] O'Keefe exploraba las imágenes familiares en busca del espíritu y el cuerpo: cielo y paisaje, pájaros y calaveras, nubes y arena del desierto, vida y muerte. Se trata del vocabulario de una mística.

Cuando el cuerpo y el espíritu ocupan un lugar sólido, el alma entra en escena a través de la sensualidad. Cuando contemplas una de las pinturas de O'Keefe, lo primero que te impacta es su sensualidad. Luego tus ojos se dirigen hacia las formas inconfundibles del sexo: la flor que parece una vulva y los pistilos y estambres innegablemente fálicos.

Si la sexualidad de sus imágenes te parece más intensa que el misticismo, recuerda la insistencia de O'Keefe en que la sexualidad no le interesaba. Sin embargo la sexualidad está allí en la manifestación natural de una flor. También observamos con toda claridad el sexo y la muerte en las singulares formas y colores del desierto. Creo a O'Keefe cuando asegura que los temas sexuales no le interesan. No obstante, en su intensidad como artista no podía dejar de presentar la naturaleza en todo su esplendor, incluyendo su sexualidad. Podría decirse que lo sexual siempre está próximo a lo sagrado. A O'Keefe le interesaba revelar lo sagrado, y de paso, sin pretenderlo, acentuaba lo erótico.

---

24. Brenda Marie Mitchell, «Music That Makes Holes in the Sky: Georgia O'Keefe's Visionary Romanticism», tesis (University of Illinois en Urbana-Champaign, Urbana, II, 1996), p. 196.

Su misticismo era tan profundo que no quería reducir su visión al sexo, que constituye sólo una parte del conjunto. El sexo es un portal de acceso a la vida, un medio de atisbar desde fuera de la esfera del ego humano la esfera de lo misterioso y prodigioso. Al anunciar una exposición de la obra de O'Keefe, el Irish Museum of Modern Art lo expresó de la siguiente forma: «O'Keefe consigue imbuir su obra de erotismo y misticismo manteniendo al mismo tiempo una cauta moderación».

Sí, su moderación se aplica tanto al sexo como al misticismo, y esto contiene también una lección que debemos asimilar. Tanto el sexo como el misticismo con frecuencia se desmadran y acaban abrumándonos. Cuando construyamos nuestra religión personal, conviene que recordemos la filosofía de O'Keefe: entrégate por completo al trabajo, pero conserva tu modestia, tu reserva y tu privacidad.

Es imposible vivir en Nuevo México y no tener presente cada día la abundante mezcla de recursos espirituales que hay allí: la cultura sagrada Pueblo, el carácter sagrado de la tierra y el cielo y las encantadoras iglesias y santuarios. O'Keefe decía: «Veía las cruces a menudo [...], como si un sutil velo negro de la Iglesia católica se extendiera sobre el paisaje de Nuevo México [...]. Para mí, pintar la cruz era una forma de pintar esta tierra».[25]

He incluido a Georgia O'Keefe en este libro en parte debido a una afirmación como ésta. Era capaz de rechazar la religión formal por no encajar con su vida espiritual, pero también era capaz de apreciar el poder de las iglesias, cruces y ritos y tratar de entablar amistad con sacerdotes. Había una línea entre ella y la iglesia

---

25. Brenda Mitchell, «Music That Makes Holes in the Sky», p. 179.

formal, pero era una línea muy fina, fácil de traspasar, que no impedía que se dejara inspirar e ilustrar por la religión formal.

En sus cartas, O'Keefe deja bien claro que no necesitaba convencer a los demás de su punto de vista. En una carta de 1929, escribe: «Veo mi pequeño mundo como algo donde estoy yo, donde juego. Me resulta inevitable. Pero nunca deja de sorprenderme el hecho de que signifique algo para otros».[26] Es difícil descifrar si es humildad o un marcado individualismo.

Así pues, O'Keefe tiene muchas lecciones que darnos sobre ser una mística corriente y crear tu propia religión. Tenía una creativa y curiosa conexión con la tradición y sin embargo hallaba la divinidad en la naturaleza. Asimismo, su religión personal le permitía seguir su hoja de ruta, reconociendo un verdadero hogar en Nuevo México después de vivir en otros lugares. En sus cuadros vemos cómo esta región había penetrado en su cuerpo y había brotado en sus pinceles. Por obedecer a su musa, se convirtió en artista.

En parte tu religión puede ser la búsqueda de un lugar donde vivir. Marsilio Ficino, el filósofo del siglo xv, dice: «Tu primera misión es buscar un lugar donde tu alma se sienta en su elemento». O'Keefe probó varios. No en todos se sintió a disgusto, pero fue en Nuevo México donde su alma cobró vida y su arte alcanzó su cenit. Era como la rana de Suzuki: siguió mirando hasta que un día encontró su hogar y se lo comió.

No quiero que se me malinterprete. Hillman y O'Keefe eligieron una forma de ser religiosos lejos de la Iglesia, y creo que ambos lograron gozar de una fecunda existencia espiritual. Pero tam-

26. Cowart, Hamilton y Greenough, *Georgia O'Keefe*, p. 187.

bién valoro las vidas, decisiones y obra creativa de Thomas Merton y Pierre Teilhard de Chardin, quienes llevaron de forma creativa, crítica y valiente la religión formal que habían heredado a un nuevo nivel, permaneciendo leales a ella, pese a las fuertes presiones de las autoridades eclesiásticas y la tentación de buscar su propio camino. Simone Weil halló un camino entre lo formal y lo informal.

Una de las cosas que me gustaría hacer cuando me jubile es visitar las tumbas de Merton, Chardin y Weil, quienes, entre otros, lucharon por defender su religión personal pese a las críticas y la resistencia a las que tuvieron que enfrentarse. Yo honro a Merton y a Chardin por querer permanecer dentro de la religión formal mientras seguían a sus propios daimones en otras direcciones. Respeto a líderes y seguidores contemporáneos que se esfuerzan por convertir la religión formal en una fuente de espiritualidad profunda y satisfactoria. También admiro a quienes, como O'Keefe, aprenden de las tradiciones, pero se afanan en crear su propia vida religiosa siguiendo a su genio.

Hay multitud de formas de combinar la religión formal con el genio de uno para alcanzar la espiritualidad. Emily Dickinson, por ejemplo, que decía que era pagana y le asombraba la devoción cristiana de su familia, asistía también a la iglesia y escribía con un espíritu piadoso sobre los conceptos cristianos. Al igual que Simone Weil, eligió vivir en un lugar influido por distintas tendencias. En cuanto a mí, todavía me cuesta describir mi relación con la tradición católica: es difícil, dolorosa, distante y sin embargo cordial, leal y profunda. Deduzco que tú tienes también una complicada conexión o desconexión con la tradición de tu religión formal, pero por serios que sean los obstáculos o los vínculos, ello no te impide crear tu propia religión.

Místicos naturales

Un medio eficaz de satisfacer la necesidad que tiene el espíritu de ciertos ingredientes básicos que antaño contenía la religión es ser un místico natural. No necesitas meditar formalmente durante horas o abstraerte en lo infinito. Lo único que tienes que hacer cuando conduzcas por una carretera es detenerte en el área de servicio, apearte del coche y contemplar la puesta de sol. Lo único que tienes que hacer es sentir la lluvia que cae sobre ti en un lluvioso día primaveral. Lo único que tienes que hacer es pasear por el bosque hasta conseguir olvidarte de tu rutina diaria y el ajetreo de tu vida. Por supuesto, puedes ir mucho más lejos y aprender a meditar. Puedes cultivar un oficio o un arte como práctica espiritual, como Kevin Kelly, que hacía arreglos florales. Puedes estudiar la ceremonia del té zen, el arte zen del tiro con arco o la caligrafía. Puedes dedicarte a la música, la pintura, la jardinería o la ebanistería. Si realmente lo deseas, puedes ingresar en un estricto monasterio en cualquier parte del mundo, pero también puedes ser un místico o una mística en la cocina de tu casa.

Un sistema eficaz de combinar la tradición y la espiritualidad personal es establecer una relación con un monasterio o una comunidad espiritual. Cuando viajo a Irlanda, procuro pasar unos días en la Abadía de Glenstal, una comunidad benedictina situada en las afueras de la ciudad de Limerick. Allí conozco a personas que están formalmente adheridas al monasterio y se llaman oblatos. Viven en sus casas y llevan a cabo sus respectivos trabajos y al mismo tiempo gozan de una conexión formal con el monasterio, otra excelente forma de crear un estilo religioso personal.

Me gusta pasar tiempo con los monjes porque me conectan con mi pasado. Como he dicho en reiteradas ocasiones, nunca me he despojado de mi estatus como fraile en una comunidad religiosa católica. Puede que no goce de las simpatías de la iglesia oficial, pero estoy en buena armonía con mi catolicismo interior, privado. Es una relación que con el paso del tiempo ha mejorado y se ha hecho más profunda.

Uno puede ser monje en un sentido más metafórico como Hillman, manteniendo una rutina diaria, entregándote a tu trabajo como si fuera el sentido de tu vida y convirtiendo la hora de comer en un momento especial para esmerarte en preparar la comida y celebrarla. Kerényi decía que la esencia de la religión a veces es festiva, y la habilidad de Hillman para convertir los momentos de cada día en festivos formaba parte de su religión.

Podríamos denominarlo un misticismo del alma en contraposición al espíritu. Está conectado con el día a día y los asuntos del mundo. Es físico, sensual y corporal. Quizá requiera destreza y que te ensucies las manos. Sé por experiencia, como ebanista ocasional, que puedo involucrarme en un proyecto, midiendo, cortando madera, marcando, juntando y dándole un acabado, y el tiempo pasa como por arte de magia. Tengo la sensación de alejarme del dominio del reloj y sumergirme en una situación espacio-tiempo muy distinta de la vida normal. ¿Por qué no puede ser ésta mi forma de misticismo?

La ebanistería me recuerda siempre unas palabras del Evangelio de Tomás. Jesús dice: «Si partes leña, yo estoy allí». Podríamos ampliar este hermoso comentario y decir: «Si pelas un plátano, yo estoy allí. Si hundes tu pala en la tierra, yo estoy allí. Si escuchas el canto del petirrojo, ése soy yo». No tienes que creer que hay alguien literalmente detrás del canto del pájaro, en el plátano o en la tierra. No tienes que hablar de Dios. No tienes que expresarte como un teólogo. Sólo tienes que utilizar tu imaginación espiritual para crear un mundo vivo y misterioso que acoja una presencia imposible de describir, pero imposible de negar.

SEGUNDA PARTE

ACLARAR LAS EMOCIONES, BUSCAR LO PROFUNDO

«El niño arquetípico no crece, sino que sigue siendo un habitante de la infancia, un estado de ánimo, y personifica un componente que no está destinado a crecer, sino a seguir siendo lo que es, un niño, en el umbral, intacto, una imagen de ciertas realidades fundamentales que requieren necesariamente la metáfora del niño y no puede presentarse de otra forma.»

JAMES HILLMAN, «Abandonar al niño»[27]

---

27. James Hillman, *Loose Ends* (Spring Publications, Dallas, 1975), p. 30.

3

LA PRÁCTICA DE ANALIZAR LOS SUEÑOS

«Los años que dediqué a perseguir mis imágenes
interiores fueron los más importantes de mi
vida; en ellos se decidió todo lo esencial.»

C. G. Jung[28]

Trabajar con sueños se corresponde con una religión personal porque los sueños son un vehículo de trascendencia, un
medio para ir más allá del Yo, pero dentro de alma. Constituyen
una ventana abierta que permite que penetre una información
que desconocemos de otro lugar. La esfera de los sueños es como
un pasillo estrecho y oscuro con cortinas en cada extremo. Conectan el mundo del mito, otro lenguaje relacionado con el
alma, esto es, la tierra del alma, con el mundo cotidiano. Las
cortinas no se abren del todo, de modo que sólo atisbamos los
dos ámbitos conectados, pero lo que atisbamos siempre es útil.

---

28. C. G. Jung, *Memories, Dreams, Reflections,* [Recuerdos, sueños, pensamientos], trad.
Richard y Clara Winston, ed. Aniela Jaffé (Pantheon Books, Nueva York, edición revisa-
da 1973) p. 199.

La práctica regular de analizar los sueños puede mantenerte en contacto con las narraciones básicas que vives y la situación de tu vida. Al principio, los sueños parecen estar llenos de imágenes disparatadas, pero cuando las examinas de cerca, empiezan a tener sentido, a menudo un sentido fascinante y estimulante. Lo que es más importante, los sueños procuran a nuestra vida un telón de fondo compuesto por imágenes que apuntan a nuestra experiencia personal y al extenso ámbito del arte. Los sueños nos ayudan a imaginar nuestras vidas como dramas que presentan de nuevo los periplos eternos, los anhelos y los problemas que definen toda vida humana.

Alex, un joven de veintitantos años, vino a verme para hablarme sobre su situación. Le gustaba la forma en que utilizo la mitología griega en mis libros y quería ahondar en estas imágenes, que conocía bien. Cuando entró en mi consulta, le miré y tomé nota de mi primera impresión. Era un hombre bien parecido, moreno y sensual, jovial y algo nervioso. Como muchas personas, me demostró que tenía dos personalidades. Una era seria y preocupada, pero la otra, que de vez en cuando salía de su escondite, era divertida y bromista. Tenía la costumbre de arrugar el ceño, asumiendo una expresión seria, y de pronto dejaba que una breve sonrisa asomara a sus labios. Como todo analista que se precie, me pregunté a qué se debía este doble patrón emocional, pero el joven me había caído muy bien y quería construir nuestra relación terapéutica sobre el eros.

Me dijo que había consultado con otros psicoterapeutas debido a su tendencia a comportarse de forma obsesiva-compulsiva. «A veces no puedo controlarlo», me explicó. Al oír esto sentí tristeza; la gente no suele hablar de la profunda preocupación que experimenta el psicoterapeuta por su cliente. Me pregunté

qué había generado este síntoma en la vida de un joven tan gua-
po. Escuché el relato de su vida y sus interpretaciones personales y luego le pedí que me describiera un sueño. Sabía que un
sueño me revelaría con más precisión, aunque de forma un tanto críptica, lo que le sucedía.

El joven había leído algo sobre psicología profunda, incluyendo mi obra, y estaba dispuesto a analizar sus sueños. El primer sueño que me ofreció estableció nuestra pauta: «Camino
hacia un río y me detengo en la ribera cuando veo tiburones en
el agua. Quiero aproximarme y meterme en el agua, pero doy
media vuelta y me marcho».

Era un sueño breve, pero significativo. Hablamos sobre él. Se
me ocurrió una docena de referencias literarias y religiosas a
ríos: los ríos del Paraíso; el río de la vida; el Sidhartha de Hesse,
que culmina sus años de búsqueda junto al río; el *Deliverance* de
James Dickey, donde un hombre que presenta graves magulla-
duras, al preguntarle qué le ha ocurrido, responde, «lo que ha
ocurrido es el río». Yo tenía la sensación de conocer el río en
términos generales, aunque por supuesto no conocía el río del
sueño de mi cliente. El hecho de llegar a conocer a este joven a
partir de su sueño era como visitar una ciudad en la que no has
estado nunca y detenerte en la orilla del río que la atraviesa. Has
visto muchos ríos, pero éste no.

Como es natural, mis largos años de amistad con James Hillman me habían enseñado a ser cauto en todas mis asociaciones
con la imagen de un río. En este caso se trataba del río de este
hombre, no de un símbolo universal.

Hablamos sobre los tiburones. Soñar con peces es muy común, y la presencia de peces de gran tamaño en aguas especiales
es común en la mitología, como la ballena de Jonás. Por supues-

to, una ballena no es un tiburón, pero nos movíamos en el territorio del agua y de sus criaturas. También estoy familiarizado con el salmón irlandés de la sabiduría y con los delfines de Dionisio. Hay un delicioso cuento africano sobre un hipopótamo que pide a Dios que le permita refrescarse en el agua.

Al principio tuve la impresión de que el joven quería aproximarse al río de la vida y penetrar en él, pero los tiburones tenían un aspecto feroz y se lo impedían. ¿Evitaba la vida por temor? ¿Había visto a los tiburones que habitan en las aguas de la vida? ¿Había sentido los colmillos que te amenazan cuando te atreves a sumergirte en el río? Deseaba empaparse de vitalidad, pero los tiburones le impedían hacerlo. Su río le infundía temor.

La historia de Jonás y la ballena nos enseña que una criatura marina no tiene por qué ser peligrosa. La ballena mantiene a Jonás a salvo y luego, por orden de Dios, lo escupe en tierra firme, donde Jonás cumple las instrucciones que ha recibido. De modo que me pregunto sobre los tiburones de este joven. Sí, son animales temibles, con sus afilados dientes y su fama de agresivos. Pero el soñador quizá tiene que aprender a estar en la vida junto con sus peligros. Quizá los tiburones quieren que se acerque a ellos y descubra una conexión, una relación creativa. ¿Quizá su propio carácter semejante al de un tiburón? Pero en el sueño se protege y no se mete en el río.

Las criaturas marinas de Alex son tiburones, no una ballena. No teme ser devorado por una ballena, como Jonás, sino triturado por los afilados dientes y fuertes músculos de los tiburones. Después de esa primera sesión, me pregunté si Alex temía vivir y aventurarse hasta la orilla de la vida, y en el último momento emprendía la retirada. ¿Temía los peligros que había visto allí, en particular la agresividad y los afilados dientes? ¿Se ocultaban unas amenazas debajo de la superficie? ¿Quería aproximarse a la vida, pero luego retrocedía por temor? Me dije que debía estar preparado para ver signos de este esquema en nuestras próximas sesiones.

Al mismo tiempo, no quería adoptar un punto de vista rígido. Quizás éste no fuera el momento de acercarse al río. En ciertos momentos es preciso retroceder, conservar la inocencia, rechazar a los tiburones.

Otra clienta me contó que tenía problemas con sus cinco hijos, los cuales discuten sobre cómo repartirse una propiedad que pertenece a la familia. La clienta me dijo: «Tengo que ayudarles a encontrar la solución». Lo dijo irritada, como si representara un agobio para ella. Me pregunté por qué se complicaba tanto la vida. Sus hijos eran adultos y padres de familia.

«¿Cómo van a resolver el problema a menos que yo asuma un mayor papel en el asunto?», me preguntó. La mujer creía que se comportaba de forma altruista. Pensaba que no se esforzaba lo suficiente. Pero lo que yo percibí fue un control parental excesivo. A mi entender, sufría de un complejo maternal. En el fondo deseaba asumir toda la responsabilidad. Me relató un sueño en el que estaba a cargo de varias tareas en un hospital y no conseguía llevar a cabo el trabajo. Todo se venía abajo y se despertaba agotada. Cuando me contó el sueño, observé que asumía un aspecto físico distinto. Era evidente que se sentía agobiada por el peso de la responsabilidad. Había encorvado los hombros y tenía el ceño arrugado.

Le recordé un sueño reciente en el que hacía de cómica en una fiesta en el colegio. Era un papel con el que no estaba familiarizada pero le complacía. Hablamos sobre la diferencia en el tono emocional entre el papel de cómica y el de árbitro en la disputa familiar. El mero hecho de hablar sobre comedia hizo que su rostro y su cuerpo se relajaran. Me dijo que admiraba algunas historias zen y sufíes en las que los maestros espirituales solventaban los problemas con sentido del humor e ingenio. «Ojalá pudiera hacerlo yo», dijo. «¿Y por qué no puedes hacerlo?», le pregunté. Ese día se marchó de mi consulta decidida a tomarse la situación familiar con más filosofía y comportarse con sus hijos de forma más sutil y sagaz.

Obsérvese que en ambos casos los sueños ofrecían temas relacionados directamente con la vida y que aludían a situaciones concretas en el mundo cotidiano. Los sueños no tienen que ser largos y complejos y contener referencias obvias a la mitología y al arte. Pueden parecer prosaicos y sin sentido, hasta que los analizas más de cerca. Dotados de su propia poesía, nos muestran lo que sucede a un nivel invisible en el mundo real.

Los sueños ofrecen una perspectiva alternativa sobre los asuntos de la vida cotidiana e incluso sobre temas más trascendentes que tienen un papel más trascendente en la existencia humana. La madre en el papel de cómica, un papel que, de no habérselo revelado el sueño, jamás se le habría ocurrido que podía desempeñar. Alex nunca me habría confesado que tenía miedo de adentrarse en la vida. De hecho, a primera vista parecía que las cosas le iban bien, pues tenía un buen trabajo y amigos en diversos lugares del mundo. Por lo general, el sueño presenta un punto de vista que refleja con exactitud la situación y las emociones del soñador, pero que al mismo tiempo le es ajeno.

A menudo el sueño sorprende al soñador. Una persona puede creer durante muchos años que es demasiado generosa y altruista. Hasta que un día un sueño le demuestra que es egoísta. El sueño la ofende, y trata de restarle importancia. «En cualquier caso, los sueños no son importantes», dice. No es preciso ser un analista profesional para percibir el tono defensivo en esa frase.

Después de practicar durante treinta años una terapia profunda, aspirando a alcanzar niveles de experiencia míticos, me apoyo casi por completo en los sueños. El trabajo no empieza a progresar hasta que entra un sueño en escena. A menudo los sueños ofrecen pasajes narrativos que revelan los grandes temas que configuran e influyen en toda una vida.

Yo los llamo «pasajes narrativos» porque los sueños no suelen ser historias completas. Una historia es como un pensamiento completo o una frase completa, mientras que por lo general los sueños presentan una serie de imágenes. Pueden sugerir un problema sin ofrecer una solución. El soñador puede relatar el sueño como si se tratara de una historia e insinuar una solución, pero la persona que escucha el sueño debe evitar dejarse influir por los propósitos del soñador. Yo suelo buscar un ángulo distinto del sueño, un punto de vista opuesto. Analizo el sueño desde otra perspectiva utilizando una serie de valores y expectativas diferentes.

Personalidades en los sueños

Con frecuencia establecemos estrechas conexiones entre un sueño y el soñador, pero los temas de los sueños suelen aplicarse a personas en general. Muchas personas podrían identificarse con el sueño de los tiburones y algunas con ser una cómica o un cómico. El efecto de un sueño, consistente en ofrecer una útil colección de imágenes como telón de fondo de una experiencia, equivale a la forma en que la mitología y el arte proporcionan esquemas. Tus sueños no son sólo partes de un mito personal; del mismo modo en que la mitología y el arte se refieren a la condición humana, los sueños van más allá de los temas personales.

A medida que te familiarices con tus sueños, observarás temas recurrentes, incluso imágenes específicas que aparecen con asiduidad. Una serie de sueños pueden estar conectados con un determinado tema de tu vida, y en ocasiones varios grupos de sueños se solapan. Puedes ver una serie de sueños en el Grupo A, luego otro Grupo B, luego de nuevo el Grupo A y luego un Grupo C. Ciertos sueños parecen estar relacionados con respecto al tema, cuando no a través de imágenes específicas, y esos temas pueden desaparecer durante un tiempo, quizás años, y luego reaparecen. Este aspecto de los sueños te proporciona un sentido dinámico compuesto por diversas facetas sobre quién eres.

He escrito con frecuencia sobre mis sueños de volar. Al principio me veo volando dentro de una habitación, cerca del techo, propulsado por mí mismo, agitando los brazos. En estos sueños suelo experimentar una sensación eufórica y deseo poder experimentarla en la vida real. Después de un sueño como éste, al despertarme muevo los brazos como si pudiera volar hacia el techo. Son tan reales que durante unos instantes no estoy seguro de si estoy soñando o despierto.

Hace años tuve sueños, que en ocasiones se repetían durante un largo período, en los que un avión comercial trataba de despegar mientras avanzaba por las calles entre los elevados edificios de una gran ciudad. A veces el avión no llegaba a despegar, sino que seguía avanzando sin mayores problemas por una carretera de mucho tráfico. Al pensar en ese sueño por esa época, me pregunté si tenía problemas para volar libre y abiertamente. Tenía la sensación de no poder despegar debido a las restricciones impuestas por una vida complicada. Por otra parte, esta interpretación del sueño quizá represente mi naturaleza independiente, mi necesidad casi neurótica de ser libre y no toparme con obstáculos. Quizá necesite esa vida complicada —las calles y el tráfico— para centrar mi naturaleza voladora y *puer*.[29]

Cuando conozco a personas y la conversación versa sobre los sueños, a veces les pregunto si son voladoras, como yo, el tipo de persona como los hombres y las mujeres idealistas, ambiciosos y espirituales que los junguianos denominan *puer*, que tienen un espíritu juvenil y les complace sentir que surcan el espacio, lejos de los problemas que comporta ganarse la vida y seguir adelante con su vida. Uno de mis sueños recurrentes sugiere este tema: estoy a bordo de una avioneta, que no vuela muy alto. Veo a mi familia en el suelo, a mis pies, y les saludo con la mano.

Otra interpretación de mi sueño de un avión que avanza por las calles de una ciudad: aún conservo mi vehículo para volar, pero ahora estoy en la plenitud de la vida, especialmente la vida cultural. Los numerosos libros que he publicado y mis años como psicoterapeuta me han colocado en el centro de la vida más de lo que había imaginado. Sin embargo, aquí abajo, rodeado de vidas y matrimonios y los intentos del mundo por poner orden en sí mismo, sigo conservando mis ideales y mis ambiciones.

Debido a mi práctica de analizar sueños —escribir mis sueños y conservar mis cuadernos—, puedo retroceder unos años y ver la dirección que han tomado mis sueños desde diversos

---

29. Aquí me refiero al *puer aeternus* al que se referían Jung y Hillman. Es un espíritu aventurero positivo, valioso y atractivo basado en la imagen de un joven, en latín, *puer*. El término *puer* se refiere a hombres y mujeres que a menudo tienen sueños de volar, lo que revela su deseo de no verse oprimidos por las demandas de la vida y sus incursiones en los ámbitos de la inspiración y la imaginación.

puntos de vista. Desde una perspectiva posterior, los sueños parecen distintos. Ahora comprendo que presagiaban ciertos eventos. Por ejemplo, miro en mi cuaderno encuadernado de cuero rojo que confeccioné para registrar en él mis sueños a mediados de la década de 1980, y veo uno de exactamente hace veinticinco años:

«Voy en un coche con varias personas, circulando a través de un lugar extraño, y pasamos frente a un edificio a punto de derrumbarse rodeado por una red que lo sujeta. En el coche viaja una mujer joven. Se parece a la hija de Chris, pero es mayor que ella. Se pone de pie y empieza a tirar de la red. Yo le advierto que si sigue haciéndolo el edificio se desplomará sobre nosotros. Pero ella persiste.

De pronto aparece un policía y me indica que le acompañe. Esto me sorprende, porque trataba de impedir que la joven siguiera tirando de la red, y además voy bien vestido. En la comisaría un grupo de asistentes sociales y demás personal me interrogan. Quieren que les diga lo que sé sobre esa chica. Les digo que es joven y no suele hacer estas cosas. Después de consultar entre sí, deciden retenerla durante tres horas. Ha amanecido. Mis padres están en el coche, y me pregunto qué tienen que ver en este asunto. Yo tengo las llaves. Me asombra comprobar que los policías han deducido que la joven es mi hija, puesto que no me han preguntado en ningún momento sobre nuestra relación».

Por esa época, dos años antes de que empezara a escribir *El cuidado del alma*, escribí una nota diciendo que la joven de mi psique estaba en apuros. En aquel entonces yo tenía un grado de inocencia que no me beneficiaba en nada, como ir bien vestido y pensar que eso satisfaría a la «policía». Mi «joven» estaba destrozando el techo, el mundo sobre nosotros, que podía ser mi teología y mis ideas sobre la religión. Tenía la sensación de ser demasiado inocente sobre mis intentos de reconstruir la religión y la psicología y sustituirlas por el cuidado del alma. No deja de ser curioso que este sueño haya aparecido en este momento, hoy, cuando escribo este libro en un intento de reordenar el cielo, una imagen de mi pensamiento sobre la espiritualidad. Considero este libro como una segunda entrega de *El cuidado del alma,* proponiendo un nuevo cambio en la cultura, alejándonos de la religión tal como la conocemos para hacernos más religiosos y espirituales de una forma novedosa. No debería ser inocente a este respecto, porque muchas personas pueden sentirse ofendidas y disgustadas por mi crítica contra la religión establecida. A otras les disgustará que no acepte un mundo totalmente secular.

Una interpretación jungiana de la joven la vería sin duda como un *anima* o figura del alma. Podríamos llamarla una *puella,* que en latín significa «muchacha», en línea con el *puer.* Tengo la inspiración de reorganizar la religión, pero es un proyecto peligroso. El cielo podría desplomarse. De modo que aparece la policía. En mi propia imaginería psicológica la policía tiene un importante papel. Probablemente debido a mi formación católica, soy sensible a cualquier juicio sobre hacer algo incorrecto y cometer un pecado.

Resulta que la joven es mi hija. Este aspecto me parece fascinante, veinticinco años más tarde, porque ahora tengo una hija de veintiún años que sigue mis pasos como psicoterapeuta, aunque a su estilo. Ella también se topa de vez en cuando con la «policía», que no la comprende. Así, cuando pienso en la trayectoria de mi vida, el sueño asume una cualidad profética, un aspecto de los sueños conocido desde hace siglos, pero que hoy en día los expertos y los profesionales no se toman en serio.

Los sueños reflejan nuestra esencia; son textos míticos, sagrados, que relatan la historia profunda de nuestro destino y nuestro progreso. Constituyen mi biblia personal, numerosas historias de diversos géneros unidas en un libro de la vida. Por tanto, la práctica de analizar los sueños encaja como parte de una forma de vida espiritual más amplia, como parte de tu religión personal.

Si tienes costumbre de practicar la meditación, el yoga y la oración, puedes dedicar un poco más de tiempo a tomar nota de tus sueños y reflexionar sobre ellos. Todos estos métodos son perfectamente compatibles entre sí. Por lo demás, la práctica de analizar tus sueños puede ser una valiosa actividad espiritual que te mantiene en contacto con los aspectos más profundos y sagrados de tu Yo.

Una importante ventaja sería ligar tu evolución psicológica a tu progreso espiritual, dos esferas que a menudo están separadas. Los sueños se refieren tanto al alma como al espíritu, la vida de las emociones, las relaciones, la búsqueda de sentido y un propósito en la vida. Ambos son profundos y trascendentes.

La terapia de los sueños

Con frecuencia, las personas que deciden emprender un viaje espiritual no tienen en cuenta la dimensión psicológica. Sus emociones son un estorbo. Sus relaciones personales se resienten. Escenifican sus complejos psicológicos en sus actividades espirituales. Necesitan una depuración terapéutica para que su progreso espiritual sea limpio. El análisis de los sueños puede ser una parte eficaz de esta catarsis, pues contribuye a aclarar los líos y la confusión psicológica.

Conforme progresábamos en nuestro análisis de los sueños, Alex me contó más cosas sobre su conducta obsesiva. Comentó que, cuando regresaba a su apartamento en la ciudad, tenía que subir una larga y empinada escalera y no podía hacerlo sin contar cada escalón. Era consciente de instrucciones internas que no podía desobedecer. Sandor Ferenczi, el inteligente colega de Freud, decía que una neurosis obsesiva como contar es una forma de neutralizar los pensamientos dolorosos y evitar la vida sensual. El hecho de contar erige asimismo una barrera intelectual, controladora y determinante, alrededor de la vida.

El problema de Alex es típico de nuestra época. Evitamos la vida contabilizando todo lo que hacemos. Nos deprimimos porque no penetramos en la vida y tratamos de resolver nuestra depresión cultural consumiendo drogas. Algunos acuden a las enseñanzas espirituales, a líderes y a ritos, en busca de un medio de escapar de una existencia cuantificada. En su desesperación, a menudo se dejan influir por un maestro que no les conviene o adoptan un sistema espiritual de una forma que no les proporciona lo que buscan.

Mi joven cliente, Alex, es lo bastante inteligente para encontrar su camino. Pero el sueño contiene una advertencia. Si evita a los tiburones, agresores naturales o imágenes de agresividad en la vida corriente, será susceptible de dejarse arrastrar por una psicología o una espiritualidad sentimental. Quizá no tenga la fuerza o una mente crítica, representada por los tiburones, que necesita. Sus ritos compulsivos, como la necesidad de contar los escalones, revelan su masoquismo, la ausencia de poder personal. Está a merced de reglas que provienen de una fuente desconocida y carece de la fuerza necesaria para resistirse a ellas.

La práctica de analizar los sueños

Somos personas mecanicistas y vivimos en una época tecnológica. Cuando nos enfrentamos a algo desconcertante o sugerente como un sueño, nos preguntamos automáticamente: «¿Eso cómo funciona?» Queremos instrumentos para descifrar las cosas. Queremos controlarlo todo.

Pero indagar en la mecánica de las cosas quizá sea formular la pregunta equivocada. Hoy en día se llevan a cabo numerosos estudios sobre los sueños, y los estudios científicos tienden a ser reduccionistas. Pretenden decirnos que los sueños no son sino producto de nuestro cerebro biológico. Puesto que los sueños se presentan como imágenes, sería más provechoso tratarlos como imágenes, de la misma forma que respondemos a las imágenes en el arte y la religión. Incluso en este caso, la mente moderna suele pasar por alto las imágenes para centrarse en la biografía, la historia y la técnica; es decir, la mecánica en lugar de la sustancia.

A medida que tu trabajo con los sueños revele numerosos detalles de la psique y las capas más profundas de la vida cotidiana, te percatarás de la importancia de estas imágenes nocturnas. En mi consulta he comprobado una y otra vez que personas que en un principio se muestran escépticas sobre el tema acaban descubriendo el valor de los sueños y se convierten en entusiastas de esta práctica.

Los sueños son narraciones o breves obras dramáticas en las que el soñador puede desempeñar un papel activo. Las imágenes provienen en parte de la experiencia personal y en parte de una misteriosa esfera que desconocemos. Pueden derivar del pasado lejano y de los eventos del día anterior al sueño. Sólo recordamos partes del sueño, e incluso en este caso nuestra memoria puede ser deficiente. Debido a esta fragmentación de imágenes, podemos llegar a la conclusión de que los sueños no tienen sentido ni son importantes, pero también podemos aprender a apreciar este género singular de imágenes, un género fragmentario y formado por múltiples capas.

Comoquiera que considero que los sueños son obras dramáticas, acudo al teatro, al mito, a la ficción, a la poesía y al cine para tratar de interpretarlos. Estas formas diversas parecen estar relacionadas entre sí y quizá sean facetas de un mismo proceso de elaboración de imágenes que define el alma. El comentario de Jung citado bajo el título de este capítulo pone de relieve este punto. El análisis de nuestras imágenes puede ser el catalizador de toda una vida.

Los sueños se desvanecen muy pronto de nuestra conciencia, por lo que es importante atraparlos cuanto antes. Conviene tener un bloc de notas o un cuaderno y un bolígrafo en la mesita de noche. Cuando te despiertes, anota las imágenes del sueño que recuerdes, aunque no tengan sentido. Un sueño no es una historia, de modo que es preferible describir las imágenes tal como las recuerdes, evitando lo que Freud llamaba «la revisión primaria», el intento inmediato de hallar sentido en las desconcertantes imágenes.

Al principio, quizá no tengas muchas cosas que escribir. No obstante, un sueño de una sola frase puede ser sorprendentemente provechoso. De modo que escribe lo que recuerdes y no te preocupes si no tiene sentido o lo que escribes te parece incompleto. Aprende a valorar las frases incompletas y las yuxtaposiciones extrañas.

Algunas personas recomiendan escribir los sueños en forma de poema. Esos métodos resultan útiles y eficaces para algunos, pero yo prefiero ver el sueño tal como es recordado. Sólo las imágenes. Me preocupa que una revisión exhaustiva nos aleje de la experiencia primaria del sueño, ofreciéndonos un retrato del ego más que del profundo mundo de las imágenes.

Después de escribir el sueño con la máxima fidelidad, trazo una línea debajo y anoto los pensamientos que se me ocurren sobre él: asociaciones personales, recuerdos, interpretaciones e imágenes relacionadas con el are, la literatura y la religión. Esto me ayuda a «amplificar» el sueño, para utilizar el término de Jung para describir esta fase. No nos proponemos realizar una interpretación definitiva del sueño, pero queremos reflexionar profundamente sobre él.

Al igual que Hillman, no quiero transformar la imagen de un sueño en un sentido estrictamente definido. Prescindo de diccionarios de imágenes oníricas y soluciones finales. Pero es útil llevar a cabo varias interpretaciones provisionales que contribuyan a hacer que la imagen resulte más comprensible. Después puedes seguir centrándote en la imagen pura.

He comprobado que ahora, después de años de analizar sueños, el sentido del sueño de otra persona aparece rápidamente. En cuanto lo oigo, siento de modo intuitivo a qué se refiere, aunque puede que no lo tenga del todo claro. Intuyo el sentido más en mi cuerpo que en mi mente. Pero mi reacción es similar cuando un cliente me ofrece su interpretación de una experiencia. Si hay algo raro en su punto de vista, lo siento físicamente. Luego tengo que interpretar la reacción de mi cuerpo.

Procuro empatizar con los personajes en el sueño que al principio parecen ser los antagonistas de la persona que lo ha tenido. Es tentador ponerse de lado del soñador, tanto en el sueño como fuera de él. Pero con frecuencia, cuando pasamos de la interpretación subjetiva del soñador al punto de vista de otro personaje, aparece una idea novedosa y sorprendente. Trato de no dejarme influir por las valoraciones del soñador, por sinceras que sean. Lo más importante que puedo ofrecerle es una interpretación distinta del sueño, un punto de vista que obtengo debido a que estoy abierto a los personajes y a los eventos negativos. Al igual que en el caso del sueño de los tiburones, no tengo que dejarme persuadir por el temor de Alex. Es posible que los tiburones no sean más que los peligros y las amenazas normales y corrientes de la vida. No se puede vivir sin ellos.

Algunas personas quieren controlar sus sueños, alcanzar un final feliz o resolver viejos problemas. Quieren regresar a un sueño y modificarlo. A mi entender, eso es como pintarle un bigote a la *Mona Lisa*. Es otra lección que aprendí de James Hillman: trata un sueño con respeto y no intentes convertirlo en algo que deseas o prefieres. No te pases de listo con un sueño, sé siempre su sirviente. En el mundo andamos sobrados de ego y escasos de una imaginación profunda y autónoma.

Es útil relatar tu sueño a una persona en la que confías y es aún más provechoso si esa persona puede darte su opinión sobre el mismo. No es preciso que tu amigo o tu amiga interprete el sueño, basta con que diga lo que se le ocurra. Quizá repare en algo que le resulta familiar en el sueño y que tú has pasado por alto, o puede que sepa algo sobre ti que se refleja en el sueño. Mi esposa me ayuda con frecuencia en esto, y casi siempre tiene algo provechoso que comentar sobre mi sueño sin interpretarlo.

Cuando recuerdo el sueño durante el día, sigo reflexionando sobre él. A veces un evento o un comentario de una persona me induce a evocar un sueño reciente. Pero a menudo el sueño penetra tranquila y rápidamente en mi conciencia sin necesidad de ayuda. Debes estar atento para realizar las oportunas conexiones y sacar alguna conclusión cuando el sueño se mezcla con la vida. Según Veronica Goodchild, profesora de estudios jungianos y mitológicos en el Pacific Graduate Institute, la repentina aparición de un sueño en un momento normal y corriente es una forma de sincronicidad.[30] En la vida sucede algo, y de repente recuerdas un sueño, quizá de la noche anterior. Quizá tengas la sensación de que el sueño y el evento cotidiano están misteriosamente conectados. Esta conexión te sorprende y te das cuenta de algo en lo que no habías reparado, o abres tu mente a nuevas interpretaciones.

Por tanto, los sueños pueden tener un efecto sobre ti que no está directamente conectado con su contenido. El hecho de soñar transporta tu conciencia a las regiones más profundas de tu psique, donde te preguntas quién eres y qué haces en el mundo. Al margen de su contenido, el sueño es en sí mismo como un submarino fantástico, un vehículo para explorar tus profundidades.

Un sueño puede sorprenderte y hacer que te des cuenta de algo que no puedes descifrar a partir del contenido del mismo. Un sueño puede ser una acción, un puñetazo en la cara, una pluma que te acaricia la espalda. No siempre tienes que preguntarte «¿Qué significa este sueño?», sino «¿En qué sentido me ha afectado este sueño?»

---

30. Veronica Goodchild, *Songlines of the Soul: Pathways to a New Vision for a New Century* (Nicolas-Hayes, Lake Worth, Florida, 2012), p. 106.

Lo que puedes descubrir en los sueños

Por supuesto, las imágenes de un sueño son importantes. Pueden hacerte comprender los fragmentos narrativos, los temas que en última instancia configuran las historias de tu vida. Me refiero a «historias» en plural, porque la historia canónica que contamos sobre nuestras vidas es sólo una posible versión de muchas. Los sueños pueden no ser historias completas, pero apuntan a las narraciones que vivimos en nuestro día a día. Todos tenemos temas principales e historias que nos definen, así como temas menores e historias que no constituyen necesariamente el núcleo de nuestra existencia.

He utilizado el sueño de Alex del río lleno de tiburones como imagen primaria debido a su actitud esencial en este momento. Si él relatara los acontecimientos de su vida, veríamos episodios que nos recordarían a los tiburones. Por ejemplo, durante sus primeros años en la universidad tuvo profesores que se lo hicieron pasar mal, hasta el punto de que Alex cambió de asignatura principal y tomó una tangente que lo alejó del plan que se había trazado con respecto a su vida. Él no es la primera persona que piensa que sus profesores son unos tiburones.

Pero es preciso tener en cuenta los tiempos de los sueños. El motivo de los tiburones puede ser muy intenso ahora, pero dentro de unos meses o años Alex quizás observe un cambio, y en vez de soñar con tiburones sueñe con otro tema. La vida no permanece estática, e incluso las corrientes de la vida cambian.

Para apreciar la psique en toda su maravillosa complejidad, conviene tener un modelo tridimensional o multidimensional. Un sueño puede alcanzar todos los niveles. Puedo imaginar una capa de experiencias recientes, otra formada por acontecimientos más distantes, e incluso otra relacionada con la infancia. Pero podemos profundizar más. Quizás exista un nivel de eventos fantásticos, seguido por el mito, y por último un hondo y apacible nivel primario de la psique más profunda.

Yo tenía una clienta, Caroline, que pasaba por una época en su vida consistente, a mi entender, en «hallar tu profundidad». Muchas personas viven de forma inconsciente, rigiéndose por valores un tanto superficiales y dejándose arrastrar por la corriente. Un día sucede algo, interno o externo, y de pronto se embarcan en una búsqueda a vida o muerte de profundidad. Varios mitos nos permiten conocer mejor este proceso, como la historia griega de Deméter y Perséfone, una joven en la cúspide de su inocencia que es raptada por el señor del inframundo. Muchas personas se identifican con este mito porque se sienten secuestradas contra su voluntad, incapaces de llevar a cabo su propósito de explorar las profundidades de su propio inframundo.

Al principio de nuestras conversaciones Caroline tuvo un sueño en el que circulaba alegremente en bicicleta por una estrecha carretera cuando de improviso abandonaba el camino y trataba de seguir avanzando en su bicicleta por un terreno accidentado. El sueño anunciaba un nuevo acontecimiento que con el tiempo se fue complicando más. Al principio, el hecho de que paseara alegremente en bicicleta por un paraje idílico me recordó a Perséfone, cogiendo flores alegremente poco antes de que apareciera Hades. La felicidad superficial de Caroline se desvaneció por la época en que tuvo el sueño de la bicicleta, un hecho puntual que deduje que presagiaba que se abría ante ella un camino doloroso. El caso es que se inició un largo y desconcertante período de transición en su carrera y en su matrimonio.

Cada vez que me topo con una bicicleta en un sueño, me paro

a analizar sus múltiples dimensiones. La palabra significa «dos ci-clos». En el sueño de Carolina, asistimos a dos ciclos distintos en su existencia: su antigua forma de vida y posibilidades nuevas. Cabe recordar que los budistas utilizan la imagen de un carro con ruedas para describir dos ciclos de la existencia: el ciclo de *samsara* y el ciclo de nirvana, los problemas cotidianos y la liberación.

El sueño indicaba que el vehículo de Caroline del momento era semejante a una bicicleta. Dado que tenía cuarenta y tantos años, quizá fuera demasiado infantil, o, según revelaban nuestras conversaciones, quizá comportaba problemas cuyas raíces se remontaban a su infancia. Esa bicicleta no era fiable. Cuando montaba en ella, se apartaba de su camino y penetraba en un terreno accidentado. O, según otra interpretación no incompatible con la primera, estaba destinada a abandonar el camino fácil para tener que buscar una nueva senda.

No puedo describir con precisión la intensidad del descenso de Caroline y la amplia gama de emociones que experimentó después de tener este sueño en el que abandonaba el camino trillado. Por esa época tuvo otros sueños que nos mantuvieron al tanto de su situación. Yo, como su guía, dependía de los sueños para saber cómo reaccionar y qué decir. No alcanzo a imaginar el proceso sin ellos.

Comprendí que Caroline se veía obligada a realizar cambios drásticos en su forma de percibir el mundo y buscar su camino en él. No sabía si tendría la tenacidad de permanecer leal a su proceso, pero tenía fe en ella. Había visto a otras personas retroceder ante el desafío, o en última instancia rechazarlo. Calculo que la mitad de mis clientes se niegan a correr el riesgo. Todos tienen sus razones, pero siempre se reduce a optar por el confort de una situación complicada, en lugar de la promesa de una nueva forma de vida más estimulante.

Lo que está en juego no es psicológico sino psico-espiritual. Las relaciones profundas, el pasado, las relaciones actuales y una forma de vida se enfrentan a las posibilidades espirituales de hallar un sentido, de que se cumplan tus esperanzas, de transformación y de alcanzar tu visión. Todos ellos constituyen objetivos nobles, pero también arriesgados, y muchos los rechazan.

A una persona como Caroline se le ofrece la oportunidad de trascender, de ir más allá de la vida que ha conocido, de progresar en su profesión y hallar la felicidad en su matrimonio, lo cual no creía posible. Sus sueños y su trayectoria vital le ofrecen una nueva religión personal: una nueva visión y una nueva ética. Una nueva y auténtica espiritualidad. He conocido personas que rechazan la oportunidad de abandonar el camino trillado por otro porque están desorientadas y la búsqueda se les antoja demasiado larga. En los Evangelios, Jesús utiliza estas imágenes cuando dice: «Entrad por la puerta estrecha, porque la ancha y el camino espacioso llevan a la perdición. Son muchos los que entran por ella, y es estrecha la puerta y angosto el camino que lleva a la vida», pero son pocos los que dan con ella» (Mateo 7). Thoreau añade a este consejo: «Yo no dudaría en emprender un camino, por solitario, estrecho y tortuoso que fuera, por el que pudiera transitar con amor y reverencia».

Jung denominaba este proceso que describo individuación, convertirse en un individuo, una persona auténtica que no se deja arrastrar continuamente por sus pasiones ni influir por su cultura. Cada persona tiene su propio opus, la forja del alma, porque cada cual tiene una forma de ser y una historia singulares. Según Jung, el opus era el proceso mediante el cual uno llegaba a conocerse en profundidad, no sólo un proceso psicológico de doloroso avance en el conocimiento de uno mismo, sino una iniciación religiosa que comporta ideales espirituales y la búsqueda de sentido.

Jung podría haber denominado este proceso el descubrimiento de nuestra propia religión, un proceso en el que participa tanto el espíritu como el alma profunda, el anhelo de alcanzar la trascendencia y lo más profundo de la historia personal. Los sueños son importantes en este proceso porque revelan la profundidad y la altura de nuestros esfuerzos. Se refieren a los problemas tanto del alma como del espíritu y van más allá de nuestra capacidad racional de conocernos a nosotros mismos.

Al igual que la tierra tiene recuerdos visibles de las épocas geológicas, nosotros estamos también profundamente estructurados por hechos del pasado remoto o hechos profundos en nuestra naturaleza. A veces es difícil distinguir entre lo que es esencial y lo que recordamos. Uno puede soñar sobre un momento crucial en su infancia cuando se perdió en el bosque. El sueño se refiere a ese recuerdo, pero también puede apuntar a épocas más recientes cuando te has sentido perdido en un bosque metafórico de acuerdos de negocios o problemas sobre la educación de los hijos. Los sueños parecen unir estos diversos estratos, colocándote en situaciones tan familiares que parecen innatas a tu ser. Así pues, cuando analizas tu sueño, puedes descubrir fallas y placas tectónicas psico-espirituales, antiguos aspectos de tu alma que explican algunos de tus logros y tus dificultades, tus alegrías y tus desdichas.

A este profundo nivel del mito personal y constitución innata, la espiritualidad y la psicología se solapan y se unen. Por tanto, el hecho de prestar atención a los sueños contribuye a cualquier actividad espiritual, manteniéndola centrada y en contacto con los elementos que te han configurado. El análisis de los sueños es tan importante como la meditación, la lectura serena y la oración, y encaja con la forma de vida espiritual que has desarrollado.

Otra importante ventaja: el hecho de prestar atención a los sueños te permite ver el aspecto onírico del día a día, los dramas en los que estás inmerso mientras llevas a cabo tus quehaceres cotidianos. Te permite ver las narraciones más profundas y las imágenes clave que residen debajo de las experiencias cotidianas. En general, dirige tu atención hacia las regiones inferiores, llenas de emociones especiales y sentido, donde los fundamentos de tu existencia son invisibles y sin embargo influyentes. En los sueños contemplas tu génesis y tu éxodo, tus revelaciones y tus reformas.

El hecho de prestar atención a tus sueños te ayuda también a comprender otras actividades dramáticas e imaginistas como el arte, el deporte y los ritos religiosos. Todas se aproximan más al plano de los sueños que del pensamiento racional. Mientras tratas de descifrar tus sueños, puedes sentirte atraído por el arte, con el fin de obtener más información sobre el ámbito de las imágenes que encierra tantos e importantes secretos para los individuos y la sociedad. Asimismo, tus sueños pueden ayudarte a comprender el sentido profundo de la diversión, los juegos y los deportes.

Los sueños en la religión

Muchos consideran los sueños como portales que conectan este mundo con otro mundo, y en este sentido los sueños han desempeñado un destacado papel en las historias religiosas. En el Antiguo Testamento, José, hijo de Jacob, sueña que sus hermanos le rinden pleitesía. Esto les enfurece y propicia la posición que José ocupará en Egipto. Daniel interpreta el sueño del rey Nabucodonosor, y éste le recompensa concediéndole poder sobre Babilonia. José, el esposo de María, tiene sueños en los que un ángel le hace unas advertencias y le aconseja, y él obedece.

Uno de los sueños más bellos en la historia religiosa se refiere al nacimiento de Buda:

«Una noche, la reina Mayadevi soñó que un elefante blanco descendía del cielo y penetraba en su útero, y esa noche concibió un ser puro y poderoso. Posteriormente, al dar a luz al niño, en lugar de experimentar dolor, la reina tuvo una visión en la que sostenía la rama de un árbol con la mano derecha, mientras los dioses Brahma e Indra extraían al niño de su costado sin causarle ningún dolor. Cuando el rey vio al bebé, comprendió que sus deseos se habían cumplido e impuso al joven príncipe el nombre de «Siddhartha». Más tarde, la madre murió y su hermana crió al niño».

Este sueño relata la concepción y el nacimiento de Buda en nuestra naturaleza búdica, nuestro mejor Yo. No es sólo una historia sobre el nacimiento biológico de un animal racional, sino el nacimiento de un alma. Por este motivo el inseminador es un elefante blanco, una imagen de la grandeza del espíritu, al igual que en los cuadros de la concepción de Jesús es el Espíritu Santo en forma de paloma blanca lo que procura la semilla. Hablamos sobre la concepción y el nacimiento de una persona que piensa y siente, visionaria, sensible, sensual y moral. En la esfera de los cuentos, se requiere una gigantesca fuente blanca y animada para que cree a un ser de tal magnitud.

Nacemos dotados de espiritualidad; no es necesario que vayamos en su busca. Es una presencia gigantesca que desea vivir a través de nosotros y encarnarse en nuestra vida. Nuestro ser espiritual nació en un sueño, y cuando soñamos, regresamos a casa. Nuestro ser natural se siente en casa en la tierra, donde todo es al mismo tiempo un hecho físico y una metáfora poética. Cuando soñamos, regresamos al hogar, al útero de nuestro espíritu y a un mundo que se expresa en el lenguaje de nuestra alma.

Imagina que tu espiritualidad es de un blanco inmaculado, mientras que físicamente eres de muchos colores, que es gigantesca, mientras que tu ser es relativamente pequeño.[31] Posees una animalidad espiritual instintiva que en la naturaleza se siente en su elemento. Llevas dentro a un Buda y a un Jesús y a un Moisés liberador. En ti habita el espíritu de Thoreau y de Dickinson, de Sócrates y de Lao Tzu. Tu espiritualidad tiene un potencial tan inmenso que es como el gigantesco elefante blanco que penetró en el cuerpo de tu madre en el momento de tu concepción.

Éstos son sólo algunos de los pensamientos generados por la meditación sobre la historia del nacimiento de Buda. Ahora debes crear los tuyos. Reflexiona sobre ello. Deja que tu imaginación flote y vuele. Deja que la historia sea un vehículo para desarrollar tu propia teología. No pienses en ella como una historia budista, sino como una historia para todos los Budas, y tú eres uno de ellos.

Deja que la historia te enseñe más sobre los sueños y cómo éstos sustentan una existencia espiritual, un gran sueño sobre el nacimiento. El nacimiento es uno de los grandes temas que no debemos interpretar sólo desde el punto de vista físico. Nacemos una y otra vez. Nacemos en nuestra espiritualidad y en nuestra vida cotidiana y natural. Nacemos dentro de muchas personalidades y nuevas dimensiones de experiencia. El nacimiento es eterno e interminable.

---

31. El propósito de esta frase no es glorificar el color blanco. El negro, hermoso y misterioso, cuenta con un papel no menos importante en el opus del alma.

A un nivel profundo, la historia del nacimiento de Buda de Mahadevi tiene incluso más en común con la historia del nacimiento de Jesús. María concibió de un modo especial, sin perder su virginidad. En la historia de Buda hay dos madres; en la de Jesús, dos padres: el espíritu, a menudo descrito como un pájaro, y José, el carpintero.

En sus reflexiones sobre esta historia, Jung hace hincapié en este punto: necesitamos una madre para el cuerpo y otra madre para el espíritu. No basta con nacer físicamente. «El hombre no nace sólo en el sentido habitual del término, sino que nace de nuevo en un sentido misterioso, y en virtud de ello participa de la divinidad. Cualquiera que renace de esta forma se convierte en un héroe, un ser semidivino».[32]

En este contexto, ser un héroe significa implicarse plenamente en la tarea de convertirse en un ser humano en cuerpo, alma y espíritu. Consiste en más que vivir de forma automática e inconsciente, en más que sobrevivir físicamente y prosperar. Ser un héroe significa emprender el camino de la forja del alma, de manejar tus materiales naturales y convertirte en un ser digno al tiempo que afrontas los retos de la vida. Quizá Keats se refería a esto al decir: «¿No ves lo necesario que es un mundo de dolor y adversidades para forjar una inteligencia y convertirla en un alma?» Sin duda es a lo que se refiere Joseph Campbell cuando habla del «periplo del héroe». Escribe: «En todas partes, al margen de la esfera de intereses (religiosos, políticos o personales), los actos realmente creativos son descritos como deriva-

---

32. C. G. Jung, *Symbols of Transformation* [Símbolos de transformación], trad. R. F. Hull, *Complete Works*, vol. 5, 2.ª ed. (Princeton University Press, Princeton 1967), p. 494.

dos del hecho de "morir" para el mundo, y lo que acontece en el intervalo de la no entidad del héroe, de forma que regresa como un ser renacido, engrandecido y rebosante de poder creativo».[33]

Emprendemos el periplo del héroe cuando nos sometemos a los procesos profundos de la vida y dejamos que nos afecten y nos impongan sus necesidades. Somos el héroe cuando asumimos los retos y nos sometemos a nuestras iniciaciones y transformaciones, soportando una y otra vez la pérdida, sintiéndonos felices y tristes, avanzando y retrocediendo. El héroe está comprometido con la vida. El héroe no es alguien que hace gala de su fuerza y sus músculos sin una profunda inteligencia o el valor de ser. El héroe quizá no presente un aspecto heroico, pero experimenta acontecimientos poderosos de forma discreta. La diferencia estriba en que el auténtico héroe está comprometido con la vida y reflexiona sobre ella. Se convierte de forma progresiva en lo que está destinado a ser.

Todo esto queda reflejado en la historia clásica del sueño sobre el nacimiento de Siddhartha Gautama, quien se convirtió en «el que se ha despertado», Buda. Quizá sea el sueño último, el profundo periplo vital que en última instancia te muestra el sentido de tu existencia. Es tu monomito, tu identidad primigenia y profunda, el Yo más profundo que sólo vislumbras en momentos de una revelación. Los sueños son las ventanas y las puertas de acceso a esa identidad esencial, sin la cual nos sentimos perdidos y vagamos sin rumbo. Los sueños revelan la odisea del alma y la senda del espíritu.

---

33. Joseph Campbell, *The Hero with a Thousand Faces* [El héroe de las mil caras: psicoanálisis del mito] (MJF Books, Nueva York, 1949), p. 37.

4

TERAPIA EN CASA

«Mi paciente más importante era yo…»

SIGMUND FREUD

Yo tenía trece años y me disponía a acostarme en la habitación del desván que mi padre había dispuesto para mí después de renunciar a su espacio para su colección de sellos. Estaba muy nervioso cuando le confesé a mi madre que deseaba ingresar en un seminario para prepararme para el sacerdocio. «¿Por qué no esperas a ser algo más mayor?», respondió ella con prudencia. Pero mi pasión era demasiado intensa. Años más tarde mi madre me contó que me disgusté mucho cuando ella se negó a apoyarme de inmediato. Al fin, como es natural, cedió.

Evoco este recuerdo para demostrar lo poderosas que pueden ser las emociones espirituales, las cuales pueden influir de modo decisivo en una vida. No todos los sentimientos son psicológicos. Los espirituales pueden ser tanto o más inquietantes y requerir atención, reflexión e incluso terapia.

Las emociones espirituales comprenden el deseo de hallar un sentido, la necesidad de ser creativo y hacer que la vida sea digna de vivirla, preguntarnos sobre la muerte y el más allá,

sentir el placer de estar en sintonía con nuestro destino y preo-
cuparnos por nuestra conducta ética. Son sólo sentimientos,
pero pueden convertirse en ansiedades y depresiones y causar-
nos graves problemas. Muchas personas que han pasado por mi
consulta a lo largo de todos estos años dicen que algunos de los
problemas que tuvieron de adultos se remontan a las enseñanzas religiosas y a las personalidades que les afectaron cuando
eran niños.

Los problemas psicológicos pueden ocultarse también detrás de experiencias espirituales. Estoy convencido de que había
profundas razones psicológicas que me indujeron a abandonar
el cálido y afectuoso ambiente de mi hogar y a pasar muchos
años en un seminario, un entorno emocionalmente frío dirigido
por hombres que carecían de cualidades maternales. Siempre
estuve muy unido a mi madre. Pero quizá tenía que iniciar mi
separación de ella. Y quizá necesitaba demostrarme a mí mismo
que era capaz de apañármelas solo. Hay muchos «quizás» en mis
reflexiones sobre esta época crucial en mi vida, la cual resultó
muy complicada porque tuve que elegir entre un hogar para mi
alma y un hogar para mi espíritu.

Sin saber nada al respecto, tenía que ampliar mi experiencia
y mi visión. Al echar la vista atrás, comprendo que el hecho de
abandonar a mi familia puso en marcha un proceso que convirtió mi vida en lo que es. Tú también puedes reflexionar sobre
eventos acaecidos en tu infancia y adolescencia cuyo sentido
sólo has comprendido años más tarde. Quizá contemples los
acontecimientos actuales con una mayor visión de conjunto. Se
trata de una especie de valoración espiritual sobre el sentido y el
destino, elementos importantes en el proceso de convertirte en
una persona.

La gente se deja llevar por el contenido de sus entusiasmos espirituales hasta el extremo de que apenas presta atención a las emociones que éstos suscitan. Algunas personas adultas me dicen que siguen observando los principios que les enseñó la Iglesia en la que crecieron simplemente porque su familia creía firmemente en ellos. Es la familia la que nos inculca una intensa fe, no las ideas espirituales.

Por tanto, no sólo es importante que crees tu propia religión, sino, de paso, que prestes atención a las cuestiones psicológicas que están ligadas a las espirituales. Cuando comprendas que la religión puede ser personal y formar parte de tu vida cotidiana, podrás reducir el espacio entre lo espiritual y lo psicológico. Entonces podrás practicar también una autoterapia psicoespiritual. Puedes empezar por resolver cualquier ceguera emocional que pueda tener un impacto negativo en tu espiritualidad.

La mayoría de los manuales espirituales recomiendan que inicies una práctica espiritual prestando atención a los hechos básicos del día a día. Los *Ejercicios espirituales* de san Ignacio de Loyola, utilizados por millones de hombres y mujeres para promover una espiritualidad personal, comienzan con un análisis de su propia vida. El *Kama Sutra* empieza recomendando un detenido estudio y cuidado de tu existencia cotidiana antes de pasar a los estados avanzados de rituales eróticos.[34] La Cábala judía, o Árbol de la Vida, abraza muchos aspectos de la vida

---

34. Muchos confunden el *Kama Sutra* con un manual de sexo. Pero se trata de un singular texto espiritual que ofrece una forma de vida erótica, esencial en toda espiritualidad profunda y visionaria.

cotidiana y los conecta a una elevada conciencia espiritual. El Corán liga también la responsabilidad cotidiana hacia la comunidad con las metas más sublimes del espíritu.

Muchas personas inician un proyecto espiritual —meditación, yoga, una nueva religión— al tiempo que tienen complicados problemas emocionales mezclados con sus anhelos espirituales. En cierta ocasión un cura me confesó que el motivo por el que se había hecho sacerdote era porque su padre había tratado de serlo y había fracasado. Quería complacer a su padre. El elemento emocional no tiene que ser negativo, como en el caso de un hombre que me dijo que practicaba yoga para conocer a una mujer a quien le interesara la espiritualidad.

Visto desde otro ángulo, hablamos de estar emocionalmente sanos y a menudo pasamos por alto las emociones espirituales. Las personas se sienten perdidas y deprimidas cuando la fuente que da sentido a su vida se seca, al igual que cuando pierden un trabajo que les procura un propósito o cuando dejan de creer en una religión formal que han conocido durante años. El divorcio puede crear un sentimiento de culpa y de intenso fracaso. Algunas personas se sienten angustiadas cuando pierden a la comunidad religiosa y las tradiciones en las que se apoyaban. Desde determinado punto de vista estos problemas son psicológicos, pero contienen también marcadas implicaciones espirituales.

A medida que desarrolles tu propia religión, puedes afrontar tus emociones espirituales de dos maneras: en primer lugar, quizá debas examinar los eventos del pasado en los que tus intensos sentimientos espirituales te hirieron en lo más profundo de tu alma. Aún me siento mal por haber abandonado a mi familia tan joven, pero sé que la vida coherente y positiva de la que ahora disfruto exigía este sacrificio. Segundo, en el futuro puedes hallar el medio de resolver los problemas tanto de tu alma como de tu espíritu, porque ambos requieren tu atención y deben estar conectados.

Mi esposa une el alma con el espíritu llevando té a sus clases de yoga e invitando a sus alumnos a pasar una hora después de clase charlando y bebiendo el té que ha preparado en casa. También pide a sus alumnos que se detengan en medio de su práctica para pintar imágenes. En mi consulta terapéutica, yo respondo cuando las personas sacan el tema de la religión que practicaban en su infancia, sus intentos de hallar un hogar espiritual o sus pensamientos sobre el más allá, en lo que creen y lo que les maravilla. Mantenemos el espíritu y el alma activos y conectados.

La enseñanza neoplatónica sobre el alma, en la que baso buena parte de mis ideas, a veces ve el alma distinta del espíritu pero al mismo tiempo ve al espíritu como parte del alma. Eso significa que tu vida espiritual se inscribe en lo que denominamos «cuidado del alma». Con frecuencia las personas comprenden de forma intuitiva que sus prácticas espirituales dan realce a su alma. Lo que olvidan a menudo es que su espiritualidad se ve afectada por sus emociones, sus orígenes familiares y sus relaciones presentes, lo cual concierne a su alma.

Yo recomiendo la autoterapia, explorar tus temores, tu deseo, tu sexualidad, tu ira, tu pasado personal y tus relaciones. No considero la terapia un medio para recomponer lo que se ha roto, sino que se ocupa de la totalidad de tu psique. El hecho de llegar a conocer tu alma profunda puede impedir que des rienda suelta a tus emociones más intensas, que obres de forma imprudente, que caigas en la depresión o que consumas drogas. Puede allanar el camino de una vida espiritual que no esté contaminada por problemas psicológicos sin resolver. Y puede llevar a cabo una necesaria sanación.

Materia prima

Sólo conocemos una pequeña parte de quiénes somos, pues somos muchos. Tenemos personalidades innatas, figuras míticas y arquetípicas que viven a través de nosotros en nuestro día a día. Asimismo, absorbemos partes de las personas con las que nos relacionamos y estamos influidos por los eventos. El novelista Michael Ondaatje lo expresa de una forma espléndida: «En nosotros late la presencia oculta de otros, incluso de personas que hemos conocido brevemente. Las contenemos durante el resto de nuestra vida, en cada frontera que cruzamos».[35]

La psicoterapia comporta una exploración de esas «presencias ocultas» que nos afectan de modo tan profundo. Las personas y eventos de nuestro pasado y las figuras arquetípicas que conforman nuestro ser constituyen nuestra tabla periódica, los aspectos básicos sobre los que construimos una vida y nos convertimos en una persona.[36]

Tomando prestado el lenguaje de la alquimia, Jung se refería al material impuro del alma como materia prima. Todos tenemos un material —experiencias, relaciones, emociones— que no ha sido refinado. La tarea principal en la alquimia psicológi-

---

35. Michael Ondaatje, *Divisadero* (Alfred A. Knopf, Nueva York, 2007), p. 16.

36. No he olvidado las figuras puramente imaginativas que aparecen en nuestros sueños y nuestras fantasías, ni los temas arquetípicos y míticos que configuran nuestra vida.

ca consiste en tomar esta materia prima y contribuir a convertirla en un recurso más refinado para una vida consciente y efectiva. Cuando nuestras emociones y recuerdos son demasiado intensos, a menudo interfieren en nuestros ideales y metas, y, desde luego, en nuestras aspiraciones espirituales. Lo único que debemos hacer es reflexionar profundamente y abordarlos con decisión. Cuando sometemos la materia prima al proceso de reflexión, se torna menos inconsciente y menos autónoma.

Cuando comencé a practicar como psicoterapeuta, tuve un sueño clave en el que me hallaba en una casa en construcción y, al pisar un tramo de suelo sin acabar, estuve a punto de precipitarme al vacío. El fundador del neoplatonismo, Plotino, decía que trabajar con el alma es como realizar una escultura: la esculpes con el cincel hasta que obtienes una bella forma. La terapia es un acto creativo, fabricar algo, una obra de artesanía, un arte. John Keats decía que era crear un alma. Yo lo llamaría la carpintería del alma o la escultura del alma.

Es preferible estar en construcción que presentar un aspecto deteriorado que necesita ser reparado. La persona que no ha resuelto las experiencias de su vida las escenifica en la vida cotidiana, repitiendo esquemas negativos. El trabajo alquímico o terapéutico no sólo te libera de tu pasado, sino que te convierte en una persona reflexiva y menos impulsiva, menos propensa a dejarse arrastrar por sus emociones. También te conviertes en un mejor líder, padre, maestro y amigo. Te conviertes en una persona de provecho, liberada de las emociones y los esquemas que te impiden avanzar y sólo son útiles cuando han sido refinados.

Durante tu autoterapia, vislumbras tu mente y colaboras en un proceso alquímico que ya está en marcha. No es una obra de construcción centrada en el ego, sino que se basa en una observación atenta y en propiciar con sutileza lo que deseas conseguir. El *Tao Te Ching*, un recurso espiritual básico para cualquiera, describe a los antiguos maestros que emprenden el camino, los cuales podrías adoptar como modelo:

> Los antiguos maestros eran como personas que atraviesan un río en invierno [...], dúctiles, como el hielo a punto de derretirse.[37]

Muchas personas desean cambiar, pero al mismo tiempo quieren que todo siga igual. No son dúctiles, porque no quieren que su hielo duro se derrita y el agua empiece a fluir. Cuando sientas que algo se ablanda en ti, cuando te percates de que algo duro en ti está a punto de derretirse, deja que suceda. La metáfora de derretirse es oportuna porque es justamente lo que necesitan muchas personas en su vida. Están heladas, duras, rígidas, frías e inamovibles, y de pronto empiezan a ablandarse.

Durante tu autoterapia quizá descubras lo interesante que es tu alma. Puedes vislumbrar sus misteriosos movimientos y esquemas en tus sueños y observar que tu materia prima reside en el trasfondo de tu historia personal. Yo procuro no abordar la labor terapéutica con el ceño fruncido, como si se tratara de un doloroso proceso para mejorar, sino como una gozosa y esperanzada exploración del alma. Tú puedes hacerlo hasta cierto punto, pero necesitas que una parte de ti permanezca en un segundo plano, atenta a percatarse de cuándo te proteges a ti mismo de algo doloroso que no quieres afrontar.

Una mujer me describió su ansiedad de esta forma:

---

37. Tzu, *Tao Te Ching*, número 15.

«Intentas comprender por qué y se te ocurren un millón de motivos, pero esto no cambia nada. Puedes acabar inmersa en una lucha entre el ego que desea permanecer a salvo y el alma que desea vivir. La apatía se apodera de ti, como una nube que rodea una montaña, y es como si tuvieras una cadena alrededor del alma, hasta que se siente cansada».

¿Cómo puedes llevar a cabo una autoterapia sintiéndote de esta forma, como si tu alma estuviera cansada? Sugerí a mi clienta que dejara de buscar motivos y analizara las historias de su vida de modo tan detallado como pudiera. Existe una diferencia entre buscar los motivos por los que te sientas apática y efectuar descubrimientos a través de historias y sueños. Esto último es menos racional. Quizá te sorprenda comprobar que de pronto haces descubrimientos inesperados y adquieres una perspectiva que antes no tenías. Por supuesto, es más fácil hacerlo con un psicoterapeuta que pueda conducirte hasta el fondo de ti mismo y ayudarte a comprender la realidad. Pero puedes hacerlo solo.

Al abordar tu autoterapia, conviene ser concreto y metódico. Escribe tus recuerdos. Habla de ellos ante una grabadora. Dibuja y pinta las imágenes que se te ocurran. Confecciona una línea de tiempo espiritual y psicológica. Habla abiertamente con miembros de tu familia y amigos. Tómate su autoterapia en serio.

A continuación resumiré los puntos esenciales de la autoterapia como una serie de lecciones. Ten presente que el número de lecciones es infinito.

Lección 1: cuenta tu historia

A veces la psicoterapia se denomina la cura de hablar y consiste principalmente en relatar las historias de tu vida. Esencialmente, no se trata de interpretar tus historias y explicar quién eres, sino de contar las historias con cierta intensidad para obtener unas percepciones. Un buen terapeuta sabe escuchar y animarte a contar tus historias de forma eficaz. Por tanto, durante tu terapia informal conviene que cuentes con alguien dispuesto a escuchar tus historias especiales, las que no sean superficiales, sino que suscitan en ti emociones y revelen el sentido de tu vida.

En general, las personas no saben escuchar. Mientras hablas, quizá piensen en lo que tu historia significa y en cómo eres. Del mismo modo que a la gente le gusta cotillear, también le gusta psicoanalizar. Un buen terapeuta no lo hace. Evita un análisis instantáneo y dar consejos. Si tu amigo o tu amiga tiende a hacer alguna de esas cosas, es mejor que busques a otra persona que te escuche.

En cierta ocasión, una mujer joven y vulnerable, Joanne, me habló sobre su vida doméstica con sus dos hijos y su tímido esposo.

—Mi marido se enfada, como mi padre, por nimiedades. Un día una enfermera me aconsejó que me mantuviera alejada de él cuando se pone así, pero opino que mi deber es permanecer junto a él en los momentos buenos y en los malos.

La palabra «enfermera» me llamó de inmediato la atención.

—¿Una enfermera? —pregunté—. ¿Tu marido te golpea? ¿Es violento?

—Por supuesto que no. Bueno, a veces se pone furioso. En cierta ocasión me pegó y tuvimos que ir a urgencias. Se sentía avergonzado y me rogó que no dijera nada.

—¿Ha ocurrido sólo una vez?

—Pocas veces.

Observas cómo se desarrolla la historia y la cantidad de material que contienen algunas palabras muy potentes. Te fijas en que algunas frases no se corresponden con los hechos. No son mentiras, sino evasivas, debido al temor de que la historia revele lo que ocurre en realidad. La mayoría de personas necesitan contar sus historias y a la vez mantenerlas ocultas. En psicoterapia, ambas necesidades ocupan un lugar. Puedes mantener ciertas cosas privadas, pero al mismo tiempo arriesgarte a cruzar la línea y revelar nuevos datos.

En la historia de Joanne, observa las interesantes imágenes que han surgido en unas pocas frases. Un marido «tímido»; ser tímido puede ser positivo, pero también puede significar reprimido e inadaptado; irascible como el padre de Joanne, una indicación de problemas en la infancia; la norma sobre protegerlo debido a los votos matrimoniales; el marido le ruega que no diga nada, lo cual revela un afán de control.

Si eres la persona que escucha, tienes que oír lo que dice la otra a diversos niveles. Con frecuencia, nuestro lenguaje corriente está lleno de palabras en clave y frases que significan mucho más de lo que las palabras sugieren.

No pretendo dar a estas historias un tono sentimental. Pueden convertirse en habituales y canónicas, y uno puede llegar a creer las historias que cuenta repetidamente. Como es natural, la mayoría de nosotros hemos contado alguna vez una historia con el propósito de confundir y soslayar los hechos. Las historias tienen un lado oscuro que tendemos a ignorar.

En ocasiones tus emociones pueden ser tan intensas que no logras hallar una historia completa. Lo único que tienes son imágenes y episodios, impresiones y fragmentos de recuerdos. También son útiles y pueden proporcionar información durante una provechosa experiencia psicoterapéutica artística. No me refiero a utilizar imágenes para diagnosticar, sino a ser un artista y dejar que las imágenes emerjan y puedan plasmarse sobre papel o mediante sonidos o en una poesía. Una buena experiencia psicoterapéutica artística evita los problemas de utilizar historias para autoprotegerse y una explicación demasiado fácil.

Joanne era una persona espiritual a quien le interesaba la meditación, numerosas dietas y sistemas de práctica espiritual. Había estudiado muchos años con varios maestros, algunos de los cuales defendían con vehemencia sus ideas sobre cómo debía organizar su vida. Joanne daba la impresión de ser una persona susceptible, crédula y demasiado ingenua con respecto a los hombres. Al poco tiempo observé que las historias de sus malintencionados guías espirituales masculinos se entremezclaban con las historias sobre el afán de su marido de dominarla.

La historia de Joanne demuestra que la espiritualidad contiene el potencial de experimentar un placer sadomasoquista en el control, el dominio y en última instancia la violencia. Algunas prácticas y líderes espirituales parecen tan bienintencionados y positivos a primera vista que uno no advierte ninguna sombra en ellos. Lo mismo cabe decir de maestros, médicos y, por desgracia, padres, abuelos y tíos. Y algunas personas se muestran reacias a relatar historias que arrojen una luz negativa sobre sus líderes.

Cuando relatas tus historias, puedes vislumbrar esquemas en los que antes no habías reparado. Puedes experimentar pequeñas revelaciones. Pueden proporcionarte pistas sobre tu situación.

Pero para obtener el máximo beneficio de tu exploración, tu historia tiene que profundizar en tus vivencias y asumir riesgos. Es posible que mientras las relatas omitas ciertas cosas, unas omisiones pueden ocultar las lecciones que tu historia podría aportar. Por este motivo conviene que cuentes con la ayuda de un buen amigo o amiga que sea capaz de escucharte y facilitarte datos importantes o animarte a ir más lejos.

Cuenta tus historias, y cuando sientas temor y reticencia, procura relajarte. Cuanto más sinceras sean tus historias, más probabilidades tienes de vislumbrar tu alma. Antes de trabajar con ella tienes que verla.

La psicoterapia no consiste sólo en relatar historias, pero éste es el punto de partida y el aspecto más importante. Deja que las historias afloren a la superficie. Relátalas con sinceridad. Escucha lo que dices y toma nota de las revelaciones que contiene un matiz, un tono y un silencio entre palabras. La terapia comienza con palabras sobre las que no ejerces un control absoluto, palabras que no sólo brotan de tus labios, sino que te hablan y te revelan cosas que habías olvidado o ignorabas.

Lección 2: acepta tus síntomas

La siguiente lección desconcierta a muchas personas y parece ser contraria al sentido común. Yo la he aprendido de James Hillman y de Patricia Berry, dos analistas jungianos y psicólogos arquetípicos con los cuales trabajé estrechamente durante muchos años. Observé cómo «preservaban los síntomas» y honraban las múltiples y enrevesadas formas en las que se presenta el alma.

La doctora Berry pregunta: «¿Hacia dónde apunta el síntoma? ¿Qué ocurriría si se hiciera realidad en lugar de ser eliminado?» Berry tiene la habilidad de ver un factor valioso para el alma donde una mirada superficial sólo vería conflicto. Por ejemplo, ha escrito sobre el valor de sentirse atascado y bloqueado.[38] Tus síntomas pueden consistir en que dejas que los demás te manipulen, y crees que deberías ser más fuerte. Pero es posible que el síntoma indique que deberías ser vulnerable en un sentido más efectivo. Con frecuencia las cosas son lo contrario de lo que aparentan.

En la práctica, esto significa que debes ser comprensivo con las emociones y los malos hábitos que te preocupan, siempre y cuando, claro está, no te comportes de forma violenta con alguien o de modo peligroso. El hecho de aceptar tus síntomas puede ser el primer paso para que se atenúen y transformen.

Jung dice que a menudo los alquimistas describían la materia prima como el caos o el mar.[39] El mar es amargo por la sal que contiene, al igual que nuestra materia prima tiene con frecuencia un regusto amargo; es caótica, del mismo modo que a veces sentimos que nuestra vida es caótica. Se entiende que una persona se resista a sacar a flote la materia prima de su psique para examinarla. Es preferible no removerla y olvidarse de ella. Sin embargo, sin este material no se puede abordar la tarea.

Iré más lejos. Cuanto más amarga y desagradable sea la materia prima, más posibilidades tienes de eliminar lo negativo de tu alma y gozar de una vida más plena y consciente. Quizá te lleve un tiempo, y quizá tengas que desarrollar una seguridad en

---

38. Patricia Berry, «Stopping: A Mode of Animation» en *Echo's Subtle Body* (Spring Publications, Dallas, 1982), pp. 147-161.

39. C. G. Jung, *Mysterium Coniunctionis,* trad. R. F. C. Hull, *Complete Works*, vol. 14, 2.ª ed., (Princeton University Press, Princeton, 1970), p. 246.

ti mismo y cierto valor antes de llegar a la abundante materia prima de tu alma. Esta tarea no está indicada para los pusilánimes. Cuanto más seriamente te explores, mayor será el beneficio que obtengas.

Si decides realizar un trabajo del alma exhaustivo, convertirte en una persona más profunda, un individuo más completo y consciente de la vida cotidiana, tus esfuerzos espirituales tendrán una base sólida y fértil. A menudo el alma y el espíritu interactúan y se solapan, tu alma madura y sustenta a tu espíritu que evoluciona. Tus entusiastas ideas sobre una existencia espiritual necesitan sentimientos amargos, salados, caóticos.

Ten en cuenta tus síntomas y no trates de eliminarlos. Ten paciencia. A medida que los preservas y exploras, el dominio que tienen sobre ti se irá relajando. Con frecuencia pasan de ser hábitos problemáticos a elementos útiles. He visto a personas pasar de unos celos intensos y destructivos a relaciones satisfactorias en las que pueden ser vulnerables y al mismo tiempo dueñas de sí. Los celos, los cuales brotan de un deseo de estar profundamente involucrado, se transforman de una forma oportunamente compleja para favorecer la intimidad. Lo que antes era un síntoma puede convertirse en una señal de carácter. No es preciso que elimines ese síntoma, sino que permitas que se transforme y florezca, mostrando la buena semilla que contenía desde el principio.

En mi consulta terapéutica, siempre animo a las personas a no ser tan negativas sobre los problemas psicológicos que les preocupan. No les digo que «acepten el síntoma», pero yo mismo observo este principio. Analizo mis motivos para cerciorarme de que no trato de erradicar los problemas. Contemplo la terapia como un método para «superar» los problemas vitales, en lugar de hacer que desaparezcan.

Pondré un ejemplo. Una mujer de cincuenta y tantos años que conozco tiene que soportar a su anciana madre, que la domina y trata de dirigir su vida. La hija ha intentado resolver esta intolerable situación viajando, poniendo tierra de por medio, protestando y gritando. Pero sigue prestando atención a las críticas y los malos consejos de su madre. Tengo la impresión de que desea ser la niña de su madre. De modo que la animo a que deje de luchar contra ello y, al menos de momento, reconozca que desea seguir junto a su madre. Conservamos el síntoma en lugar de movernos en la dirección opuesta. Quizá lleve un tiempo, pero creo que al final la hija aceptará su necesidad de permanecer unida a su madre, resolverá sus aspectos positivos y negativos y vivirá de forma más digna.

En mi caso, soy consciente de algunos de mis complejos, esos deseos o hábitos abrumadores que te dominan justo cuando no quieres que lo hagan. Por ejemplo, tengo un curioso problema con cierto tipo de mujer. Creo que es mi complejo de «tiíta». Ciertas mujeres de cincuenta o sesenta y tantos años tienen un extraño influjo sobre mí. Un día me hallaba en una tienda de ultramarinos cuando apareció la «tiíta» bajo la guisa de una vendedora. Yo había elegido unas aceitunas que me gustan, pero ella me aconsejó que cogiera judías blancas. Yo jamás las habría comprado. Yo me negué, pero ella insistió una y otra vez y salí de la tienda con unas judías que no quería.

Podría tratar de eliminar este enojoso complejo, pero en lugar de ello he decidido aceptarlo. Te propongo una idea: si detectas un complejo en ti, no lo ocultes, no lo evites. Acéptalo. Cuando veo a la «tiíta» en algún sitio, me acerco y entablo conversación con ella. Si el problema que presenta es serio, lo resuelvo de forma agresiva, pero por lo general no lucho contra él. Este complejo que tengo de «tiíta» es una manía leve, por supuesto, aunque puede llegar a ser seria. Una de las reglas más importantes es reconocer tus problemas. No los niegues. Reconocer tus problemas emocionales es una forma simple de «aceptar los síntomas».

También puedes convertir tus síntomas en factores positivos buscando formas creativas y eficaces de ponerlos en práctica. En cierta ocasión, hablaba con un grupo de enfermeras y les pregunté cuántas tenían un complejo maternal. La mayoría alzaron la mano. Tenían una tendencia natural a comportarse con los demás de forma maternal y habían hallado el medio de expresarla en su trabajo de enfermeras. Así, el complejo permite a la persona llevar a cabo un trabajo de gran responsabilidad con pasión, aunque a veces le ofrezca también la oportunidad de llevar su complejo maternal demasiado lejos o de cometer una torpeza. Uno no puede «aceptar sus síntomas» perfectamente.

Lección 3: en las relaciones, respeta el misterio

Según mi definición, una «alma gemela» es una persona con la que te sientes tan profundamente conectado que deseas su bienestar más que cualquier felicidad superficial y que el aparente éxito de la relación. Hay un sentido de lo eterno y lo predestinado en una conexión con otra persona en la que está involucrada el alma que puede generar un amor especial y desinteresado, y esa sensación indica la presencia tanto del alma como del espíritu en la pareja.

Uno de los problemas básicos en una relación íntima es la tendencia a esperar que el otro sea y se comporte como la persona que quieres que sea. Requiere una considerable madurez dejar que la otra persona viva su vida como quiera. Quizá tengas necesidades que confías en que tu amigo o tu amiga, tu amante o un miembro de tu familia satisfaga. Quizá vivas de acuerdo con reglas y costumbres que esperas que todos asuman. Quizá tengas una cosmovisión que a ti te resulta útil, y no comprendes que alguien que está estrechamente relacionado contigo no la comparta. Esta costumbre de aferrarse al interés propio tiene que cambiar. Quizá debas aprender a apreciar y en última instancia gozar de las costumbres de la otra persona y en particular de los misterios que los propician.

Permitir que la otra persona viva su viva y su destino es un logro espiritual, un acto religioso, por decirlo así, que eleva la relación sobre el nivel de una mera conexión humana. En el amor descubres lo que los Evangelios llaman repetidas veces «ágape», un profundo respeto por el valor de la otra persona, un esfuerzo sincero de trascender tu propio interés y descubrir el gozoso espacio fuera de ti en el que hallas un sentido. El ágape es el lado espiritual del amor que te pide que te trasciendas a ti mismo y tus necesidades.

Si llevamos esta lección más lejos, también comprobarás que la otra persona no sólo representa un misterio para ti, sino para sí misma. No sabe por qué hace las cosas que hace. Tiene temores y esperanzas que a ti te pueden parecer claros pero que a él o a ella le parecen que están envueltos en una densa nebulosa. Puede tener deseos y ansiedades que se hallan ocultos debajo de la superficie de la conciencia. Por tanto, tienes que respetar sus misterios y comprender que la otra persona debe seguir su propio rumbo.

Las opiniones modernas sobre la vida y las relaciones no tienen en cuenta los misterios y por tanto prescinden tanto del alma como del espíritu, haciendo que una relación sea materialista y egocéntrica. Sin embargo, la suerte y el destino, que forman parte esencial de la experiencia de toda persona, están en gran medida más allá de los límites de nuestro conocimiento y nuestros pronósticos. ¿Cómo puedes vivir una relación humana en estas condiciones? Honrando lo misterioso en la totalidad de la vida.

Puedes apoyar de modo positivo y cabal los movimientos tentativos hacia un territorio nuevo por parte de las personas próximas a ti. Puedes observar la importancia del misterio de la persona con quien estás íntimamente relacionado, que consiste en el hecho de que su alma se abra y responda a su potencial innato o a los acontecimientos de la vida. Puedes vivir desde tu propia alma, pero también puedes compartir las vidas de otros conforme viven desde las suyas y crean su propio destino.

Comprender estos aspectos sobre las personas y sus conexiones forma parte de la terapia. Tener en cuenta el misterio y la disposición al cambio en otra persona te ayuda a aceptar tu propio misterio y disposición al cambio. Es una vía de dos direcciones: no puedes respetar la respuesta de otro al destino si eres incapaz de respetar la tuya, y no puedes estar abierto a tus cambios si no estás abierto a los cambios en los demás.

Lección 4: depresión

Somos una sociedad extrovertida. Interpretamos nuestra vida en virtud de causas e influencias externas sin apenas prestar atención a nuestro interior. Así, en compensación, caemos en lo más profundo de nosotros mismos, intuyendo y sintiendo nuestra alma, a través de la depresión. La depresión es una forma sintomática de permanecer en contacto con nuestra alma.

Las personas consideran la depresión como algo semejante a un resfriado común y corriente. Es una aberración que nos sobreviene como una enfermedad propagada por microbios en el aire. No se nos ocurre que nuestra depresión pueda tener algo que ver con el sentido, o ausencia de sentido, en nuestra vida. La consideramos una realidad objetiva, como el fallo de un órgano, en lugar de una invitación a ahondar en la vida. Creemos que aparece por arte de birlibirloque o que desciende como un paracaídas sobre nuestra vida. La resolvemos con pastillas y tratamientos mecánicos como el electrochoque. No vemos el literalismo y materialismo en nuestros remedios, ni reparamos en que la utilización de estos métodos forma parte del problema que conduce a la depresión.

Los tratados médicos de la Edad Media y el Renacimiento sugieren que la melancolía es un don del alma, algo que puede sanarnos en lugar de hacer tan sólo que enfermemos. No me refiero a una depresión clínica prolongada, sino a las épocas en la vida en que uno se siente abatido y se repliega en sí mismo. La depresión nos ofrece cualidades valiosas que necesitamos para ser plenamente humanos. Nos ofrece cierto peso, cuando afrontamos nuestra vida con demasiada liviandad. Nos ofrece cierto *gravitas*. Antes se asociaba con el plomo y se decía que pesaba. También hace que envejezcamos con dignidad, sin tratar de aparentar que somos más jóvenes. Nos hace madurar y nos procura las emociones humanas y el carácter que necesitamos para afrontar la gravedad de la vida. En las imágenes clásicas del Renacimiento que contienen antiguos textos médicos y colecciones de remedios, la depresión es una persona anciana que lleva un sombrero de ala ancha, en la sombra, con la cabeza entre las manos.

Si tu problema es la depresión, no trates simplemente de eliminarla. No acudas a lugares de diversión para huir de ella o a ambientes en los que reina la alegría para eludirla. Deja que siga su curso. Deja que se sosiegue. No te regodees en ella ni te hundas en ella. A medida que forma una nube oscura a tu alrededor, deja que te penetre en los poros, procurándote algunas de sus cualidades, sin dejarte abrumar por ella. «Métela en una maleta —decía James Hillman—, y llévala contigo.» Mantenla encerrada, pero cerca. Asegúrate de tenerla a mano, pero no dejes que salga y te domine.

Algunas personas se sienten deprimidas porque su vida carece de espíritu. Les falta visión y una meta y sus relaciones son débiles y precarias. Temen por su felicidad y desean desesperadamente sentirse animadas. El vínculo entre la depresión y la espiritualidad es muy estrecho. Por tanto, conviene que resuelvas cualquier depresión que padezcas antes de tratar de aportar una nueva sensibilidad religiosa a tu vida.

La depresión también puede hacer presa en ti porque has dejado que tu formación religiosa te haga sentir culpable y atrapado, incapaz de gozar de los placeres de la vida. Quizá debas reflexionar detenidamente sobre esas influencias y prestarles atención por sutiles que sean. Quizá debas mantener numerosas conversaciones sinceras con amigos para darte cuenta de que tu espiritualidad te pesa como una losa.

Lección 5: ira y agresividad

Hoy en día muchas personas viven llenas de ira. Puede ser obvio en su susceptibilidad y su tendencia a criticarlo todo. Puede ser más sutil en su depresión o incapacidad de mostrarse positivo y constructivo. Para muchas, la ira es un aspecto oscuro que desean mantener oculto y en secreto, por más que la sientan y les dé un aspecto ceñudo o haga que se comporten con brusquedad.

Algunos están resentidos por cosas que ocurrieron hace años, por problemas que no se resolvieron y por tanto siguen agobiándoles y generando un sentimiento crónico de rechazo. He conocido a hombres que emplean un lenguaje vulgar y negativo, lo cual delata una vieja y persistente amargura. Su ira es patente en su forma de caminar, de hablar y en todo su talante.

Algunas personas descargan su ira contra ellas mismas y hacen lo que pueden para mortificarse y castigarse. Por chocante que parezca, a algunas les produce más satisfacción hacerse daño que descargar su ira contra el mundo. Confían en que el mundo sufra al ver el daño que se hacen a ellas mismas. Técnicamente, la ira posee aspectos sadomasoquistas, la satisfacción de lastimar a los demás o a uno mismo.

Hillman decía que su trabajo, tan original y audaz, era producto de su ira. Daba conferencias y escribía sobre Marte, el espíritu de la agresividad, con admiración, y siempre hablaba en público con vehemencia y argumentos. Escribió un interesante libro titulado *Un terrible amor por la guerra*, en el que hablaba de la necesidad humana de ser asertivo e incluso agresivo. En su talante personal, Hillman impresionaba a la gente con su estilo intenso y crítico, una cualidad que hacía que mereciese la pena leer sus libros y provocaba rechazo en algunas personas. Pero tenía muchos seguidores y amigos íntimos, como yo, que le queríamos. Permitir que tu ira sea una fuerza constructiva en tu vida en lugar de un factor destructivo puede aportar más amor, no menos, a tu vida.

Parte de nuestra autoterapia debe incluir reconciliarnos con nuestra ira. No imagino a ningún ser humano que no tenga una conexión complicada con Marte y la ira que lleva acumulada en su interior. Como de costumbre, es útil contar historias que puedan explicar en parte la ira y la frustración que se han convertido en habituales.

También es útil confeccionar una línea de tiempo de tu ira, enumerando las diversas ocasiones a lo largo del tiempo que han provocado en ti un fuerte arrebato de ira. Puedes describir las formas en que revelas tu ira de manera controlada y camuflada. Puedes tomar nota de las situaciones que suelen provocar ira en ti y de cómo la descargas o la reprimes.

Curiosamente, la ira no parece siempre ira. En mi consulta atiendo a una mujer de aspecto apocado que cree que el mundo entero está jugando con ella sin darle una oportunidad. Es un volcán a punto de estallar. Atiendo a un hombre que habla poco y parece como si estuviera esperando a que yo cometa un desliz para levantarse y marcharse. Desde el primer momento se muestra enojado conmigo, dirigiendo injustamente contra mí su ira que le ha destrozado la vida. Al menos, como nos enseña el análisis clásico, el hecho de mostrarla durante una sesión de terapia, aunque de forma pasiva-agresiva, nos da la oportunidad de trabajar en ella.

Como terapeuta, procuro ir directamente al meollo del conflicto entre mi cliente y yo. Persisto en ello hasta que aparece la solución o al menos se crea un clima propicio para comenzar a progresar. Se me ocurren varias tentaciones, diversas formas de evitar la confrontación y el lenguaje que podría mitigarla. En cuanto reconozco estas tentaciones, procuro centrarme y no desviarme del rumbo. La aparición de la ira ofrece la oportunidad de poner vehemencia en nuestra labor e implicarnos más a fondo.

Si te enfadas con frecuencia, trata de descubrir las raíces de este comportamiento en tu historia y luego aplica tu ira como una fuerza y un estímulo a lo que haces. No te recrees descargándola. Convierte y transforma siempre tu ira en algo provechoso. Deja que los demás vean y sientan tu ira, pero no estalles cada vez que se apodere de ti. Como todas las emociones intensas, la ira requiere un proceso alquímico para transformarla de un sentimiento primigenio en una cualidad cultivada y beneficiosa de acción y personalidad. Utiliza tu ira como si fuera un recurso valioso, que lo es.

A veces somos prisioneros de nuestro lenguaje. Hablamos con demasiada facilidad de la ira, cuando quizá la emoción sea más sutil. Podemos sentirnos frustrados, traicionados, decepcionados, hostigados injustamente, cansados de las críticas o desencantados. Conviene emplear las palabras adecuadas para describir nuestro sentimiento y experiencia. La palabra adecuada nos ayuda a aprender la forma de responder.

En la antigua Roma, Marte, el dios de la ira, estaba estrechamente aliado con los espíritus de la agricultura. Decían que ayudaba a proteger los campos de la peste. Toma nota de estas imágenes: Marte, la ira, nos ayuda a remover los enojosos obstáculos que entorpecen nuestro crecimiento. Colabora en el proceso natural de maduración y cultivo. Es una emoción primigenia, instintiva, protectora y sanadora. Sí, Marte sana. Tu ira sana.

La ira puede proporcionarte la fuerza para tomar decisiones difíciles y transmitir mensajes dolorosos a personas que necesitan percibir tu disgusto o tu deseo. Si no estás en contacto con tu ira o no sabes expresarla con eficacia, la guardas en tu interior, donde puede volverse contra ti.

En cierta ocasión trabajé con un hombre cuya ira estallaba en raras ocasiones. Por lo general mostraba un talante pasivo y extremadamente callado. Yo sabía que había forjado muchos planes con respecto a su vida, pero los ocultaba en su interior porque era incapaz de hacer acopio del valor necesario para mostrarlos al mundo. Su matrimonio se resentía y su carrera no progresaba, hasta que un día empezó a realizar grandes cambios. Conectó con su ira y dejó su trabajo, que detestaba, y se encaró con un molesto vecino. Su matrimonio mejoró casi de la noche a la mañana. Observé en él la influencia del Marte agrícola, removiendo los enojosos obstáculos y sembrando las semillas de una nueva vida.

Sé que ésta no es la ira reprimida que se torna agresiva y violenta. Es una ira que se ve a simple vista, que no se oculta. La ira pura —los alquimistas dirían la «ira eterna o esencial» en contraposición a la ira retorcida que se expresa de forma indirecta— es tu aliada. Incluso tu ira sintomática puede purificarse si la devuelves a sus orígenes. Recuerda que te han malinterpretado, ultrajado, ofendido, maltratado. Esa ira primigenia ahora puede serte útil. No la subestimes. Deja que influya en tu forma de comportarte; aprende de ella. No seas una persona colérica, afectada por un sentimiento crónico de ira. Deja que tu ira sea el combustible de todo cuanto hagas.

Más lecciones

Masoquismo

Uno de los problemas comunes y subyacentes es el clásico masoquismo: complacerse con el sufrimiento o hallar una extraña felicidad en ser la víctima de un opresor imaginario. Es complicado, porque el sadismo y el masoquismo se alimentan uno al otro y se siguen como una luna girando alrededor de un planeta. El masoquista puede tratar de controlar con su debilidad, y el sádico sólo expresa su debilidad con su excesiva agresividad.

A menudo los problemas en la vida se deben a no ser capaces de obtener fuerza de nuestra propia naturaleza y de la vida. Las personas prefieren ser pequeñas y débiles, mientras que si fueran fuertes y grandes podrían contribuir a resolver sus conflictos emocionales y dejar que fueran efectivos en las relaciones y en las posiciones de liderazgo. Muchos temen mostrar un talante demasiado enérgico, cuando de hecho una fuerza excesiva suele ser síntoma de debilidad más que de fortaleza.

Averigua en qué aspectos eres débil y estás a merced de otros, trata de detectar un control oculto en esos aspectos, y procura desarrollar una fuerza positiva, renunciando tanto a la necesidad de controlar como a la de ser pasivo. Un análisis de tus esquemas sadomasoquistas puede ayudarte a hallar un estilo alternativo.

Trata de comprender la diferencia entre fuerza y fortaleza; la primera presiona para que alcances fines dudosos, mientras que la segunda es un poder profundamente arraigado del alma. Observa la diferencia entre el poder del ego y el poder del alma; el primero es ansioso y egocéntrico. Por último, toma nota de las paradojas que ello comporta, puesto que el hecho de ser más vulnerable en un sentido confortable te da fortaleza, y cuando consigas una fortaleza profunda, puedes ser por fin vulnerable.

La mayoría de personas tienden hacia el masoquismo. Cuando sientas el peso y la tensión emocional en una relación y que apenas eres capaz de avanzar en tu vida, es posible que estés cayendo en esa «afición a la debilidad» que constituye una misteriosa dinámica en el alma humana. No es fácil eliminarla porque en cierto modo resulta satisfactoria. Quizá tengas que analizar esa curiosa satisfacción para librarte de tu dolor. También puedes hacer simples esfuerzos para aprender a gozar de tu fortaleza. Toma nota de ella. Practícala. Disfruta de ella.

Las tendencias sadomasoquistas pueden generar una conducta sádica y masoquista que contamina todos los aspectos de la vida, inclusive la religión tradicional. Nuevos grupos espirituales tienen a veces líderes que exigen seguidores sumisos. Las enseñanzas pueden constituir una pesada carga para las personas y requieren varios tipos de sufrimiento. Los jóvenes, arrastrados por su entusiasmo hacia un nuevo movimiento espiritual, abandonan a sus familias y renuncian a su futuro. Algunos dejan sus decisiones vitales en manos de un líder o adoptan valores que hacen que la vida resulte innecesariamente difícil. Todo ello en nombre de la religión.

¿Por qué no se ha resuelto este trastorno?

En una terapia formal, las personas preguntan a menudo: «¿Por qué no ha cesado esta noche oscura? ¿Cuánto tiempo va a durar? A estas alturas ya debería de haber concluido». A veces las noches oscuras concluyen mucho antes de lo que imaginas. A veces se prolongan y uno se pregunta si cesarán alguna vez. No le corresponde a la persona que atraviesa una noche oscura predecir cuánto tardará en resolverse. La tarea consiste en aceptarla y utilizar cualquier signo alentador. Es preciso tener paciencia y confiar.

Jung hace un interesante comentario sobre los tiempos: «Muchos alquimistas computan la duración del opus como si se tratara de una preñez, comparando todo el proceso a una gestación». Hemos visto que el opus es la tarea de convertirse en un individuo completo, un proceso que exige que afrontes tus temores, explores tus deseos y te involucres plenamente en la vida.

Para muchas personas, el proceso de crear una vida centrada en el alma comporta cuando menos un período en que se sienten perdidas y quizá deprimidas y ansiosas. Utilizando el lenguaje de los místicos, me he referido a esto como la noche oscura psicológica. Jung dice que después de atravesar un período oscuro de evolución, algunas personas, al echar la vista atrás, comprueban que ha durado nueve meses. Los sueños también pueden revelar esto a través de sus imágenes.

Según mi experiencia, es útil tener un sentido natural de los tiempos. Puede que la experiencia no dure nueve meses exactamente, pero la sensación de gestación contribuye a poner en marcha el proceso y a guiarnos a través del mismo con una actitud positiva y paciencia. Por regla general, conviene tener un sentido de los tiempos cuando atendemos a nuestra evolución espiritual y psicológica: cuándo debemos tener paciencia y cuándo debemos dar un paso. Para vivir una vida consciente, conviene que tomes nota de los momentos cruciales de tu pasado y estés atento cuando regrese esa época del año o una determinada fecha. En su revolucionario libro *Why People Get Sick,* los autores Darian Leader y David Corfield ofrecen numerosos ejemplos de personas que caen gravemente enfermas en fechas asociadas con momentos dolorosos de su pasado.[40] Asimismo apuntan a que los médicos no suelen reparar en estas correspondencias porque no buscan un sentido en la enfermedad. Al centrarse en el opus, Jung dirige nuestra atención al largo proceso en virtud del cual

---

40. Darian Leader y David Corfield, *Why People Get Sick* (Pegasus Books, Nueva York, 2008).

descubrimos un sentido y en el que una enfermedad puede ser un factor importante.

Así pues, para tu proceso de autoterapia te recomiendo la imagen de Jung: una gestación de nueve meses. Date tiempo, sé paciente, y contempla tu proceso como algo natural. Recuerda que los nueve meses es una metáfora, no un margen de tiempo literal. Tus nueve meses pueden durar unas pocas semanas o unos años. Pero ten presente esta imagen y colabora con el proceso.

Una terapia relajada

La psicoterapia no tiene por qué ser un análisis intenso en el que cada palabra es sopesada para descifrar su significado y cada gesto interpretado. Durante las horas de consulta me gusta asumir una actitud tan relajada que un observador supondría que mi cliente y yo estábamos manteniendo simplemente una conversación normal. No me preocupa si la charla es espontánea, distendida, y no se centre en un objetivo concreto. Dejo que discurra de forma natural. De vez en cuando formulo una pregunta para subrayar algo que se ha dicho o un sentimiento que ha surgido, pero procuro que no se pierda el fluir espontáneo de las palabras. Quiero que el proceso lleve la delantera, y nosotros lo sigamos.

Explora tu vida pasada, tus emociones y tus relaciones a tu manera, utilizando cualquier método, cualquier estilo de diálogo. Relájate. Libérate de cualquier atadura. No hay reglas. Pero procura profundizar en las fantasías y las narraciones que dirigen tu vida. Deja que te guíen. Obtén de ellas toda la información que puedas. Ahonda en ellas. Conoce tu alma a través de ellas. Si emprendes una determinada dirección, procura que sea descendente, en lugar de ascendente. En términos generales, es preferible considerar la autoterapia como un proceso vertical en lugar de como un proceso horizontal.

Un corazón abierto

Hoy, cuando las personas necesitan desatascar sus corazones, quizá deban someterse a una cirugía «a corazón abierto», una oportuna metáfora para describir la cirugía emocional que la mayoría de nosotros necesitamos. Muchas relaciones personales fracasan porque una o ambas partes son incapaces de abrir sus corazones lo suficiente para amar de una forma que sustente la relación en las adversidades y la confusión que se producen en la vida de todas las personas.

Cuando utilizo el término «corazón abierto», no me refiero a un romántico torrente de emociones. Me refiero a la capacidad de recibir a otra persona en tu vida, habiéndote despojado de tus defensas autoprotectoras. Los corazones abiertos son relativamente raros en un mundo presidido por la ansiedad, y sin embargo está claro que constituyen la base de una vida espiritual.

Un «corazón abierto» no significa «un corazón peligrosamente expuesto». Debemos protegernos y no podemos alcanzar la perfección en esta cuestión tan delicada. A menudo acudo a las sabias palabras de Emily Dickinson a este respecto: «El alma debe estar siempre entornada». «Entornada» es un excelente término para describir el grado en que debemos abrir nuestro corazón, lo suficiente para que acoja una nueva vida sin dejarse abrumar o someterse a excesivos estímulos. He visto muchas veces esta imagen en los sueños de la gente: una puerta entornada. Puede inspirar temor, evocando fantasías de intrusos y ladrones, o puede ser útil, indicando que está lo bastante abierta para permitir que penetre la vida.

Quizás ignores que tu corazón no está abierto. Quizás imagines que eres una persona receptiva y dispuesta a amar cuando en realidad no lo eres. A este respecto, tu imagen de ti misma como una persona abierta puede camuflar tu incapacidad de abrir realmente tu corazón para dejarte influir por los demás y conectar con ellos.

En su libro *El pensamiento del corazón*, James Hillman propone tres formas de abrir nuestro corazón: en primer lugar, maravillándonos; segundo, mediante la intimidad; y tercero, identificándonos con un objeto u otra persona como un «tú» en lugar de un «ello», viviendo en un mundo dotado de alma, en lugar de en un mundo inanimado.[41] En el Evangelio de Marcos, Jesús se muestra contrariado ante la dureza de los corazones de la gente (Marcos 3, 5). La palabra utilizada significa a veces «mármol» o «callo», el endurecimiento de la piel. El corazón del alma debe ser dúctil y capaz de maravillarse, de intimidad y de reconocer a la persona.

Esta singular combinación de Jesús y Hillman ofrece interesantes ideas que podrían ser centrales en tu religión personal. Puedes adoptar prácticas que susciten en ti la sensación de maravillarte, como detenerte para contemplar el cielo diurno o nocturno; que te muestren la forma de hacerlo todo de un modo íntimo en lugar de distante, lo cual contribuye a que se suavicen esos lugares emocionales que se han endurecido o encallecido. Se

---

41. James Hillman, *The Thought of the Heart and the Soul of the World* [El pensamiento del corazón: El retorno del alma al mundo], (Spring Publications, Dallas, 1981), p. 32.

trata de un reto psicoespiritual, en el que el espíritu y el alma se unen, en el que tu receptividad emocional y tu sensibilidad espiritual coinciden.

Hillman se interesó al igual que Jung en la alquimia, la antigua práctica psicoespiritual en la que los elementos y los procesos del alma eran vistos simbólicamente en los materiales básicos del mundo físico, semejante a la forma en que la astrología trata de comprender la experiencia humana mediante la posición de los planetas en el cielo. Jung consideraba el corazón como el centro de la pasión y la imaginación. Hillman retoma esta idea y la expone de forma más radical: sólo el pensamiento del corazón revela los asuntos del alma.

El mero hecho de hablar del corazón nos tienta a emplear un lenguaje sentimental que evita el lado oscuro. Hillman nos recuerda que el corazón físico se divide en dos ventrículos, indicando la naturaleza dual del corazón del alma, en el que ocupa un lugar tanto la apreciación de la belleza como de la fealdad, del amor y de la agresividad, del temor y del coraje. ¿Cómo puedes ver a los dioses, pregunta Hillman, si la fealdad te escandaliza?

Curiosamente, en la imaginería religiosa el corazón es mostrado con frecuencia presente y disponible, como en el sagrado corazón de Jesús, los *mudras* de Buda, Afrodita con una mano sobre sus genitales y otra apoyada en el corazón, o el importante cuarto *chakra* del corazón de los sistemas de yoga de la India. El *Sutra del Corazón*, recitado y cantado en todo el mundo, aborda el problema del vacío espiritual, una enseñanza que podríamos expresar como «disponibilidad».

Terapia en casa

Ésta es una lista de actividades que puedes llevar a cabo en cualquier momento durante tu autoterapia:

1. Anota todos los días tus sueños.

2. Habla con miembros de tu familia sobre experiencias tempranas y sobre personalidades.

3. Habla con amigos de tus problemas personales.

4. Lee libros recomendables sobre psicología.

5. Dedica tiempo a gozar tranquilamente de la naturaleza.

6. Camina de forma meditativa.

7. Resuelve tus relaciones conflictivas.

8. Analiza tus temores y anhelos.

9. Escribe tu mito personal, la historia profunda que vives en este momento.

10. Pinta o dibuja las escenas y los personajes de tu vida «interior».

Esta lista es sólo un punto de partida que hará que te pongas en marcha. La mayoría de personas modernas son extrovertidas. Interpretan su vida en términos del mundo externo visible y literal. Tu terapia alquímica comienza con una nueva orientación hacia los patrones profundos, a menudo interiores, que adopta tu vida. Se nutre de recuerdos analizados con detenimiento. Una buena conversación sincera también ayuda. Deja que tu familia y tus amigos hagan para ti de improvisados terapeutas personales (sólo en el sentido que describo aquí la terapia, sin pretender ser profesionales y sin analizar).

Hace veinte años di un paso radical al sugerir que «el cuidado del alma» podía sustituir a la psicoterapia. No hacía sino imitar a Platón y a muchos otros platonistas a lo largo de los siglos. Cuando recomiendo la autoterapia, pienso en una terapia destinada más bien a cuidar que a reparar. Analiza tus emociones espirituales y mantén el alma y el espíritu estrechamente conectados al tiempo que tratas de resolver tus problemas. Puedes cuidar de tu alma todos los días haciendo que tu mundo sea más bello e íntimo y atendiendo las heridas y los malos hábitos que has acumulado en tu vida. Sigue tus sueños, busca el momento de hablar desde el corazón, y crea una vida más espiritual que práctica.

TERCERA PARTE

EL ESPÍRITU CARNAL: ESPIRITUALIDAD Y SENSUALIDAD

«Renunciar al ámbito de los sentidos
es castigarte con el asceticismo. ¡No lo hagas!
Cuando veas un objeto, ¡míralo!
Escucha los sonidos,
aspira los olores,
paladea los sabores deliciosos,
toca las texturas.
Utiliza los objetos de los cinco sentidos,
¡y pronto alcanzarás el estado de perfecta
iluminación!»

Cakrasamvara Tantra[42]

---

42. Miranda Shaw, *Passionate Enlightenment* (Princeton University Press, Princeton 1994), pp. 143-144. Este pasaje ha sido ligeramente retraducido.

5

PLACER, DESEO
Y LO PROFUNDAMENTE ERÓTICO

«La belleza del talle, y de allí, la de las caderas, y
    de allí, más abajo, hasta las rodillas,
las finas partículas rojas que hay dentro de ti o
    dentro de mí…
Afirmo que estas partes y estos poemas no son
    sólo del cuerpo,
sino también del alma.
Afirmo que son el alma.»

WALT WHITMAN, «Yo canto al cuerpo eléctrico»

Según una famosa historia zen, dos monjes caminan juntos y llegan a un río. Allí ven a una hermosa mujer que busca el medio de atravesarlo. El monje más anciano se ofrece para ayudarla y la toma en brazos para transportarla hasta la orilla opuesta. Luego, cuando los dos monjes reanudan su paseo, el más joven dice: «Creí que no podíamos tener ningún contacto con mujeres». El monje anciano responde: «Hace tiempo que deposité a la mujer en el suelo, pero tú todavía la llevas en brazos».

La lección que solemos extraer de esta historia es: haz lo que debas y sigue adelante. Desde un punto de vista típicamente espiritual, el monje toma a la mujer en brazos y luego la deja. Sin ataduras, sin complicaciones, sin problemas.

Pero las reflexiones que nos turban también son útiles. Incluso el conflicto interno y la preocupación nos inspiran la necesidad de resolver los problemas. Según mi interpretación de la historia, el joven monje que no deja de pensar en la mujer se convertiría en el maestro. Es más humano y posee la capacidad de cargar con sus experiencias durante largo tiempo y preocuparse por ellas. En cierto sentido, la historia compara el espíritu con el alma, y yo me inclino por el joven lleno de alma.

Este relato tradicional puede dar también la impresión de que el contacto erótico no es para tanto. Puedes hacerlo y olvidarte luego de él. Pero todos sabemos lo potente que puede ser el contacto físico, capaz de suscitar recuerdos ardientes y sentimientos de culpa. El hecho de que un monje transporte a una mujer en brazos a través de un río no es una nimiedad. Si yo fuera un monje y tomara a una mujer en brazos y experimentara una sensación erótica, el recuerdo me perseguiría durante largo tiempo.

Quienes estamos dotados de un cuerpo conocemos la excitación erótica, la sensación de bienestar que producen las caricias, las imágenes e incluso las palabras. El poema de Whitman «Yo canto al cuerpo eléctrico», citado al principio de este capítulo, es en sí un cuerpo eléctrico de palabras. Para el poeta, escribir es un acto sexual que nos demuestra que las palabras son de carne y hueso.

Yo viví en un monasterio católico el tiempo suficiente para averiguar las diversas formas en que los monjes evitan las demandas del eros. «No pienses en ello» no es una buena solución. Reprimir las fantasías eróticas equivale a atizar sus llamas. Yo prefiero llevar a la mujer en mi mente, tratando de aclarar mis sentimientos confusos, que engañarme pensando que el erotismo es algo que uno puede tomar y dejar.

Muchas personas espirituales están confundidas con respecto al erotismo y la sexualidad. Creen en la virtud y la pureza y reprimen su sexualidad. Pero si la reprimimos, estalla en llamas. ¿Cuántos líderes espirituales han sucumbido al deseo sexual en medio del escándalo y han perdido su prestigio y sus puestos? Si imaginas el erotismo a una luz favorable, como el fundamento de tu espiritualidad, será tu aliado en lugar de tu enemigo.

Espiritualidad erótica

Eros es la chispa del deseo y la llama del amor. Es un viento que sopla suscitando necesidad y anhelo. Es el calor del placer, vitalidad y excitación. Es una flecha que se te clava en el corazón despertando en ti el deseo y el ansia de satisfacerlo. Son descripciones tradicionales de un espíritu representado como un joven con un arco y una aljaba llena de flechas. El poeta Charles Olson vincula el sonido de la palabra «flechas» con «eros», recordándonos que el deseo es algo que puede alcanzarnos cuando menos lo esperamos. Es preferible renunciar a la idea de que el inoportuno deseo es mío —¿por qué no dejo de pensar en ello?—, y considerar a Eros como un poder que aparece cuando le viene en gana.

Los antiguos griegos y los estudiosos modernos de la psicología como Freud y Jung tenían una opinión muy favorable del erotismo. Freud lo contemplaba como el principio de la vida y

Jung como el dinamismo de la psique. Para los griegos, Eros era un dios que engendra el mundo, una figura creativa situada en el centro de las cosas. El antiguo «himno órfico a Eros» comienza con un lenguaje que hoy en día no asociamos con el erotismo:

«*Yo invoco al grande, puro, bello y dulce Eros,*
un arquero con alas que vuela sobre un sendero de fuego
jugando junto a los dioses y los mortales».[43]

Una cultura materialista contempla el sexo como algo físico y biológico y no comprende que el alma y el espíritu tienen su propia sexualidad. Sin embargo, la antigua imagen griega de Eros como un joven dotado de poderosas alas apunta a su dinamismo, su fuerza y su espíritu, o bien, como un huevo, representa su fertilidad y potencial. Lee de nuevo las palabras de Walt Whitman. Eros no se refiere sólo al cuerpo, sino al alma.

Como parte de tu autoterapia, reflexiona acerca de las ideas que te inculcaron de joven sobre el erotismo y recuerda tus experiencias, buenas y malas, que todavía te afectan. Yo recuerdo haber ido a confesarme cuando tenía siete años, reflexionando sobre los diez mandamientos y no teniendo muy claro qué era cometer adulterio. Con la fina intuición de un niño, sospechaba que estaba de alguna forma ligado a los juegos levemente eróticos que practicaba mi círculo de amigos, y a tan tierna edad empecé a albergar un sentimiento de culpa sexual. Conforme me

---

43. Lo he traducido de forma deliberadamente ambigua. ¿Juega Eros junto a nosotros o con nosotros?

hice mayor, el sentimiento de culpa aumentó, hasta que al final de mi adolescencia comprendí que era absurdo, pero era demasiado tarde para borrarlo de mi memoria. Pese a mis intentos por forjarme mi propia religión, todavía quedan vestigios de un sentimiento de culpa católico, no en mi mente, sino en las células de mi cuerpo.

Cuando imagines ahora tu propia religión, puedes contrarrestar los siglos de represión mezclando con audacia lo espiritual y lo erótico. Puedes desarrollar una filosofía de la vida que aprecie el papel del deseo, el placer, la atracción y la sexualidad. Puedes meditar y rezar de forma sensual, en sintonía con el mundo material y tu cuerpo. Puedes interpretar tus fantasías eróticas como una poesía sobre tu vida y no siempre como una invitación literal al sexo. Si eres un líder o un consejero espiritual, puedes ayudar a la gente a resolver sus problemas sexuales y eróticos haciendo que se reafirmen en su sexualidad. Este paso basta para ayudar a multitud de personas a integrar un profundo sentido de religión en sus vidas personales y sus relaciones.

Cuando dejes de demonizarlas y abraces tus pasiones y aficiones eróticas, todo tu sentido de lo espiritual cambiará. Verás la superchería en la condena del erotismo por parte de la religión. Quizá renuncies a la necesidad de sentirte virtuoso, y abraces la vida con pasión. Entonces te sentirás libre de explorar las posibilidades éticas que van más allá del sexo. Y es posible que disfrutes más de la vida.

Algunas personas creen que la forma de ser espiritual consiste en no ser sexual. Adquieren su espiritualidad renunciando a su sexualidad, o en todo caso considerándola como algo impuro. Pero es una táctica que no tiene sentido. No es positiva. No consigues nada a cambio de este sacrificio. Es preferible ser erótico de una forma espiritual justamente en el momento en que eres más espiritual.

La religión puede ser la causa de tu depresión, impedir que goces de una vida sexual satisfactoria y alterar el delicado equilibrio de tus emociones básicas. Muchos se han dejado convencer por la religión formal de que les iría mejor si se liberaran de la mancha de su sexualidad. Pero la auténtica virtud no se compra con represión; la auténtica virtud es una rara inocencia que adquirimos aceptando la vida y nuestras pasiones. Eros eleva el espíritu, que es el propósito de sus alas.

Eros genera vida

En el lenguaje común, el erotismo se refiere al amor romántico, sexual o íntimo, y el adjetivo «erótico» denota algo que es excitante, placentero y deseable. Hoy en día encontramos esta palabra en contextos siniestros y vergonzosos, como las películas y los libros pornográficos. Pero hace dos mil años los griegos relataban historias y cantaban himnos sobre el divino Eros, el creador. Lo llamaban Fanes —luz—, y lo honraban como una fuerza positiva.

Las instituciones religiosas han entablado una guerra constante contra Eros, y han perdido la batalla. El escándalo de sacerdotes católicos que han abusado cruelmente de niños sin que las autoridades eclesiásticas tomaran cartas en el asunto, y maestros zen y predicadores que han traicionado su tan cacareada virtud, son ejemplos que nos enseñan a no enfrentarnos al erotismo mediante la represión y la hipocresía. Eros constituye una poderosa fuerza: por tu bien, es mejor tenerlo como amigo que encararte continuamente con él como si fuera tu enemigo.

El sexo no siempre es sexo

A menudo el sexo no se refiere sólo al sexo. Al igual que en la adolescencia, el despertar sexual forma parte del despertar al conjunto de la vida y al mundo, de modo que cuando en un matrimonio asoma la fantasía y el deseo sexual cabe presagiar nuevos acontecimientos en la vida de esa pareja. Cuando una persona casada siente de improviso una atracción sexual fuera del matrimonio, empiezan a germinar nuevas posibilidades. Recuerdo a una mujer que había hallado una nueva carrera como conservadora de arte y otra que se había hecho psicoanalista; ambos acontecimientos se habían producido durante una época de intenso e inesperado deseo sexual y conflictos conyugales. Esto puede resultar desconcertante, porque el deseo sexual parece referirse al sexo, y puedes encontrarte en un dilema sin saber qué hacer: mantenerte fiel en tu matrimonio o seguir tu pasión. La solución puede residir en reflexionar detenidamente para comprobar hacia dónde apuntan los deseos, quizá más allá del mero sexo.

Quizás adviertes que estás experimentando un repentino deseo sexual, quizás se trate de una situación difícil o imposible, como un despertar genérico de la pasión y el deseo. Quizá no tengas que satisfacer ese deseo sexual, sino explorar el despertar de ese deseo en ti. Quizás apunte a una nueva forma de ganarte la vida o establecerte en otro lugar del mundo. Quizá te brinde nuevas experiencias. Lo importante es que prestes atención a tus fantasías sexuales con la mente abierta, abriéndote a la vida y hallando nuevos placeres y satisfacciones.

Un indicio del sentido más trascendente del sexo puede residir en la sensación que experimentas después de una experiencia sexual satisfactoria. Quizá te sientas bien no sólo debido al sexo; quizás experimentes una sensación general de que la vida es maravillosa. Por esto las personas se enamoran con frecuencia del amor: porque te da la sensación de que estás despertando y comenzando de nuevo.

En el arte antiguo vemos a Afrodita, la diosa del sexo, en compañía de Eros, que en el mito a veces es su hijo. Estas imágenes plasman una íntima conexión entre el sexo y el erotismo, dos cosas estrechamente relacionadas pero distintas, una referente a la propia sexualidad y la otra a una sensación más general de deseo y placer, una que conduce a hacer el amor y la otra a crear una vida. Quizá detectes también el aroma del erotismo en la medicina, la educación y la psicoterapia, donde la pasión por el trabajo es esencial. En estos ámbitos es fácil confundir a Afrodita con Eros, al sexo con una pasión más general. En mi consulta, cuando trato con una persona preocupada por un inoportuno y turbador deseo sexual —un problema muy común—, dirijo la conversación hacia fuera, hacia el deseo, el placer y el amor a la vida. No trato de restar importancia a la pasión, sino de comprobar si el deseo apunta a un despertar en otra esfera de la vida, si en este caso el sexo simboliza una nueva vida en lugar de encarnarla.

Incluso en la complicada vida de hoy en día, el Eros constituye un gigantesco huevo —tal como lo representaba la religión griega— en tu evolución: quizá tu vida esté a punto de abrirse como la cáscara de un huevo, indicando una nueva posibilidad que está a punto de nacer. Tanto si el erotismo se presenta como el deseo de vivir una experiencia sexual o como una serie de imágenes sexuales, el deseo apunta a un incremento en la vida. A medida que adquieres una renovada vitalidad, quizá después de sentirte deprimido o bloqueado, los sueños sexuales se pueden hacer más frecuentes e intensos, anunciando el regreso del eros.

Biológicamente, el sexo puede referirse a la continuación de la raza, a crear niños. Pero para el alma, el sexo se refiere más a los misterios de la intimidad y la vitalidad. Los griegos comprendían que lo erótico, como demuestran sus himnos a Eros, no es sólo una pasión personal. Es uno de los principales poderes y dinámicas de la vida y configura nuestras relaciones, nuestras familias y nuestro mundo. En ocasiones lo demonizamos para protegernos de su poder.

Este punto de vista más amplio sobre el erotismo y su conexión con la sexualidad nos lleva al ámbito de la religión. Ahora hablamos sobre la vida y su sentido. El erotismo es central en la vida espiritual, porque es increíblemente profundo e importante. Nos hace seguir avanzando en la vida e impide que las pequeñas estructuras provisionales que hemos erigido sean demasiado rígidas o inamovibles. Eros es la fuerza dinámica que nos mantiene despiertos en lugar de dormidos, con el alma viva en lugar de muerta.

Otra clienta mía, Rose, está felizmente casada y tiene dos hijos, pero se siente sexualmente atraída por un hombre que vive en la casa de al lado. Desea ser fiel a su marido, pero el deseo es tan fuerte que teme no poder resistirse a él. Por más que trata de reprimir su atracción, está preocupada porque no quiere perjudicar su matrimonio. Pero el deseo persiste. Tras comentar la situación a lo largo de varias semanas, averiguamos que su deseo no es experimentar sexualmente con otro hombre, sino iniciar una nueva fase en su vida, hacer las cosas de otra manera, explorar nuevas posibilidades, incluso cambiar de trabajo. Su matrimonio se le había hecho demasiado estrecho, y aunque lo valora, necesita otras pasiones e intereses que la estimulen. Una parte profunda de su ser desea vivir con más intensidad.

Cuando Rose empezó a prestar atención a su deseo en un sentido más general y realizó cambios en su vida, la atracción que sentía por su vecino disminuyó. Ahora se alegra de no haber mantenido una relación con él. Ahora es libre para explorar sus posibilidades. Involucrarse en una relación con otro hombre habría representado otro obstáculo en sus renovados deseos de vivir.

Un medio de averiguar si tus fantasías y anhelos apuntan a una persona o a una expansión en tu vida es buscar dilemas y graves conflictos. Si eres feliz en tu matrimonio pero te interesan otros amantes, piensa en si la «tercera» parte es una persona o una imagen proyectada de la vida en un sentido más amplio. Pregúntate si la nueva persona representará otro problema o una apertura a una nueva vida. Sea cual sea el resultado, siempre puedes interpretar la aparición de Eros como una señal para abrir tu vida a nuevas experiencias e ideas.

No pretendo insinuar que el deseo sexual sea sólo una metáfora, sino que nuestra sexualidad reside dentro y detrás de varias pasiones e intereses que no son explícitamente sexuales. Muchas personas experimentan una especie de orgasmo del espíritu cuando se les ofrece la oportunidad de cambiar de trabajo o de ocupar otro cargo. Una nueva ciudad inspira a algunos el mismo sentimiento que un nuevo amante. Los sentimientos referentes al hecho de despertar a la vida no son *análogos* al sexo, sino que *son* sexuales. O en todo caso, digamos que son eróticos, teniendo en cuenta que Eros engendra mundos estrechamente relacionados con la sexualidad.

No quiero dar la impresión de que sea fácil resolver nuestras fantasías sexuales. No puedes pasar del deseo sexual a un incremento de la vitalidad sin sentirte confundido y sin esfuerzo. Quizás estés obsesionado con una persona que representa el objeto de tu amor durante mucho tiempo, hasta que se convierte en algo más amplio y general. Éste es otro secreto del eros: cada vez es más profundo. Puede empezar cuando conoces a una persona interesante, que al poco tiempo te genera el deseo de viajar. Eso puede convertirse en un interés por una determinada cultura. Decides que quieres estudiar la lengua de ese lugar. Al cabo de un tiempo sientes la necesidad de mudarte, y cuando llegas al sitio elegido, adoptas la fotografía como una nueva profesión. Cuando experimentes múltiples deseos, debes ser paciente y tenerlos presentes, pelando una capa tras otra como si fuera una cebolla.

Por lo general, el proceso de distinguir el deseo por una persona de la necesidad de iniciar una vida distinta supone un doloroso esfuerzo y una gran dosis de paciencia. La presión de hacer algo puede ser tan intensa que es difícil dedicar el tiempo necesario a resolver la situación. Yo aconsejo siempre tener paciencia: observar, esperar y avanzar paso a paso. Cuando el proceso ha concluido, es mucho más fácil comprender de qué se trataba. En el fragor de la pasión, es difícil tener una buena perspectiva.

Como dice el texto clásico, el eros es un sendero de fuego. Un deseo conduce a otro, no de forma aleatoria, sino avanzando hacia el núcleo del asunto, hacia los deseos profundos del alma y el espíritu.

Crees que deseas a una persona. La consigues, pero no te sientes satisfecho. Crees que deseas estar en un determinado lugar. Pero cuando llegas allí, no te sientes tan feliz como habías supuesto. Crees que deseas dinero. Lo consigues, pero tu sed de dinero no hace sino aumentar. Y así sucesivamente. El deseo ejerce una intensa presión sobre ti hasta que comprendes que no existe nada en el mundo capaz de calmarlo por completo. Entonces acudes a la religión profunda y compruebas que el objeto último de deseo es Dios o lo divino, lo misterioso y lo innombrable.

El Cantar de los Cantares bíblico sugiere esta sutil idea:

«*En mi lecho, en la noche,*
buscaba yo al amado de mi alma;
lo busqué y no lo hallé». (3, 1)

A veces, como es natural, el deseo erótico requiere una experiencia sexual y una relación con otra persona. De hecho, encontrar un amante con quien mantener una relación apasionada puede liberar tu tensión erótica y hacerte desear algo más trascendente. Sólo entonces serás libre para explorar tus deseos en la vida. Una buena pareja sexual puede y debe promover el importante papel de Eros en tu vida, y en última instancia un buen amante te conducirá a la fuente misma de tu vida. El sexo no es sólo una metáfora del eros espiritual, sino su vehículo. Puede inducirte a emprender un viaje hacia una lejana meta mientras creas tu propia religión.

Eros: el rápido y abundante caudal de la vida

¿Por qué suele clamar la religión contra el sexo? Por dos motivos: primero, el sexo representa el rápido e inexorable fluir de la vida. *Panta rhei*, dice Heráclito, «todo fluye». La vida viene a nosotros una y otra vez en su gran diversidad de posibilidades. Nos casamos, pero seguimos deseando tener sexo con otra persona o estar con ella. Aunque seamos fieles a nuestra religión formal, se nos ocurren nuevas ideas sobre cómo ser espiritual y cómo vivir una vida moral. Estas cosas no cesan cuando maduramos. Permanecemos en un estado constante de evolución. Pero las religiones formales tienden a pensar en términos absolutos, no aceptan el cambio. A muchos nos inculcaron de muy jóvenes el principio de que «nada fluye».

De acuerdo con tu nueva forma de ser religioso, puedes asumir una actitud positiva sobre el erotismo considerándolo el anhelo de vivir. Puedes incluir la cita de Heráclito en tu «biblia» personal, preparándote para el cambio e incluso deseándolo. De este modo reconcilias tu sexualidad con tu espiritualidad, un importante componente de un nuevo estilo, humano, liberado y visionario de ser religioso. El sexo no sólo inspira alegría en la vida, sino que nos muestra lo inexorable y abundante que es el caudal de la vida.

Hombres y mujeres se quejan de que la vida nunca deja de ponerles a prueba. Acaban de iniciar un trabajo, y ya están pensando en el próximo. Llevan sólo un año casados, y ya se sienten tentados a probar el sexo con otra persona. Eros hace que la vida siga avanzando de forma inexorable. Todos queremos sentirnos vivos, pero las tensiones de la vida cotidiana se nos antojan una pesada carga o un agobio, asfixiándonos. Es evidente que debemos averiguar cómo actúa Eros para aprender a afrontar la presión de su abundancia y su ritmo. Si pusiéramos en práctica todo lo que nos induce a hacer, nos volveríamos locos. Pero ¿cómo resolver su extravagancia, su forma de instigarnos a ir más allá de nuestras posibilidades sin reprimirlo?

Puedes empezar por no personalizar esta fuerza erótica y reconocer que es un aspecto de la vida, no de tu personalidad o de tu pareja. Cuando nos enfrentamos a un reto, nos apresuramos a culpar a la otra persona, porque es el método más sencillo de evitar estar vivo. «Quiero que todo siga igual», decimos a nuestro cónyuge cuando trata de poner en práctica un nuevo proyecto. Es una frase antierótica. Es probable que tu pareja tampoco quiera afrontar este reto. Pero ¿cómo podemos decir no a la vida y seguir sintiéndonos vivos?

Triángulos al servicio de la vida

A menudo Eros representa un problema en un matrimonio, lo cual es comprensible, puesto que se supone que el matrimonio debe ser estable y predecible. No es de extrañar que poco después de que dos personas se casen suceda algo que ponga en riesgo el statu quo. Hillman y Pedraza definen un triángulo como una fuerza dinámica que es a la vez estimulante e infunde vida. El triángulo puede consistir en el típico esquema de una pareja casada cuya estabilidad se ve amenazada por una tercera persona que puede ser un amante, un amigo o incluso un socio de negocios. El tercer factor en discordia puede no ser una persona, sino un trabajo, una afición o un interés intelectual. He conocido a varias parejas casadas cuyo problema era que una de las partes se sentía fascinada por una nueva religión o práctica espiritual.

Los comentarios de Hillman sobre el matrimonio pueden parecer extremos. Sostiene que las fantasías que las personas casadas tienen al principio, fantasías de unión simbolizadas por un anillo inquebrantable, son ilusorias y defensivas. Mantienen el erotismo al margen. Les aterroriza que la estabilidad del matrimonio pueda verse amenazada. Esta situación no puede sostenerse, porque la vida se encarga de eliminar la brutal exigencia de una estabilidad absoluta.

Hillman ofrece una regla general: «Cuanto más insistimos rígidamente en la unidad, más se expande la diversidad».[44] Siempre estuvo a favor de la diversidad, o el politeísmo psicológico, convirtiéndolo en uno de los puntos fundamentales de su psicología arquetípica. Personalmente, cada vez que oigo a alguien insistir en la unidad, en el contexto que sea, me preocupa la represión del alma, que es multifacética y está llena de la riqueza y la tensión de múltiples deseos.

Por tanto, el tercer factor, sea el que fuere —el deseo por otra persona, un nuevo trabajo, el interés por otro país, una nueva afición artística— probablemente alterará el statu quo, la confortable sensación de que todo está bien y en orden, pero permitirá que la vida siga fluyendo.[45] Esta percepción sobre la idea ilusoria de la unidad y la necesidad de un triángulo ha representado para mí un concepto revolucionario. No concibo mi trabajo en teoría o en mi consulta sin él. Hillman sugiere que nuestra necesidad de controlar nuestras vidas e insistir en sentirnos asentados en la estabilidad no sólo es un error, sino una protección emocional contra el dinamismo vital, una alteración de la mente y el corazón. Indica que cuando sucede algo nuevo el efecto puede ser profundamente perturbador, precisamente debido a nuestra acuciante necesidad de estabilidad.

Observamos este esquema en numerosas relaciones corrientes, como una pareja joven que conozco que hace poco tiempo

44. James Hillman, «Schism» en *Loose Ends* (Spring Publications, Dallas, 1975), p. 89.

45. David L. Miller, *Three Faces of God* (Fortress Press, Filadelfia, 1986). Este libro sitúa las ideas del triángulo y de la «tercera parte» en un contexto más amplio, y resume con acierto los pensamientos de Jung, Pedraza y Hillman al respecto.

que están juntos pero el suficiente para haber desarrollado un marcado sentido de unidad en su relación, pues prevén permanecer juntos muchos años y hacen planes para su vida en común. Tienen poco en qué basar sus fantasías, de modo que cuando la mujer se despierte un día y se dé cuenta de lo que le está sucediendo y proponga a su pareja tomárselo con calma e incluso separarse un tiempo, el hombre empezará a tener ideas suicidas o se lanzará a otras relaciones sexuales. La respuesta emocional a la separación puede ser tan desesperada como la insistencia en la unidad.

En la vida religiosa de una persona puede ocurrir algo similar. Te crías en una familia, como yo, aferrada a ciertas creencias y prácticas religiosas. Más adelante asistes a la universidad y descubres un mundo más amplio. Regresas a casa con nuevas ideas y tu familia se preocupa por ti. En su ansiedad, en su idea ilusoria de unidad o su convencimiento de que sólo existe una forma de ser religioso, las ideas de su díscolo vástago les provoca un problema emocional.

El conflicto entre hallarse cómodamente asentado y despertar a la vida merece una reflexión sobre tu religión, porque uno de los puntos débiles de la religión formal, como han experimentado muchos de primera mano, es una entronización sentimental de la idea de unidad y tradición, la cual representa el statu quo. Estos pensamientos supuestamente nobles sirven para defendernos contra lo erótico, contra el mismo principio de vida y vitalidad. Conviene leer a Jung, a Hillman, a Pedraza y a David Miller sobre este tema, por más que sea complejo y difícil.

Trataré de clarificar estas ideas, puesto que son contrarias al sentido común. Pregúntate por qué das tanta importancia a la estabilidad, a la fidelidad e incluso a la duración de un matrimonio. No digo que estas cosas no sean valiosas, pero ¿por qué les concedes tanta importancia? ¿No estamos exagerando el valor de esas cualidades y, en tal caso, alimentando nuestra ansiedad? Quizá nos esforcemos en creer en ellas ciegamente para no afrontar las exigencias del eros. A Eros y a su madre, Afrodita, les interesa profundamente la pasión y el deseo, pero no les preocupa en absoluto la santidad y la longevidad de una relación.

Hay algo en la naturaleza de las cosas que nos hace desear una tonelada de vida, incesante y sin trabas, y otra cosa que prefiere la moderación y el statu quo. ¿Por qué sigue apareciendo el deseo erótico pese a que la gente está tan entregada a su matrimonio? Lo he visto multitud de veces en mi consulta, es un material en el que se basan las historias de ficción y las obras dramáticas. Las imágenes griegas nos ofrecen una respuesta, la cual inspira a Hillman y habla a favor de los triángulos.

El secreto consiste en no considerar una nueva pasión de forma demasiado literal. No te coloques en una situación en la que te preguntes: ¿debo o no seguir mis deseos? Un triángulo es una oportunidad para una nueva visión de la vida y no necesariamente de una nueva relación o interés amoroso. Cuando nos enfrentamos a la tentadora oportunidad de probar otro matrimonio u otra pareja sexual, la cuestión no es necesariamente qué debo elegir, sino qué es lo que la vida me pide ahora.

El hecho de hacernos otra pregunta más importante —¿qué desea el alma ahora?— nos permite permanecer vivos y despiertos en una relación estable, reafirmando al mismo tiempo nuestros votos matrimoniales y nuestras fantasías eróticas. En última instancia el triángulo debería ayudar al matrimonio, siempre y cuando no nos lo tomemos de forma demasiado literal, sino como una invitación a ser más vitales. Entiendo que Hillman

contemple la insistencia en la estabilidad como una idea ilusoria, pero al mismo tiempo yo suavizaría su crítica contra la dicha conyugal y propondría hacer dos cosas a la vez: tratar de
consolidar la intimidad en la relación sin dejar de reconocer las
importantes demandas de la fantasía erótica.

Asimismo, conviene pensar más seriamente sobre el erotismo
como parte de tu vida espiritual. Ser conservador y dogmático
quizá signifique que sostienes tus ideas ilusorias y defensivas de
que resistirse a la vida es positivo. Puedes ser conservador en tu
vida amorosa y sin embargo mostrarte abierto a nuevas ideas y
nuevas formas de vitalidad. No es difícil intuir tu actitud defensi-
va en tus reparos a aceptar nuevos conceptos y nuevas formas.
Son signos de tus ideas ilusorias. Ahora bien, ¿tienes el coraje de
afrontar tus ideas e ilusiones y vivir plenamente?

El sacramento de la sexualidad

Como católico, me enseñaron que el matrimonio es un sacramento, una institución sagrada, algo infinitamente profundo y valioso.
Recomiendo tomar prestada esta enseñanza de los católicos, porque hoy en día tendemos a ver el matrimonio como una mera situación psicológica o una convivencia entre dos personas, un medio para crear una unidad familiar.

Los matrimonios celebrados en una iglesia o un templo contienen un marcado simbolismo que expresa lo misterioso y la
profundidad espiritual del matrimonio. Esa profundidad puede
ayudar a una pareja a ser fieles al matrimonio y no sólo a otra
persona o a un compromiso legal. De esta forma el matrimonio
es espiritual, o de acuerdo con mi definición de la palabra, también religioso. Es interesante que cuando las personas abando-

nan la religión formal, a menudo regresan a ella para celebrar bodas y funerales, dos de los misterios de la vida que requieren religión. Y también es revelador que en una época en que el ritual se ha racionalizado y convertido en educación, las bodas y los funerales estén aún cargados de simbolismo y drama.

Si existe una profundidad emocional y una visión espiritual en un matrimonio, debería ser capaz de soportar los vaivenes eróticos que se producen en la vida de una pareja. El matrimonio puede procurar estabilidad y profundidad cada vez que Eros ofrece una oportunidad de adquirir mayor vitalidad. Todos los aspectos del matrimonio, pero en especial el sexo conyugal, pueden llevar a cabo este importante trabajo del alma. Para algunos, puede ser útil incluir cierta exploración y experimentos, cualidades que son naturales en el erotismo. Si uno no se muestra audaz en el matrimonio, puede hallar la aventura fuera de él.

No me refiero sólo a dejar que las fantasías ocupen un lugar en el sexo físico, sino en la vida erótica del matrimonio en un sentido más amplio. Podéis viajar juntos, interesaros en el trabajo de vuestra pareja, conocer a sus amigos, intercambiar ideas, contemplar obras de arte y películas juntos y comentarlas. El placer, la vitalidad y una nueva vida hacen que el eros permanezca vivo en ambos miembros de la pareja y en el matrimonio. Como es natural, este movimiento erótico más amplio hace que el sexo conyugal resulte además mucho más satisfactorio.

Hoy en día tendemos a adoptar una actitud más psicológica que espiritual en nuestros esfuerzos por insuflar renovada vitalidad en el matrimonio. «Trabajamos» para mejorar el compromiso y la comunicación. Pero es preferible adoptar un enfoque espiritual y dejar que el eros, que constituye tradicionalmente una especie de espíritu, ocupe un lugar más preponderante en al matrimonio.

Si eres capaz de apreciar el matrimonio como un sacramento, quizá comprendas cómo puede intensificar tu satisfacción sexual. El sacramento reside en lo más profundo del alma, y cuando practicas el sexo conyugal, avanzas año tras año hacia esferas profundamente misteriosas. El sexo te conduce a las gloriosas regiones de tu relación. El proceso funciona en ambos sentidos. La espiritualidad del matrimonio intensifica el sexo, y un sexo más intenso hace aflorar la espiritualidad del matrimonio.

La contribución de Jung al matrimonio fue mostrar el papel que tiene el *hieros gamos* alquímico, el matrimonio sagrado, el matrimonio en el sentido más amplio, en el matrimonio humano. Cuando nos casamos, nuestras respectivas historias familiares se unen, al igual que nuestros destinos, nuestras emociones más profundas y perdidas y nuestras relaciones pasadas, que buscan una resolución feliz. Se unen elementos incluso más místicos: la continuación de la raza humana, el deseo de una conexión pacífica entre las personas, y la reconciliación de todos los adversarios. La celebración de un matrimonio no consiste sólo en la unión de dos personas, sino en que todas las diferencias encuentren una solución.

Puesto que el eros confiere vida y vitalidad, con frecuencia desempeña un papel en un divorcio. Una de las partes puede sentirse atraída por otra persona o por un estilo de vida distinto. Quizás él se siente atrapado en una relación que ha caído en la rutina, y ella se siente asfixiada y echa en falta una mayor libertad. De pronto aparece Eros, y ambos deciden poner fin a su matrimonio.

Algunos adoptan una actitud basada en el ego y temen convertirse en fracasados. Otros ven el eros como un espíritu que pone en marcha las cosas, pero no las concluye. En mi consulta, a menudo compruebo que los problemas relacionados con el ego impiden una visión espiritual de lo que sucede. Quizás el problema reside en que la vida debe seguir adelante. Quizás el matrimonio ha agotado su potencial. Quizás ambas partes han cambiado tanto que el matrimonio, con sus limitaciones, ya no les satisface. En estos casos, uno tiene que honrar también al eros y respetar el deseo de poner fin a la situación.

Por otra parte, a menudo es preferible renunciar a los actos heroicos destinados a mejorar el compromiso y la comunicación y centrarse en los aspectos misteriosos y sagrados del matrimonio, honrar los movimientos del eros y colaborar generosamente, en lugar de batirse en retirada por temor. Yo animo a las parejas a explorar las necesidades y los deseos del otro, reflexionar sobre ellos profunda y abiertamente, y decidir si el matrimonio puede adaptarse a ellos, en lugar de a la inversa.

La espiritualidad del sexo

Existen formas de hacer que nuestra vida sexual sea más espiritual sin complicárnosla con ideales sentimentales y conceptos sagrados. Hace años la revista *Tango Magazine* publicó una lista de diez pasos para alcanzar un sexo espiritual.

Ética: trata a tu pareja con honestidad, respeto y amabilidad.

Generosidad: Entrégate emocional y físicamente sin dejar de protegerte o ser cauto. Amplía los límites de tu privacidad y confort.

Ritual: el sexo puede contener un marcado elemento de ritual, convertirse en algo especial, más profundo y trascendente: el momento, la indumentaria, el clima, la música, las velas, el entorno, la utilización de un lenguaje apropiado, aceites y fragancias.

Parejas: sé algo más que un cuerpo. Sé una persona interesante, aportando tu inteligencia, cultura, ideas, valores y talento. Sé una persona auténtica.

Visión: rodea el sexo de una conversación interesante. Compórtate como una persona culta. No pienses sólo en ti. Conecta la mente con la cama.

Contemplación: el sexo puede ser meditativo y sereno. Puede crear una atmósfera sugestiva y de ensueño.

Belleza: la belleza forma parte de la práctica espiritual. Es una forma de trascender lo cotidiano. Valora la belleza de tu pareja y, al menos algunas veces, haz que toda la experiencia sea bella.

Comunidad: no os encerréis en vosotros mismos. Extended vuestro gozo erótico a otros. Dejad que vuestro placer sexual alcance a la comunidad en forma de paz y alegría.

Oración: los monjes siempre han dicho que trabajar es rezar. También lo es la diversión y el sexo. No seas excesivamente beato, pero otorga cierta reverencia al sexo.

Éxtasis: el sexo puede ser una especie de misticismo, si te dejas arrastrar por su hechizo, confiando en tu pareja a fin de perderte de forma positiva.

El sexo y el espíritu reconciliados

En primer lugar, necesitas una filosofía de la vida que honre tu sexualidad. Piensa en ello. Procura llegar a un punto en que comprendes que tu sexualidad no es sólo biológica, sino que constituye tu vitalidad y fuente de poder creativo. Es un recurso positivo para conectar tu alma con la de tu pareja y, en un sentido más general, con la de los demás. Te permite vivir con plenitud en este mundo, sintiéndolo y sintiéndote que formas parte del mismo. Tu sexualidad te hace sensible a la vez que sensual, espiritual a la vez que físico.

La mayoría de personas nos hemos visto a lo largo de nuestra vida involucrados en líos amorosos y hemos hecho cosas de las que no nos enorgullecemos. Al preparar tu religión personal, conviene que reflexiones sobre esas experiencias pasadas y recuperes una parte de tu inocencia, no ingenua y pueril, sino madura y debidamente compleja.

En cierta ocasión, después de una conferencia y en medio de la multitud, una mujer elegantemente vestida, de mediana edad, me dijo en voz baja y tono confidencial:

—Mi marido murió hace un año. Era un amante maravilloso. Echo de menos el sexo. Pero no puedo traicionarlo con otro hombre, aunque haya fallecido. Sé que no puedes ayudarme en esta situación, pero…

En estas situaciones, que son bastante corrientes, procuro improvisar una breve sesión de terapia.

—¿Qué querría él de ti ahora? —pregunté.

Ella asintió con la cabeza.

—Sé que querría que siguiera adelante con mi vida. Supongo que debo liberarme.

—Quizá deberías amar más tu sexualidad. Él la amaba —respondí.

Ella asintió de nuevo.

El problema de esta mujer era un problema espiritual relacionado con su sexualidad. Sentía la necesidad de ser fiel a su difunto esposo. Es comprensible y probablemente tenía que reafirmarse en ello. ¿Quién sabe cuánto tiempo debía seguir siéndole fiel? El momento oportuno debe intuirlo uno mismo. Al mismo tiempo, la mujer desea reanudar su vida sexual. En la vida nos enfrentamos muchas veces a este tipo de dilemas, las múltiples demandas que nos hace la vida. Es el momento perfecto para practicar el politeísmo psicológico: continúa siendo fiel y al mismo tempo empieza a abrirte a una vida nueva. A la cita de Heráclito, «todo fluye», deseo añadir otra verdad fundamental: «Puedes hacer varias cosas al mismo tiempo».

Puede que la mujer que me hizo esa pregunta se sienta abrumada por un sentimiento de culpa. En tal caso, debe confiar en su sexualidad y concederle lo que pueda. En cierto modo, el suyo es un problema ético: ¿cómo debo vivir? No me refiero a la ética como una lista de lo que uno puede y no puede hacer, sino a una elección sobre cómo adaptarse a un cambio importante. En ocasiones, la ética nos exige no hacer lo correcto, sino lo que más nos conviene.

Confiar en tu sexualidad significa comprender que tus deseos, por impropios que sean, tienen sentido. Quizá debas meditar en ellos durante un tiempo, analizándolos hasta hallar una solución satisfactoria. Yo estaba seguro de que esta mujer encontraría una solución. Su sexualidad se había expresado y ella meditaba en ello con lucidez. Quizá le llevaría un tiempo, debido al cúmulo de sentimientos que la muerte de su marido había suscitado en ella, pero al fin hallaría una solución.

Quizá no confíes en tu sexualidad debido a una tendencia a denigrarla, a pensar que constituye tu naturaleza inferior. Procura verla como tu naturaleza superior, la cual te proporciona la energía y el ímpetu necesarios para hacer algo extraordinario con tu vida.

El sexo y el eros son complicados y a menudo nos complican la vida, de modo que nuestras soluciones no son sencillas. Mi inesperada clienta en la conferencia quizá necesite un tiempo antes de poder reanudar su vida sexual con otra persona. Siente el deseo sexual y al mismo tiempo se siente inhibida. Ambos aspectos requieren su atención.[46] Es posible que la mujer tenga que madurar hasta el punto en que pueda hacer dos cosas al mismo tiempo: ser fiel a su marido y fiel a su nueva vida. Es una situación complicada que requiere una solución meditada que tenga en cuenta varios factores. Pero esta complejidad y dimensionalidad son signos básicos del alma, de vivir profundamente, con un firme sentido de los valores, después de una prolongada y estimulante reflexión.

Religión en contraposición a ser religioso

Quizá pienses automáticamente que la «religión» es una institución represiva, ansiosa y autoritaria que te prohíbe disfrutar de las cosas que más te gustan. Jung la calificaba como «una institución de dolor».

Quizá necesites un lenguaje distinto para ser religioso de otra forma: vivir una vida de reverencia, contemplación, una ética sólida; desarrollar el sentido de lo asombroso y maravillo-

---

46. Con respecto a esta interesante cuestión de cómo resolver nuestros deseos sexuales y nuestras inhibiciones, recomiendo el ensayo de James Hillman sobre «la inhibición de la masturbación» en *Loose Ends*. Lo leo con frecuencia no por el tema de la masturbación, sino por cómo resolver el problema de las inhibiciones.

so; o responder de forma creativa a lo misterioso. Si utilizas la palabra «religión», como hago yo, tienes que redefinirla.

Tu religión personal debe aceptar la sexualidad. Debes ser considerado y amable, y actuar con un sentido de la ética. Basta con que añadas tan sólo estas tres cualidades a tu conducta sexual, reglas libres de todo sentimiento de culpa sobre quién, cuándo y cuántos, para empezar a resolver la brecha entre tu Yo religioso y tu sexualidad. Puedes actuar con ética sin ser excesivamente duro contigo y con los demás.

«Actuar con ética» no significa «moralismo». El moralismo es una defensa contra la moral, lo contrario de ésta. Moralidad significa comportarse de forma sensible a las necesidades de los demás y del mundo que está a nuestro cuidado. El moralismo es suponer que sabes cómo debe comportarse todo el mundo y que puede resumirse en una lista de lo «correcto» y lo «incorrecto» que todos deberíamos acatar. El moralismo suele tener un tono negativo y rígido y en él no cabe la consideración o la amabilidad.

La persona que actúa con ética tiene en cuenta la complejidad de la vida y las emociones humanas, e incluye este factor en cualquier criterio sobre lo que conviene hacer, no un relativismo moral, sino una sutileza moral. Por lo general, las personas se vuelven más sensibles en un sentido conforme se hacen mayores, mientras que las pautas moralistas son siempre absolutas.

No he conocido a nadie que no tuviera cierto moralismo. Es oportuno y siempre beneficia al Yo o al ego. No es generoso ni comprensivo. De hecho, suele ser sádico y está conectado a un profundo deseo de castigar. Pertenece a la materia prima de la psique y es preciso refinarlo. Sin embargo, con el tiempo y esfuerzo, puede convertirse en moralidad.

Desarrollar tu propia religión te ofrece la oportunidad de reconciliarte con tu sexualidad. Puedes perdonarte por errores cometidos en el pasado. Puedes incluir tus deseos sexuales junto a tus otros valores de forma que no estorben y causen problemas desde los márgenes. Tu conducta sexual puede convertirse en moral, en lugar de moralista.

Cuando experimentes un deseo sexual que es contrario a tus votos y tus valores, procura despojarte del moralismo potencial que quizá te inculcaron en tu juventud y ten presente aquello en lo que crees personalmente y lo que deseas en tu vida. Debes contemplar el deseo como un deseo, no como una necesidad o una exigencia. Todos tenemos deseos que no es preciso que satisfagamos.

Asimismo, debes interpretar la «tentación» como una indicación de incluir más erotismo en tu vida, más placer y diversión, más conexión con las personas y los amigos. Puedes permitirte ser más erótico en otros sentidos que el sentido de una tentación literal. El sexo puede ser peligroso y destrozar una vida. En esto no debes exigir la perfección, sino hacer lo que puedas. Puedes ser inteligente y emplear el ingenio. A veces la mejor solución es utilizar más la imaginación para descifrar lo que ocurre en tu vida.

Quizá te encuentres al borde de un deseo que podría convertir tu vida en un caos. Incluso en este caso puedes decidir no reprimir el deseo sino concederle cierta libertad de movimientos. Puedes evitar ponerlo en práctica sin necesidad de reprimirlo. Puedes considerar estos momentos como pruebas y no saber cuál será el resultado. Al final, quizá compruebes que si confías en el eros no necesitas tomar una decisión heroica para superar tu deseo erótico. Quizá termines gozando del eros, observando cómo impulsa la vida hacia delante sin tener que ponerlo en práctica.

Cuando te enfrentes al deseo sexual, tal vez tengas que aceptarlo sin ponerlo en práctica necesariamente. No me refiero a que no lo hagas nunca, pero hay otras opciones, especialmente útiles cuando el hecho de satisfacerlo se opone a otras necesidades. Frente a una tentación erótica, la represión es la peor opción. Tendrá un efecto contrario al previsto y te causará un problema más grave. No puedes asumir una actitud pasiva, porque el eros es dinámico: según la mitología, dispara flechas y corre por un sendero de fuego que el viento propaga. La única alternativa es avanzar despacio hacia la tentación y observar atentamente lo que sucede. Según mi experiencia, esta táctica suele desactivar la inmediata presión y permite una atenta reflexión y análisis de la situación.

Un punto de vista espiritual ayuda: sientes tu dedicación al matrimonio, a la amistad o a los valores y te entregas a ellos, pese a sentir la tentación de embarcarte en una seductora experiencia sensual. Gozas sintiendo las dos fuerzas que tiran de tus lealtades, y buscas una solución interesante que honre a ambas. Adoptas el enfoque politeísta. Procuras alcanzar cierta complejidad que puede resultar algo tensa pero en última instancia satisfactoria.

Quizá consideres el eros como el deseo de sentir placer y gozo, no sólo una satisfacción superficial, sino una profunda sensación de plenitud. Yo incluiría el deseo de crear como uno de los dones básicos del eros. Según el mito, Eros es un originador, de modo que sentimos una alegría especial al crear algo original inspirado por el erotismo. El terreno obvio para este tipo de creatividad es el arte, pero el eros puede inspirar originalidad en todos los ámbitos de la vida.

Este tipo de creatividad —originar, sacar algo nuevo a la luz— es muy profunda. Quizá tengas la necesidad de ser creativo y te sientas deprimido y nervioso cuando las circunstancias te impiden crear. Eros puede darte la sensación de que estás vivo y vital y que la vida merece ser vivida.

Cuando leo textos sagrados de las religiones del mundo, percibo en ellos una carga erótica, aunque no haya una sexualidad evidente. Por ejemplo, tanto Buda, «el que ha despertado», como Jesús son figuras célibes, pero yo jamás afirmaría que no eran eróticos. Parecen contener una extraordinaria vitalidad y están íntimamente conectados con el mundo y con las personas. Su creatividad tiene que ver con la vida en sí misma, cómo entenderla y cómo vivirla de la mejor forma posible.

Nosotros podemos emular este sentido profundo del eros espiritual en nuestra vida comprometiéndonos también con la vida y amándola. Podemos ser creativos, al tiempo que meditamos sobre nuestra individualidad y nuestra oportunidad de encarnar una singular forma de poner en práctica nuestro potencial humano.

Un estilo de vida erótico

Una forma en que trato de honrar a Eros para que no me agobie con tentaciones imposibles es confiriendo a mi vida y mi entorno un matiz erótico. Disfruto viendo películas, fotografías, pinturas, esculturas y bailes eróticos interesantes y artísticos.

En el estudio donde escribo tengo varios cuadros eróticos

simbólicos pintados por mi mujer. A cambio, yo le he dado algunos de mis escritos eróticos, escritos para ella y no para el público.

Doy charlas para organizaciones que han sido muy criticadas por su orientación erótica. A veces los lectores me escriben quejándose de mi relación con estos grupos, pero supongo que no conocen los matices del tema. Escribo reseñas recomendando libros de alto contenido erótico que creo que merecen atención, lo cual me vale también algunas críticas. Lo único que puedo hacer es encogerme de hombros. Un mundo dividido entre el deseo y la represión no entiende el lugar de lo erótico. Al parecer mis críticos querrían que yo hiciera lo que hacen ellos, esto es, evitar el erotismo reprimiéndolo.

Cuando recomiendo crear una religión propia e incluir una apreciación positiva y espiritual del eros, me limito a propugnar lo que yo mismo hago. Soy una persona erótica por nacimiento, nací bajo el signo de Libra, la diosa de la sexualidad, con Venus en mi medio cielo. Me siento justificado por naturaleza a hablar en favor de lo erótico.

Veamos otra lista; en ésta se muestra cómo puedes invitar al erotismo a tu vida de modo consciente:

1. Di sí a nuevas experiencias.

2. Sé más sensual que abstracto, en especial si trabajas con números y máquinas.

3. Lleva prendas más coloristas y sensuales al tacto.

4. Mira algunas películas eróticas que contengan cierta belleza y sentido.

5. Aprende a cocinar algunos platos *gourmet*.

6. Deléitate más con tu sexualidad.

7. Observa la regla epicúrea: en medio del dolor o el trabajo duro, busca el medio de gozar de pequeños placeres.

8. Toca y acaricia a la gente cuando te parezca correcto y oportuno.

9. Aprecia y goza del poder de tu sexualidad.

10. Siempre que puedas, combina la diversión con el trabajo.

Me imagino redactando mis propios diez mandamientos eróticos. Eso fue lo que hizo Jesús, resumiendo los diez antiguos mandamientos en un mandamiento de amor, ágape. Pero al parecer los seguidores de Jesús no confían en él a este respecto y suelen seguir el viejo camino de los diez mandamientos estrictos y negativos. El diccionario griego confiere los siguientes significados al término «ágape»: «deseo», «deleite», «afecto», «amor a Dios» y «amor entre el esposo y la esposa». La palabra es utilizada con frecuencia en los Evangelios y suele traducirse como «amor», como en «ama a tu prójimo». El ágape es primo hermano del eros. Jung recomendaba añadir el gozo dionisíaco a cualquier religión que se ha agriado, y yo sugiero regresar al Eros órfico, la fuente creativa de luz y amor. Si tu religión carece de erotismo, también carece de alma.

6

SECULARIDAD ESPIRITUAL

«He comprobado que apaciguo a los dioses mediante un sacramento como bañarme, practicar el ayuno o madrugar, y ellos me sonríen. Éstos son mis sacramentos.»

HENRY DAVID THOREAU[47]

Cuando paseo por las calles de una gran ciudad como Nueva York, Londres o Dublín, me gusta atravesar las macizas puertas de una iglesia y sumirme en la oscuridad y en los olores de las velas y el incienso, dejando atrás las luces intensas y los estridentes sonidos del mundo exterior. La sensación de avanzar a través de una silenciosa oscuridad es grata y reconfortante. Antes de pensar en lo que voy a hacer, el ambiente me atrapa y me sumerjo en un estado contemplativo que es el preámbulo de la oración. Empiezo a meditar mientras me abro camino a través de la sagrada nebulosa de los altares, los bancos y los vitrales.

El alma necesita evadirse periódicamente de la realidad, y un buen edificio religioso te ofrece esta oportunidad. Por este

---

47. Thoreau, *I to Myself* [Cartas a un buscador de sí mismo], p. 40.

motivo, sería un peligro para la sociedad perder estos importantes lugares, y la típica sala de meditación moderna no cumple la misma función.

Pero por necesarias y hermosas que sean las iglesias y demás edificios religiosos, tienen una faceta negativa: pueden erigir una barrera entre lo sagrado y lo secular. Una vez dentro de la iglesia, es posible que el mundo exterior te parezca menos valioso o menos digno, y quizá sientas cierta competencia entre lo sagrado y lo profano, una división que no ha beneficiado a la religión ni a la vida espiritual.

En tu religión personal puedes subsanar esta división entre lo sagrado y lo secular, entre tu visión espiritual y tu vida cotidiana. Esto no significa que debas restar importancia a ninguno de estos ámbitos. Puedes ser tan religioso como quieras o tan secular como quieras, siempre y cuando mantengas ambas esferas juntas como un tándem. Puedes vislumbrar lo sagrado en lo secular, o gozar más de la vida mundana debido a tu visión espiritual.

Thoreau afirma que bañarse es un sacramento. Yo podría decir lo mismo sobre dar un paseo, enseñar algo a tu hijo o pintar tu casa. Estas actividades nos parecen que son sólo seculares porque no se nos ocurre que lo sagrado y el trabajo cotidiano se complementan. Pero si estudias y meditas un poco, aprenderás a apreciar el carácter sagrado en las actividades corrientes, su sacramentalidad

De niño memoricé una breve y elegante definición de un sacramento: «Un signo exterior que significa una gracia interior». Es decir, un sacramento es una cosa o una actividad corriente que, para una imaginación debidamente instruida, significa o apunta hacia un sentido y un poder espiritual más profundo. El sacerdote vierte un poco de agua bendita sobre tu cabeza y lo llama bautismo. Thoreau se baña y dice que para él representa un acto espiritual. Como sacerdotes y teólogos de nuestra propia religión, podemos ver la sacramentalidad en prácticamente cualquier aspecto de la vida cotidiana, pues todo puede poseer una gracia interior.

Por este motivo, los griegos veían a los dioses, las diosas y toda suerte de espíritus en todos los aspectos de la vida. El filósofo Tales decía: «El mundo está lleno de dioses». Estas figuras, lejos de resultar absurdas o ridículas, nos ayudan a ver lo sagrado en cualquier cosa. Podemos hallar a Deméter, la diosa del grano, en un supermercado, y a Hermes, el dios de las encrucijadas, en Wall Street.

Pero la sacramentalidad en una acción no aparece de forma automática. Si eres una persona inconsciente y careces de una religión personal, estas acciones serán sólo seculares. La diferencia estriba en la imaginación religiosa y cierta forma de comportarse. Lee *Walden,* de Thoreau, y hallarás muchas lecciones sobre cómo convertir las acciones más normales y corrientes en sagradas. Por ejemplo, nos advierte contra un desmedido afán de lujo, una recomendación típicamente espiritual: «Nuestras casas deben estar revestidas en primer lugar de belleza, puesto que entras en contacto con nuestras vidas, como el habitáculo de los crustáceos, y no ser excesivamente lujosas».[48]

No deja de ser curioso que tengamos multitud de vastas y complejas instituciones religiosas y no hayamos sido capaces de sacramentalizar la vida cotidiana, mientras que los griegos decían que el mundo estaba lleno de dioses y sin embargo no tenían

---

48. Jeffrey S. Cramer, ed., *Walden* (Yale University Press, New Haven, 2004), p. 39.

una palabra que significara religión. La cuestión es que debemos ver la religión en todo y no como algo ajeno a la vida cotidiana. Quizá no deberíamos tener una palabra que significara religión.

Cuando toco mi piano, le aporto todo lo que aprendí sobre la meditación durante los trece años que duró mi formación espiritual. Como meditador, levanto la tapa y apoyo los dedos en el teclado. Bach, Mozart y Chopin son mis gurús y mis santos. Una hora de tocar el piano es mi *puja,* mi devoción y mi práctica. Lo cual otorga al concepto de *practicar* el piano un nuevo sentido, como si fuera una «práctica espiritual». Pero tocar el piano sin la imaginación de lo sagrado o un contexto más amplio probablemente no sea un acto espiritual. La intención y el estilo convierten lo ordinario en algo espiritual.

Yo utilizo dos palabras para definir lo mundano: «secularidad» y «secularismo». La secularidad significa abrazar plenamente este mundo con todos sus atractivos, placeres y fascinaciones, así como sus conflictos, tragedias e imperfecciones. El secularismo, como todos los «ismos», es una ideología que pretende liberarse de toda influencia religiosa e incluso espiritual. El secularismo tiende a ser el enemigo de la religión. Ve la religión como algo supersticioso, ingenuo y temible. La secularidad, por el contrario, no rechaza el punto de vista religioso.

Tanto la religión como el secularismo han gozado de posiciones extremas durante siglos. Siempre es grato tener un enemigo con quien pelearte, en especial si se trata de una versión de cartón piedra. Las personas religiosas condenan la vida secular como una grave tentación contra la pureza espiritual, por más que entre semana disfruten llevando una vida secular. Los secularistas desprecian la religión, pero suelen mostrarse en contra de una expresión claramente ridícula de ésta.

Tu reto, por tanto, consiste en crear tu propia religión siendo secular en un sentido religioso, o religioso en un sentido secular. Puedes aprender a ver lo secular desde un punto de vista religioso, y a la inversa.

Mi perro, que posee la naturaleza de Buda, me ha dado algunas lecciones sobre lo sagrado en lo secular.[49] Quiere salir dos veces al día, y yo vivo en New Hampshire, donde en invierno nieva y hace un frío polar. Lo saco una noche despejada y oscura. Mi perro hunde el morro en la nieve, como si captara el olor de un ciervo o del perro del vecino. Yo levanto la vista y veo a Orión brillando contra el negro azulado del cielo. Al salir en una noche fría soy consciente de mi existencia terrenal y sin embargo las rutilantes estrellas hacen que me olvide de mí mismo, una y otra vez, y me llenan de asombro. ¿Quién soy en este tremendo contexto, cuál es mi destino y qué significo en este espacio inabarcable de galaxias y múltiples universos? Mi mente no alcanza a comprender semejante vastedad y complejidad, y por más que lo intento no puedo imaginarme ocupando un sitio en este magnífico lugar. No obstante, estoy aquí con mi perro, esperando que haga sus necesidades en la nieve sobre la que se refleja la Vía Láctea, uno de los grandes misterios de mi existencia. Los dos perros de Orión, Canis Mayor y Canis Menor, también están allí arriba, probablemente aprovechándose como el mío de la galaxia de color blanco lechoso.

Si quieres ser plenamente religioso, debes profundizar en tantos misterios como te sea posible, sin olvidar el cielo nocturno. Las religiones lo han tenido siempre muy en cuenta. No debes dejar de ver a los animales como encarnaciones y personifi-

---

49. El clásico *koan* zen de *Gateless Gate*: «¿Tiene un perro la naturaleza de Buda?»

caciones de los misterios. Desde el Cordero de Dios al Anubis egipcio, siempre han formado parte de la religión. Debes saber que la comida es un vehículo hacia lo divino, pues muchas religiones se han comunicado con lo divino a través de comidas rituales. Puedes honrar todas las comidas con un pequeño ritual.

Lo secular y lo espiritual son dos caras de una misma moneda. No existe ninguna separación entre ellos. Si quieres ser espiritual, tienes que vivir plenamente en este mundo, y a la inversa. Si quieres ser espiritual, tienes que vivir plenamente en este mundo de los sentidos y de tu ego. No puedes ser una persona terrenal, sensual y alegre si no te reconcilias con las cuestiones más profundas y espirituales de la humanidad. No sólo tienes una práctica espiritual, sino que el espíritu tiene un impacto directo en todos los aspectos de tu vida. Está imbricado en ti, forma parte importante de quién eres.

A medida que profundice en la vida cotidiana, asimilando la importancia de la naturaleza y de las imágenes, hallarás la forma de acceder a numerosas experiencias místicas en la vida corriente, como mis paseos por la noche bajo las estrellas. Sólo entonces estarás preparado para meditar de forma atenta y consciente sobre toda tu vida y tus conocimientos de lo que ocurre más allá de ésta. La mayoría de personas tradicionalmente religiosas empiezan por el lugar equivocado. Empiezan ocupándose del más allá y pasan por alto lo sagrado y el derecho eterno que tienen ante ellas. No comprenden que para tener una idea consciente del más allá, primero debes apreciar los aspectos eternos de esta vida.

El arte es un buen ámbito para percibir lo eterno, especialmente si está presente con el debido grado de misterio y santidad. Un año visité Siena con mi familia y recorrimos las encantadoras salas del museo Santa Maria Della Scala, en el que algunos pasillos parecen catacumbas y está lleno de prodigiosas obras de arte y objetos numinosos. En Estados Unidos, experimentamos una sensación análoga en el Museo Isabella Stewart Gardner de Boston, donde el arte no está alfabetizado e historizado en categorías, sino que te sorprende con sus espléndidos espacios, nichos y rincones. En estos dos «museos», o *museyrooms*, como decía James Joyce, siempre tienes la impresión de encontrarte en un lugar liminal, entre la vida normal y un encanto absoluto.

En el ámbito del arte en general, lo sagrado y lo secular habitan un pasadizo donde ambos se solapan, dándote a veces la extraña sensación de estar en dos mundos. Esta sensación de dos-mundos-en-uno contribuye a subsanar la división entre la religión y el secularismo.

Prueba esta lección en tu casa y en tu lugar de trabajo: coloca lo sagrado y lo profano juntos de forma insólita. Coloca un Ganesha en un lugar bien visible, donde la gente no espera ver una estatuilla espiritual. Coloca una bonita fotografía de la naturaleza en una capilla o una sala de meditación. Pon música espiritual donde trabajas o crea una pequeña capilla. Utiliza objetos de distintas prácticas y religiones. Nosotros tenemos en nuestro porche de verano una bonita casa de los espíritus de madera tailandesa, hecha a mano, y varios Budas, un orondo y jovial Ganesha y un san Francisco. Me gustaría ver una imagen de Jesús en un *zendo* o sala de meditación. Encajaría perfectamente allí.

Nunca protesto por ver un belén navideño en un lugar secular. Protestar por ello equivale a sustentar la división entre lo sagrado y lo profano y preocuparse innecesariamente de la influencia cultural de la tradición religiosa. Quienes pretenden restaurar el cristianismo y luchan contra la secularidad tienen mucho que aprender sobre la religión, y representan una amenaza. Pero la respuesta adecuada no es defender el secularismo sino expresar nuestro aprecio por todas las tradiciones.

Mezcla lo sagrado y lo secular en tu entorno. Crea un ambiente liminal, un espacio que no pertenece ni aquí ni allá. Las cosas importantes siempre ocurren en lugares liminales, de modo que procura crear una liminalidad. Sorpréndete a ti mismo y a otros negándote a separar lo sagrado de lo profano. Sé consciente del peligro de esta separación y evítala a toda costa. Debería ser una regla de tu religión personal.

Cuando hayas asimilado lo sagrado en lo secular, podrás regresar, si lo deseas, a la religión tradicional con un punto de vista muy distinto. Entonces comprobarás que las enseñanzas y los ritos tradicionales te conducen a las dimensiones místicas y sagradas de tu vida. Éstas tendrán más sentido, no menos, aunque un sentido distinto debido a tu madura espiritualidad.

La alquimia del espíritu

Debido a que Jung combinaba ideas antiguas y modernas y se refería tanto al espíritu como al alma, su obra es rica y penetrante. También es complicada y esotérica. Cuando descubrió la alquimia, creyó haber hallado un lenguaje que servía a la vez para la psique y para el espíritu. Su trabajo se convirtió aún más en una mezcla de psicología y espiritualidad. Para él, no sólo existe la labor de crear una personalidad y una cultura con alma, sino también la labor del desarrollo espiritual, y con frecuencia ambas se solapan. Nos convertimos en personas más interesantes a medida que maduramos espiritualmente, y buena parte de nuestros recursos espirituales la hallamos en lo que aparenta ser el mundo secular.

Hemos visto que el hecho de convertirnos en una persona con un alma bien integrada en su Yo comporta un proceso de autodescubrimiento. Puede llevar largo tiempo, y puede comportar experiencias alegres y tristes, luminosas y oscuras, positivas y negativas. Lo mismo cabe decir sobre el espíritu. Las personas a menudo creen que la espiritualidad es algo fijo e inamovible. Pero la vida espiritual también tiene su lado luminoso y oscuro, sus alegrías y sus tristezas. Requiere una tarea especial que aúne la vida externa e interna. Consiste en varias etapas de maduración. Es una tarea del corazón y de la mente que en el mejor de los casos confiere a la vida cotidiana un resplandor espiritual y a la espiritualidad una base centrada en la experiencia mundana que la hace real. Puede llevar toda una vida conseguir mezclar lo espiritual y lo eterno con lo terrenal y lo temporal. No siempre es fácil ver a los dioses en el día a día, o lo espiritual en lo mundano. Debes aprender a mirar con una imaginación especial, adquirida mediante la práctica espiritual y religiosa. En un extraordinario poema, Rilke dice:

«¡Dioses! ¡Dioses! Antes aparecíais continuamente
y ahora dormís en las cosas que nos rodean».[50]

Como tantos otros poetas, Rilke inspira un sentido de divinidad que es real, pero que no se limita a las creencias. En nuestro mundo moderno, donde tanto la ciencia como la religión

---

50. Traducción de Thomas Moore: «Es hora de que los dioses salgan».

tienden a ser demasiado literales, estos dioses, esta apreciación de lo divino, están dormidos. No sentimos su presencia, de modo que vivimos en un mundo inanimado, un mundo sin dioses y por tanto sin alma.

Algunos creen que los dioses y las diosas son metáforas o imágenes en lugar de categorías psicológicas. Es como creer que tu madre es una metáfora. Las madres ocupan sin duda un lugar imaginista y emocional en la psique, pero son algo más que una metáfora.

Echa un vistazo alrededor de tu casa. ¿Duermen los dioses en ella? ¿O están despiertos? Imagina que estuvieran vivos y despiertos en la cocina, en la sala de estar, en el baño. No habría una diferencia esencial entre una iglesia y un hogar. Y donde los dioses están despiertos, el alma también está plenamente presente y ofrece el don de una profunda conexión y creatividad humana.

No dudes en colocar una buena estatuilla de Buda en el baño, o mejor aún, una hermosa Venus, puesto que el baño constituye sus dominios. Construye una pequeña capilla y enciende un poco de incienso en tu despacho o tu establecimiento. ¿Cuántos edificios de oficinas en nuestras ciudades seculares se beneficiarían de un poco de incienso y figurillas de la Virgen María y de Buda? Restituye una secularidad profunda despojándote de la estética secularista ansiosa y antirreligiosa.

Thoreau vive en un mundo concreto, pero al mismo tiempo está siempre en un túnel del tiempo lleno de mitos, y esta dualidad, esta liminalidad que depende de su imaginación, explica el carácter sagrado de su vida, su intensa religiosidad. Si el hecho de vivir en un ámbito dual —según frase de Rilke— nos parece un dislate, cabe equipararlo a la manía religiosa sobre la que escribió Platón. No es perjudicial. De hecho, es conveniente y necesaria. Sin ella estamos condenados a una existencia monótona y unidimensional única y exclusivamente secular.

En una célebre frase, Joseph Campbell observó: «La última encarnación de Edipo, el continuo romance de la Bella y la Bestia, se encuentra esta tarde en la esquina de la calle Cuarenta y Dos y la Quinta Avenida, esperando a que el semáforo cambie».[51]

Si te sientes saturado de mitos y de religión, verás a Edipo en un grupo de personas, quizás un joven que admira a una mujer que podría ser su madre. Quizá veas a una mujer joven pasear cariñosamente del brazo de un hombre poco agraciado y te preguntes qué historia representa: *¿La Bella y la Bestia?* A veces las tragedias griegas formulan la pregunta importante, cuando alguien es presa de una manía como los celos o un deseo no correspondido: ¿qué dios o diosa se ha sentido ofendido aquí? ¿Cuál de ellos es responsable de esta trágica destrucción de una vida? Hillman dice: «El complejo debe ser depositado en el altar correspondiente, porque afecta tanto a nuestro sufrimiento como al Dios que se manifiesta allí…»[52]

Thoreau, Campbell y Eurípides hacen la misma pregunta por el mismo motivo: ¿Qué mito se representa ahora en la vida? ¿Qué drama sagrado y espiritual se escenifica en lo que parece ser una vida secular?

Otro ejemplo: D. H. Lawrence escribió un poema tras otro según la tradición de buscar el mito profundo en las escenas de la vida cotidiana. Éste se basa en el antiguo misterio egipcio de Isis:

---

51. Campbell, *The Hero with a Thousand Faces* [El héroe de las mil caras], p. 4.

52. James Hillman, *Re-Visioning Psychology* [Re-imaginar la psicología] (HarperCollins, Nueva York ,1975), p. 104.

«Cuando esperaba sentado en una mesa en la terraza de un
  hotel, abstraído,
vi de pronto dirigirse hacia mí, risueña y contenta,
avanzando con la lenta velocidad de un barco que entra con
  sus velas blancas en el puerto,
a la mujer que me busca en el mundo,
y por un instante era Isis, resplandeciente, que acababa de
  encontrar a su Osiris».

Según el mito, Isis buscaba los restos de su amado y despedazado Osiris. La mayoría de nosotros querríamos que Isis nos buscara y ayudara a reconstruir nuestra vida. También puede ser el espíritu de bondad y amor que un día se topa con nosotros y nos ayuda a ser menos dispersos y más centrados. Reflexiona sobre este mito en tu vida. ¿Te ha ayudado alguien a recomponer tu vida después de una trágica desgracia?

Al leer estas páginas, quizá crean algunos que el mito es una mera alusión literaria: qué agradable resulta hallar la mitología en la vida cotidiana. Pero si lees con más detenimiento a Lawrence, Jung, Rilke y Thoreau, observarás que tienen un ojo clínico para vislumbrar lo sagrado y lo espiritual en la vida cotidiana. Se toman muy en serio su visión teológica en virtud de la cual lo eterno aparece a través del lenguaje del mito. Conocen el mito, y por tanto ven lo sagrado en lo normal y corriente. No juegan con imágenes literarias, sino que descubren lo profundo de sus almas.

Lo sagrado en lo normal y corriente

Dos hombres de negocios en nuestra pequeña ciudad quieren habilitar un edificio de estilo clásico, viejo y abandonado, en un pequeño hotel. Lo ven como una excelente oportunidad comercial, pero al mismo tiempo quieren evitar la implantación de grandes cadenas comerciales y desean convertir nuestra ciudad en un lugar atractivo para los visitantes. Como exmonje, yo lo veo como el deseo de practicar el voto de hospitalidad. Podría ser una actividad espiritual y formar parte de la religión de la ciudad. De acuerdo con la regla de que los seres humanos podemos hacer más de una cosa a la vez, uno puede tratar de ganar dinero y hacer al mismo tiempo una contribución religiosa.

Si estos dos hombres piensan sólo en la posibilidad de obtener un beneficio económico, dejarán de lado el aspecto espiritual de su proyecto y, si tienen éxito, no obtendrán las profundas recompensas que ofrece la religión. Si ven su proyecto sólo como un negocio secular, éste no tendrá la profundidad que podría tener. Si tienen en cuenta la ciudad, los visitantes y los valores importantes, estarán poniendo en práctica su religión personal. Sospecho que serán capaces de hacer ambas cosas: obtener un beneficio económico y obrar como monjes.

Para evitar el secularismo en su proyecto, los empresarios deben tener muy en cuenta el valor de la hospitalidad y la vitalidad de la ciudad. Constituyen valores espirituales que ocupan un lugar tanto en su religión personal como en la vida religiosa de la ciudad. En el diseño y la construcción del hotel deben tener presente que uno de los principales objetivos es crear el espíritu de amabilidad y hospitalidad. Si lo hacen, sospecho que la ciudad prosperará, porque las empresas humanas que se apartan de los valores sagrados no poseen la profunda visión y los valores necesarios para que perduren en el tiempo.

Aquí llegamos a otro principio de la nueva religión: lo que nos proporciona salud es lo espiritual y lo sagrado. Lo puramente secular tiende a hacer que enfermemos emocional y físicamente. Esto es aplicable tanto a una comunidad como a un individuo. El secularismo no tiene en cuenta el alma ni lo sagrado, lo cual puede incidir en nuestro bienestar de forma negativa.

La salud de nuestra ciudad requiere un importante acto de hospitalidad. Si este hotel llega a construirse, será debido a la religión natural de estos dos hombres y al amor de la ciudad. A menudo las personas no dan importancia a la idea de que Dios es amor, pero si nos tomáramos en serio este concepto teológico, comprenderíamos que nuestra religión funciona sobre el principio del amor. La hospitalidad es una forma de amor y por consiguiente una virtud teológica.

Por cierto, no se me ocurriría acercarme a estos hombres visionarios y decirles que se comportan como buenos monjes. Hacen lo que les inspira a hacer la espiritualidad de su corazón. Yo soy teólogo. Busco siempre lo sagrado en lo secular para difundirlo y sustentarlo. Es mi deber, y la misión de los poetas es tener una visión que percibe lo sagrado cuando aparece en lo secular.

A veces lo sagrado es profundo

A menudo lo sagrado está oculto en el tejido de lo secular, y sólo un ojo alerta y preparado es capaz de verlo. Con frecuencia resulta útil establecer una comparación entre una experiencia secular familiar y una experiencia correspondiente contenida tradicionalmente en la esfera de la religión formal. El estudioso de religiones Mircea Eliade, que dirigió durante muchos años el programa de estudios religiosos en la Universidad de Chicago, era un maestro a la hora de hacer estas comparaciones.

En una entrada en su diario fechada en 1973, Eliade reflexiona sobre la ceremonia japonesa del té y cita una antigua norma:

> «La esencia de la ceremonia del té
> consiste simplemente en hervir agua,
> preparar el té y beberlo.
> ¡Nada más!
> Esto debe entenderse bien».

¿Qué es lo que debemos entender bien? Eliade sostiene que los gestos más naturales y significativos adquieren un carácter soteriológico, salvador, diría yo, rebosantes de alma y espíritu. Eliade concluye diciendo: «Así, los humanos pertenecen a varios universos —cósmico, estético, religioso— sin ruptura y sin contradicción».[53] De esto se trata precisamente: habitamos en varios universos al mismo tiempo, inclusive uno secular y otro sagrado. Si tu imaginación es capaz de alcanzar un punto en que las palabras de Eliade tienen sentido para ti, significa que estás preparado para convertirte en un teólogo de nuestra época. Su frase «sin ruptura» es clave.

A mi entender, sin embargo, las palabras más significativas de la norma sobre la ceremonia del té son «Nada más». Para que una cosa o una acción sea espiritual, no es preciso adornarla con

---

53. Mircea Eliade, *Journal III: 1970-1978*, trad. Teresa Lavender Fagan (Chicago University Press, Chicago, 1981), p. 134.

una excesiva palabrería espiritual. No decimos la ceremonia sagrada del té. No pronunciamos una serie de oraciones antes y después de ella. Dejemos que lo sagrado hable por sí mismo.

Ocurre lo mismo cuando te bañas. Lo importante es la intención. Haz que sea sensual, placentero y relajante. ¡Nada más! Cuando salgas a pasear, pasea. No practiques una forma de meditación que estás aprendiendo. Cuando bebas café, bebe café. ¡Nada más! Tu imaginación y preparación harán que la experiencia sea espiritual y llena de alma.

Otro apasionado observador con una firme religión personal, el psiquiatra R. D. Laing, nos conmina a ver lo sagrado en los momentos de locura: «La verdadera santidad comporta de algún modo la disolución del ego normal, ese falso Yo oportunamente adaptado a nuestra alienada realidad social; la emergencia de los mediadores arquetípicos "interiores" del poder divino, y a través de esta muerte un renacer, y en última instancia el restablecimiento de un nuevo tipo de función del ego, que se convierte en sirviente de lo divino y deja de traicionarlo».[54]

Laing nos dice que en nuestra vida normal, cuando tenemos un marcado ego, podemos traicionar lo divino. Nos volvemos demasiado seculares, ejercemos demasiado control. No apreciamos otra voluntad, destino y suerte. Fabricamos una mentalidad secular que se niega a aceptar ningún aspecto de los hechos cotidianos como divinidad, y de ese modo, según una célebre frase de Laing, la crisis depresiva da paso a un hecho trascendental. Las estructuras del ego se desmoronan y la divinidad aparece de nuevo.

---

54. R. D. Laing, *The Politics of Experience* (Pantheon Books, Nueva York, 1967), pp. 144-45.

Podría escribirse un libro sobre el ego como «sirviente de lo divino» y sobre la disolución del ego normal, que estaría en consonancia con éste. Pues una religión personal posee un aspecto psicológico. Tiene que ver, según afirma Laing, con salir del limitado sentido del Yo o del Yo como una habitación cerrada. No tienes que saber lo que hay fuera de la habitación de tu mundo, pero tienes que abrir la puerta.

Imagina que sientes, como han descrito tantos escritores espirituales, que en el fondo de tu corazón hay una fuente o una fuerza divina y que tu ego o sentido del «Yo» es un instrumento de esta divinidad. Sientes tu valía y te esfuerzas en obedecer en lugar de controlar tu destino. Dentro de ti, psicológica y personalmente, llevas una religión compleja y fecunda.

Cuando Platón describió la religión como una forma de manía positiva, indicaba también el valor de salir del ego normal. Esto significa buscar cierta distancia de la normalidad. Uno debe hallarse en un estado descrito por Emerson y algunas poesías sufíes como de «embriaguez». Se trata de un estado anímico inusual, pero creativo. Los griegos lo definirían como estar poseído por Dionisio, el dios del vino embriagador.

Norman O. Brown, influido por Freud al igual que Laing y sin embargo sensible a la religión en un sentido profundo, explora esta idea en un libro que me gustaría haber escrito yo, *Love's Body*. Ha sido mi compañero durante muchas décadas. Jamás me canso de leerlo, en especial el capítulo titulado «Resurrección», que contempla el símbolo y la metáfora como el medio de detectar lo sagrado en lo secular. «La interpretación simbólica de lo antiguo lo convierte en nuevo; es la vara de Aarón que reverdece; las aguas amargas del Mara que se tornan dulces […] La vida es como el Fénix, que renace siempre de su muerte. La verdadera naturaleza de la vida es la resurrección; toda vida es vida después de la muerte, una segunda vida, una reencarnación».[55]

Las enseñanzas esenciales de Jesús se centran en esta suerte de resurrección, la revelación de una oculta y fecunda posibilidad en la vida humana. Inciden en llevar la vida a un nuevo nivel, realizar el cambio crucial de una vida gris e inconsciente a una concienciación de las profundas y vastas posibilidades que se nos ofrecen, en especial la de vivir desde el amor, en lugar de hacerlo desde una persistente amargura. Brown define este cambio como una resurrección. La vara de Aarón que reverdece, el Fénix que renace de sus cenizas, el agua que se torna dulce (en los Evangelios el agua se convierte en vino, otra imagen natural de la resurrección). Los maestros zen describen el despertar conocido como *satori* en términos similares.

Una vida puramente secular está muerta porque sólo le interesa lo físico y las interacciones físicas. Está atascada en el literalismo. La reflexión, en especial en forma de meditación, el arte y la escritura hacen que nos despertemos. Estar en sintonía con los misterios que hay en nuestra vida es contemplar el espíritu o lo sagrado en nuestras experiencias seculares. Y esta percepción de lo sagrado transforma la vida, la eleva a otro nivel. Hace que estemos vivos en vez de muertos y hace que el mundo resucite.

La teología de la resurrección que hallamos en varias tradiciones religiosas se refiere a tu resurrección, ahora, en esta vida. ¿Quieres que tu alma permanezca muerta? ¿O despertar con una imaginación espiritual, una apreciación de lo sublime? La persona resucitada tiene el corazón abierto y una mente perspi-

---

55. Norman O. Brown, *Love's Body* (University of California Press, Berkeley, 1966), pp. 205-206.

caz. Cuando su alma estaba muerta, era incapaz de compasión. Ahora que ha resucitado, su corazón ha despertado y está abierto. Cuando su alma estaba muerta, lo juzgaba todo según las apariencias. Ahora ve a través de lo literal, gozando del precioso poder de percepción que revela los múltiples niveles de sentido en cada acontecimiento, persona y objeto en este mundo.

¿Cómo resucitas en tu vida cotidiana? Aprendes a ver los grandes misterios a través de lo literal que te rodea. Pongamos que te enfadas con tu hijo por no obedecerte. En lugar de echarle una bronca por no ser «bueno», retrocedes y observas el drama a mayor escala, el mito, los dioses que participan en él. Ofreces un pequeño sacrificio al niño eterno en ese pequeño encuentro. Sientes al niño en tu interior: tu infancia, tu psique infantil. Comprendes que no necesitas que te obedezcan, necesitas amar. Sientes el egocentrismo en tu ira y te liberas de ella por el bien del niño.

Enciende una vela. Quema un poco de incienso. Invoca al dios. Concede al gran misterio la importancia que merece. No te comportes como un dios ofendido. No eres un dios. Eres un padre —o una madre— cuya misión es ayudar al niño a aprender las normas de convivencia y hallar un terreno intermedio entre el deseo de vitalidad y la necesidad de respetar las reglas de la familia y de la sociedad. Si estás enfadado, probablemente te identificas con el dios, un error típico, pero grave. El ego que ocupa el lugar que debería ocupar la religión.

Muchas actividades habituales seculares son más sagradas de lo que parecen. Utilizaré de nuevo el ejemplo de la música clásica, aunque tú puedes contar tu propia historia sobre tu género musical favorito.

Las *Variaciones Goldberg* de J. S. Bach siempre me han fascinado. Me parecen sublimes en el sentido más amplio de la palabra, tan excelsas espiritualmente como el Vaticano y tan penetrantes para el alma como una enseñanza zen. Glenn Gould es famoso por haberlas grabado en dos ocasiones, con su increíble destreza y su audaz e inspirada interpretación. En mi setenta cumpleaños, mi amigo, el eximio músico y pianista George Lopez, tocó las *Variaciones Goldberg* en mi casa para un pequeño grupo de amigos. Su inspirada interpretación convirtió la velada en un momento especial en mi vida que siempre recordaré, no como un entretenimiento, sino como un hecho sagrado.

Posteriormente me enteré de la extraordinaria historia de Simone Dinnerstein, quien, después de que el daimon que llevaba dentro se despertara al oír la versión de Glenn Gould de las *Variaciones Goldberg*, orientó sus estudios de piano en otro sentido y halló su propia visión de esta obra. Yo creía que Gould representaba para mí la perfección, pero la interpretación de Simone poseía una vitalidad y una ligereza que me obligó a replantearme esta opinión.

Leí una entrevista que le hicieron en la que Simone afirmaba que las personas que escuchaban sus interpretaciones al piano tenían experiencias místicas. Como de costumbre, me tomé la palabra «místicas» muy en serio. Pensé que su forma de tocar y sus reflexiones encajaban perfectamente en mi plan de escribir sobre una religión natural y personal, de modo que le propuse que nos reuniéramos para conversar.

Una mañana de invierno, ella, su marido y su joven hijo pasaron por la ciudad donde vivo y vinieron a mi casa, y mientras el padre y el hijo jugaban al billar americano en nuestra mesa de billar de tamaño regular (algunos recordarán la conexión en la vida de Mozart entre el billar y la creatividad musical), Simone y yo conversamos sobre música y arte.

Con su estilo sereno y reflexivo, me habló sobre su experiencia como pianista. Me contó que tiene que escuchar la música mientras toca porque le indica cómo debe ser interpretada. Le complace que el público comparta su experiencia de escuchar y transmitir lo que ella oye en la música. Ha comprobado que las personas que asisten a un concierto tienen una necesidad espiritual de música y no se conforman con una mera relación con el intérprete. Ella misma prefiere asistir a un concierto en el que el intérprete explora la música no sólo externa sino interiormente, ofreciéndole la oportunidad de participar.

«Cuando grabé las *Variaciones Goldberg*, fue la primera vez que prescindí de todo, excepto de lo que oía.» «Todo» eran las ideas sobre cómo había sido interpretada esta obra hasta la fecha o cómo debía ser interpretada, la obsesión con una técnica perfecta y no tocar una sola nota equivocada. «Yo no medito —dijo—, pero imagino que esto es lo que debe de ser la meditación: perderse uno mismo.»

Le dije que mi experiencia al oírla tocar era que ella había descubierto algo en la música que yo no había percibido hasta entonces. Utilizando su refinada habilidad técnica, es capaz de hacer que aflore la cualidad oculta y desconocida que encierra la música, no sólo su concepto de la misma. Quienes la escuchamos tocar aguardamos impacientes la revelación de este mundo nuevo en el arte, en el cual nos abstraemos. Deduzco que Simone cuenta con seguidores especiales que están dispuestos a experimentar nuevas revelaciones. Cuando la oigo tocar, recuerdo de nuevo las palabras de Jesús: «Si partes leña, yo estoy allí». *Toca las teclas; yo estoy allí.* Cuando Simone interpreta las *Variaciones Goldberg* a su manera, tenemos la fortuna de escuchar el mundo interior de Bach, que constituye una sublime visión espiritual.

«Yo me crié sin ninguna religión», me dijo al comienzo de nuestra conversación. Sin embargo, ella y su público son conscientes de que hay algo en su forma de tocar el piano que te transporta a un lugar espiritual. Pese a haberse criado sin una religión formal, Simone Dinnerstein es capaz de ofrecer a las personas una experiencia mística. A mi modo de ver, es una teóloga en el mundo de la música y una maestra de una determinada disciplina espiritual en la que su método requiere un piano.

Del mismo modo que no tengo reparos en afirmar que la extraordinaria visión de Edgar Mitchell de su planeta y el cosmos es una auténtica experiencia mística y una religión en un sentido real, entiendo que las personas que asisten a un concierto de Simone viven una auténtica experiencia mística cuando la oyen tocar. Toca de una forma religiosa, no en un sentido sentimental o pretencioso. Al igual que un monje, dedica su vida a practicar y luego se entrega a la liturgia de la interpretación. «Es un trabajo duro», me confesó sobre sus esfuerzos por conservar la maestría técnica necesaria para hacer aflorar la espiritualidad de Bach y de Schubert. Sí, el opus es un trabajo duro.

CUARTA PARTE

UNA VIDA POÉTICA

«Thoreau se levantaba cada mañana y se encaminaba al bosque como si jamás hubiera estado allí, de forma que lo que había allí penetraba en él como un líquido en un vaso vacío.»

JOHN CAGE

7

EL ARTE COMO SENDERO ESPIRITUAL

«Hay poetas que conocen la vida, que conocen
sus problemas, y que sobreviven salvando las
corrientes.
Y que pasan a través de la tristeza hacia la
plenitud.»

PABLO NERUDA

El primer acto es despertarte. Un día sientes algo dentro de ti
y te despiertas de la ignorancia y de la pura inconsciencia.
Te despiertas tras años de no haber prestado atención a las cosas que importan realmente. Te despiertas a una nueva visión
de tu mundo y del lugar que ocupas en él. No es por azar que
Buda se llama «el que se despertó», y que Jesús encarga a menudo a sus discípulos que se mezclen entre la multitud y despierten a las gentes.[56] Algunos momentos del despertar son minúsculos. Apenas reparas en ellos cuando se producen, y no te

---

56. Es mi traducción de una frase que a menudo es traducida como «resucitar a los muertos» e interpretada de forma literal. La palabra griega puede significar «resucitar» o «despertar», y «muerto» puede significar «mentalmente dormido».

percatas hasta más tarde de que tu mundo ha cambiado. Con suerte, te despiertas repetidas veces durante tu vida, y no cesas de despertarte al tiempo que haces nuevos e importantes descubrimientos.

Si realmente deseas ser religioso en una cultura que ha perdido una religión profunda debido a sus costumbres seculares o a sus superficiales prácticas religiosas, es preciso que descubras el poder de las artes. Necesitas más ventanas que se abran a la eternidad y no puedes prescindir de los portales especiales de la música, el teatro, la poesía, el baile y todas las modalidades de crear imágenes. En un medio sagrado, el arte no es una opción sino un elemento esencial.

He tenido multitud de experiencias de despertarme a través del arte. Una sucedió en un teatro en Nueva York cuando vi a Richard Burton interpretar el papel del psiquiatra en la obra *Equus*. La obra me impactó, al comprobar cómo el teatro moderno podía explorar tan profundamente y de forma tan imaginativa un material religioso, pero el mayor impacto se produjo cuando Burton salió a escena. No tuvo que decir una palabra. Su presencia bastaba para conmover a cualquiera que aprecie el arte de la interpretación y la presencia escénica.

El momento en que apareció Burton se me ha quedado grabado y es como la aparición de las musas. Lo evoco cada vez que tengo que mostrarme creativo en público. Forma parte de la sabiduría que sustenta mi religión personal. Hago mi aportación al mundo a través de mis palabras, mi arte, que es también mi ética. Mi recuerdo de Richard Burton en escena me ayuda a mantenerme en contacto con mis intenciones y poderes sagrados.

Mi despertar al arte se produjo a lo largo de muchos años y muchas experiencias, como numerosas lucecitas que se encienden de una en una. Ciertas pinturas, edificios, música y libros han encendido una vela en mi imaginación y me han permitido afrontar mi destino. Tu despertar a las posibilidades de una religión personal puede producirse también en pequeños incrementos. Tu tarea consiste en mantenerte alerta y receptivo.

¿Cuál es el propósito profundo del arte?

El arte te permite jugar, expresarte, representar, honrar, sanar, enseñar, santificar, codificar y explorar ideas. En la cultura occidental el arte a menudo es conceptual, presentando ideas y valores, pero también representa los temas míticos o arquetípicos de dos mil años de una vida llena de retos. En las culturas tradicionales, el arte suele tener un estrecho vínculo con el ritual y el entorno del hogar. Confiere un resplandor sagrado a muebles y utensilios, y en el baile, la música y el teatro, contribuye a guiar a una persona a través de los pasajes de la vida. Puedes aprender de muchas tradiciones la forma de aproximar el arte al círculo de tu espiritualidad.

Algunas tradiciones rodean la creación artística de rituales sagrados. En Japón, los ritos tradicionales milenarios forman parte de la construcción de un templo, desde la selección de la madera a los últimos toques en la decoración. En la India, las imágenes de dioses y diosas son creadas mediante un largo proceso de ritos y honores tradicionales. En África, las imágenes son bañadas y luego cubiertas con alimentos y flores. En algunas sociedades la gente honra una nueva obra de arte con festejos y celebraciones.

Nosotros lanzamos una nueva obra de arte con una «inauguración» en una galería, pero colocamos el foco sobre el artista. Nuestra celebración suele ser una ceremonia rudimentaria, en lugar de un auténtico rito destinado a honrar la imagen y darle la bienvenida a nuestro mundo. Tendemos a ser personalistas, una tendencia que representa un narcisismo cultural en lugar de religión. Pero la verdadera religión reside debajo de la superficie de nuestros lanzamientos e inauguraciones. Lo único que debemos hacer para convertirlos en sagrados es penetrar debajo y más allá de lo secular y ser más explícitos sobre los elementos espirituales.

Un breve ejemplo: cuando mi vecina Katrina Kenison me pidió que la ayudara a lanzar su nuevo libro en nuestra pequeña ciudad, acepté encantado. Había escrito un interesante libro sobre la vida doméstica. En sus libros crea un entorno secular en el que busca lo sagrado.

Nuestro librero local estuvo presente y participó en el acto, puesto que desempeña un destacado papel en la espiritualidad de nuestra comunidad, creando un espacio y eventos para reunir a la gente, poniendo a nuestra disposición libros interesantes en una época en que las librerías están desapareciendo, y cuidando a los autores locales. En otro contexto, sería una especie de pastor espiritual.

Katrina tuvo la imaginación de llevar a cabo un sencillo pero sincero ritual eligiendo una sala especial con paneles de madera que, a mi modo de ver, tenía connotaciones monásticas y creando para la ocasión, con su estilo y atención al detalle, un entrañable ambiente de comunidad. El lanzamiento de un libro puede formar parte de la religión natural de una comunidad si se hace con la reverencia y sensibilidad de un ritual. Lo secular se convierte en sagrado sin perder su grata secularidad.

El arte como casa del espíritu

Tendemos a considerar el arte como la autoexpresión del artista o como significados cifrados, pero los filósofos del Renacimiento y algunas culturas tradicionales utilizan el arte como una forma de poder. Afirman que cuando unas imágenes están bien creadas y representan con rigor a una poderosa figura, como la diosa Venus o el espíritu de un árbol, el artista ha logrado captar, alojar y poner a nuestra disposición el espíritu de esa figura. Cuando contemplas la estatua o el cuadro, recibes al espíritu asociado a la obra de arte, el cual puede sanarnos y alimentarnos. Según un mito muy extendido, descrito en primer lugar por el polímata árabe Al-Kindi, una obra de arte puede absorber ciertos rayos de los planetas y las estrellas y hacer que ese espíritu sea accesible a quien contempla dicha obra de arte.

En la India, las imágenes suelen considerarse presencias; la estatua del dios es vestida, ungida y transportada en procesión, incluso protegida del sol con una sombrilla. En la creación de la imagen, numerosos ritos marcan cada estadio hasta que, por fin, la estatua recibe sus ojos con los que puede ver a sus devotos en el *darshan*, el encuentro ritual y trascendental con lo divino, donde es importante que el venerador sea «visto» por la deidad. En su hermoso libro sobre las imágenes en la India, Richard David, un estudioso de religiones, observa que las estatuas y las pinturas son translúcidas: «Aunque la obra de arte tenía en sí una notable presencia, al mismo tiempo permitía al espectador ver *con mirada piadosa*, a través de ella, *con el debido espíritu de devoción y conocimiento*, la realidad trascendente de la deidad».[57]

---

57. Richard H. Davis, *Lives of Indian Images* (Princeton University Press, Princeton, 1997), p. 23.

Quisiera resaltar algunas frases: «un espectador con el debido espíritu de devoción y conocimiento» y «con mirada piadosa». Para incluir el arte en tu religión personal, tienes que abandonar la costumbre moderna de ver las imágenes como representaciones inanimadas. Es una actitud superficial hacia el arte, por más que lo encontremos en nuestros grandes museos. En la India el devoto se halla en presencia de un Shiva o Krishna y contempla a la deidad, por decirlo así. Está dispuesto a contemplar una imagen religiosa y obtener de ella más que de lo que obtendría una persona puramente secular. Tiene «la mirada piadosa», en lugar de la mirada de un turista que se limita a mirar imágenes. Le han enseñado, en su formación espiritual, a ver. Lamentablemente, no he visto en ningún aula de una institución religiosa moderna, ni tampoco en una escuela de Bellas Artes, que enseñen a ver de una forma sagrada.

Contempla una pintura del nacimiento de Jesús. Quizá sientas el espíritu navideño o el optimismo que representa este nacimiento. Contempla a Buda o a Quan Yin en reposo y siente cómo tu cuerpo y tu mente se calman. El arte tiene el poder de afectarnos y por ello ha formado parte de las tradiciones espirituales del mundo durante toda la historia de la humanidad. Pero es un poder que actúa en dos sentidos: el observador debe saber estar en presencia de la obra de arte para que ésta tenga un impacto sobre él.

Un año me sentí intranquilo porque me di cuenta de que no teníamos una imagen de Quan Yin en nuestra casa. Es la venerada *bodhisattva,* una especie de santa en China. Es una figura grácil y sanadora, con frecuencia representada con una vaporosa túnica y conocida como «quien oye los lamentos del mundo».

Una vez que hayas establecido una conexión seria con las

tradiciones espirituales del mundo, quizá sientas la necesidad de ciertos objetos y rituales. Yo sentía su ausencia, de modo que hallamos una Quan Yin exquisita, hecha a mano de una madera ligera, de un color cálido, original y evocadora. Ahora está presente en nuestra casa, con todos los poderes sanadores, tranquilizantes, benévolos y humanizantes de esta *bodhisattva* venerada en todo el mundo. Ahora me siento más tranquilo, aunque procuro contemplar imágenes de ella de mayor porque sé el gran poder espiritual que posee su imagen. A veces el tamaño es un factor que hay que tener en cuenta.

Como parte de una práctica religiosa informal, podrías colocar obras de arte en tu casa y en tu lugar de trabajo e introducir lo sagrado donde antes sólo cabía lo secular. Pero como todo lo relacionado con esta religión natural de confección casera, el arte no tiene que representar necesariamente un tema religioso tradicional, como una Quan Yin o un san Francisco. Puede ser una fotografía de la naturaleza, de una ciudad o de un rostro humano. Puede ser un cuadro que infunde una profunda paz, como las magníficas pinturas de tonos oscuros de Mark Rothko en su capilla en Houston. Puede ser una escultura de hielo impermanente de Andy Goldsworthy, conocido por su reverente trabajo con materiales de la naturaleza salvaje. Incluso puede ser un inquietante cuadro de Lucian Freud mostrando la complejidad emocional y la fealdad física humana. La religión no tiene que ser siempre serena y hermosa.

«*Esa cualidad onírica*»

Una artista que ha atraído a un gran número de seguidores y cuya obra posee una cualidad sagrada sin temas explícitamente religiosos es Georgia O'Keefe, de quien he hablado con anterioridad. Cuando este libro se estaba gestando, visitamos su museo en Santa Fe, y la búsqueda que llevó a cabo a lo largo de su vida me dio la idea de una religión propia.

En una carta que escribió en 1930 decía: «El color es una de las grandes cosas en el mundo que, a mi entender, hace que la vida merezca ser vivida, y he llegado a la conclusión de que la pintura es mi intento de crear algo equivalente pintando el mundo y la vida como los veo». Esta frase es difícil de analizar, pero está claro que O'Keefe opinaba que el color hacía que la vida mereciera ser vivida y utilizaba su potencial espiritual.

O'Keefe no se consideraba una persona religiosa, pero eso no importa. No era inconsciente. Extraordinariamente receptiva a cuanto la rodeaba, poseía valores profundos y una gran sensibilidad. Sus cartas revelan que tenía un marcado sentido de la ética; su pintura es abierta y honesta, explorando la profundidad de las cosas. Sus flores y sus calaveras nos conducen a profundidades inmensas, el misterio de quiénes somos y la interacción de la vida y la muerte.

Decía que adoptaba un punto de vista corriente y lo convertía en algo especial. En una exposición de sus cuadros se percató de que a sus paisajes les faltaba algo importante: «No había trabajado en ellos después de haberlos pintado en el exterior, de modo que les faltaba mi recuerdo o esa cualidad onírica que les doy, que a mi entender se asemeja más a la realidad que mi trabajo objetivo».[58] Esa cualidad onírica que presta a sus cuadros tiene como fin convertirlos en arte y otorgarles su visión.

---

58. Cowart, Hamilton y Greenough, *Georgia O'Keefe,* p. 206.

Toda obra de arte eficaz presta una cualidad onírica a nuestro mundo objetivo, haciendo que la obra cobre vida y nos transmita su poder espiritual. Es como si O'Keefe diera ojos a sus cuadros como toque final del proceso. Hay una diferencia entre una fotografía simplemente informativa de una calavera y una pintada por esta artista.

Todo el mundo puede aportar una cualidad onírica a la vida y a su trabajo: una imaginación activa, mantenerse abierto a la inspiración y la capacidad de revelar la esfera espiritual que permanece invisible. Al igual que Georgia O'Keefe dependía de su espiritualidad mundana para hacer aflorar lo eterno en lo corriente y normal, tú también puedes hacer que toda tu vida y todo lo que contiene sea sagrado. Puedes evocar en todo lo que haces lo sagrado de la vida material y sensual. Muchas personas tienen el potencial, pero no la conciencia que despierta en ellas esa cualidad onírica, su imaginación sagrada, que las resucita a ellas y a su mundo.

Mark Rothko hablaba en términos positivos sobre la «distorsión» en el arte, un término que significa «deformación de imágenes, sonidos, señales, etc.». El artista toma un tema corriente, una flor en el jardín, y le da un nuevo enfoque para revelar su sentido profundo y sus variadas capas. Contemplas la pintura de una flor. Pero no ves sólo una flor. Ves belleza, sexualidad y un atisbo de lo sagrado. Constituyen la esencia y el aura de la flor. O'Keefe también «distorsiona», mostrándonos lo que vemos normalmente, pero no sabemos que lo vemos, un grado de vitalidad y sentido que eleva los objetos más simples a la categoría de sacramento, haciendo que las cosas aparentemente más sencillas revelen sus sagrados misterios.

En lugar de distorsión, yo suelo referirme a la «desliteralización». Me refiero a que la obra de arte aparta la cortina de lo práctico y el pensamiento unidimensional, tan común en la vida moderna. La distorsión nos obliga a ahondar más y no permanecer en la esfera de lo práctico. Nos produce una conmoción apenas perceptible, un dolor apenas perceptible, pero basta para inspirar un cambio en nuestra visión.

Un buen fotógrafo, como Stieglitz, el marido de O'Keefe, nos muestra un mundo cotidiano con multitud de capas. Retrata un árbol corriente, por ejemplo, desvelando el árbol mítico que se oculta allí. Las raíces y las ramas son reflejo unas de otras. La imagen cambia sin cesar, manteniendo nuestra visión activa. Vemos un hermoso árbol de monstruosas dimensiones, tras el cual aparece una bella composición de líneas y proporciones. Podrías colgar esa fotografía en una iglesia o en tu galería, en una pequeña capilla de tu religión.

El arte de O'Keefe es sagrado debido a su distanciamiento de nuestro mundo literal. ¿No consiste en esto la religión, en obligarnos a salir de nosotros mismos y conducirnos a lo trascendente? ¿En distorsionar nuestra mente para sacarla del pragmatismo habitual? Pero aunque O'Keefe ofrece la sensación de profundidad, no elimina las superficies. En lugar de ello, las realza hasta el punto de deformarlas ligeramente, lo cual basta para activar nuestra imaginación. En última instancia es la imaginación la que revela lo sagrado en lo corriente.

Cuando uno contempla un cuadro de O'Keefe, se pregunta: «¿Eso es un pájaro o una forma abstracta? ¿Esa flor es real? ¿Por qué me inspira temor esa calavera?» El buen arte religioso también distorsiona, haciendo que nuestro pensamiento sea más profundo. El famoso retablo de Isenheim, que ahora se encuentra en el Unterlinden Museum, en la región de Alsacia en Francia, puede parecer al principio de un realismo inquietante, pero luego, en la escena central de la crucifixión, ves los dedos exageradamente extendidos, la extraña posición de la cabeza de Jesús, el curioso ángulo geométrico de las figuras al pie de la cruz. La pintura es mucho menos realista, más «distorsionada» de lo que pensamos al principio. Esa distorsión explica, al menos en parte, el poder espiritual de la obra, ofreciéndonos una escena realista que luego se transforma para mostrarnos algo mucho más penetrante.

Necesitamos pinturas y demás obras de arte a nuestro alrededor que destruyan nuestro confort con la realidad tal como la entendemos. El buen arte hace que avancemos e impide que caigamos en la autocomplacencia. Al mismo tiempo transporta nuestra vida a un nivel más profundo. El arte malo, en especial el arte espiritual malo, no nos conduce a ninguna parte. Nos mantiene anclados en lo que ya conocemos y presenta una perspectiva que nos reconforta sin ofrecernos ningún estímulo, una forma de entender lo sentimental en el arte.

El arte espiritual malo en ocasiones es dulcemente realista o está idealizado de tal modo que sólo nos inspira emociones y pensamientos superficiales. A diferencia de los paisajes y objetos del desierto de O'Keefe y la escena de la crucifixión del retablo de Isenheim, no distorsiona la imagen para que revele verdades profundas e inquietantes. Puedes contemplar una obra de arte sentimental y superficial y luego alejarte tranquilamente. Pero si te topas con una obra de arte que posee profundidad y la debida complejidad, el hecho de contemplarla te cambia y te induce a vivir de otra forma.

La religión formal está llena de giros y distorsiones que revelan ámbitos más elevados y profundos. Los «tú» y «vos», las frases sublimes, las listas de mandamientos, las nobles verdades y los pilares. Constituyen una formulación especial del mundo en el que vivimos todos los días, como las distorsiones positivas del arte, y sin embargo sugieren otro mundo, distinto de lo que consideramos corriente y normal. La versión King James de la Biblia no nos revela nuevos matices en las historias, como lo haría una traducción moderna, pero su marcado estilo arcaico distorsiona el lenguaje lo suficiente para adecuarlo a las frases sagradas, los rituales y las ocasiones especiales. Un *koan* no nos ofrece una historia satisfactoria y fácil de comprender. Nos obliga a devanarnos los sesos para descubrir su sentido y quedarnos satisfechos.

A un nivel profundo, el arte y la religión se mueven en tándem, sustentando cada uno el propósito del otro. Durante mis viajes periódicos a Irlanda, a veces voy a ver el *Libro de Kells* que está expuesto en el Trinity College en Dublín. También contiene otros manuscritos iluminados de la Biblia, y en la exquisita belleza de la caligrafía y la encuadernación observas que la religión honra la palabra, un texto, e incluso las letras desempeñan un papel primordial a la hora de establecer una sensibilidad religiosa. Después de admirar el *Libro de Kells* te vas a casa sintiendo una renovada admiración por los libros y la lectura e incorporas ese descubrimiento a tu religión personal.

El *Libro de Kells* procede de una religión organizada interpretada dentro de una determinada cultura. El lugar de los libros, las palabras y las letras en tu vida puede formar parte de tu religión personal. Como los irlandeses, que impusieron su impronta en el cristianismo, puedes adoptar ciertas formas religiosas a tu estilo. Puedes tener tu propio *Libro de Kells*, tu propia presentación de ideas inspiradas expuestas con esmero y delicadeza como una obra de arte. De este modo, el arte puede servir a tu religión personal.

En el pasillo fuera de mi estudio donde escribo, cuelgan dos textos espirituales importantes en mi religión, impresos en un papel especial por una prensa manual: el *Sutra del Corazón* y la *Tabla de Esmeralda*. Cerca de ellos hay una página enmarcada de un manuscrito iluminado del siglo xv y una pintura de gran tamaño de un círculo cuadrado de un artista coreano contemporáneo. Todos comparten el espíritu del *Libro de Kells*, dando vida al lenguaje religioso tradicional. El hecho de que procedan de diversas espiritualidades hace que formen parte de nuestra nueva sensibilidad religiosa.

Para tus percepciones religiosas personales, puedes utilizar palabras tan impactantes como la imagen de un león atrapado en un lío de nudos, como aparece en una página iluminada de los Evangelios irlandeses. Yo utilizo palabras y frases que me parecen adecuadas, aunque hagan que el lector se sienta incómodo, porque trato de incluir de alguna forma el *Libro de Kells* en mis escritos. Pero tú debes hallar tu propio método y estilo. Oscar Wilde destacaba la importancia del estilo. Quiero que mis palabras tengan fuerza, que sean bellas e individuales, y tú puedes encontrar también tu propio método y estilo para tus percepciones.

Por ejemplo, la idea oriental del vacío contiene un significado especial para mí, de modo que a veces tomo fotografías de habitaciones vacías o puertas y ventanas abiertas. El *Tao Te Ching* compara el vacío espiritual con ventanas y puertas, señalando su utilidad. Mi amigo Pat me envía a veces imágenes de Budas sin cabeza que para él representan la necesidad de olvidarte de tu conocimiento intelectual de las realidades espirituales y sentirlas desde un lugar más profundo. Yo siento una admiración especial por la historia cristiana de la Anunciación, cuando un ángel se aparece a la Virgen María para anunciarle que está encinta. Para mí representa un misterio que ocupa un importante lugar en nuestras vidas y merece que meditemos en él. Cada vez que visito un museo de arte y veo una pintura de la Anunciación, me detengo para reflexionar sobre esta representación específica de una profunda verdad. Como escritor, elijo las palabras con esmero. Trato de conservar el misterio y el vacío en todo lo que digo.

A menudo utilizo a Samuel Beckett como ejemplo de escritos seculares que contienen un mensaje espiritual. Beckett, otra fuente irlandesa, emplea el lenguaje de forma especial y utiliza un singular elenco de personajes para revelar lo que yo llamaría su religión natural. Critica el secularismo, pero no recurre a la religión formal, excepto de pasada, para hacerlo. Algunos críticos afirman que los dos personajes «esperando a Godot» no esperan a Dios. Pero ¿a quién iban a esperar sino a Él? No reconocemos a Dios en Godot porque suponemos que Dios luce una espesa barba. Pero todos esperamos al ser misterioso, y en última instancia nuestra espera forma parte esencial de nuestra religión.

A través de sus distorsiones, exageraciones y énfasis en la forma, el arte nos muestra con frecuencia el mundo detrás de nuestra realidad cotidiana. Un retrato puede revelar más sobre una persona que verla en la vida real. Una fotografía distorsiona aislando una figura del contexto en el que se mueve y de esta forma revela lo que de otro modo permanecería oculto.[59] Algunas obras de arte muestran las raíces arquetípicas de la experiencia humana, como Hamlet al tratar de hallar sentido en su situación familiar.

El arte presenta percepciones primarias de emociones e ideas tan profundas que poseen una cualidad numinosa y espiritual. ¿Georgia O'Keefe? A cierto nivel, sus cuadros representan objetos que suelen hallarse en el paisaje alrededor de su casa. Pero la mayoría de personas se identifican con las emociones y valores que plasman sus pinturas, revelando más que lo físico. O'Keefe observaba con atención el paisaje que la rodeaba y hallaba la divinidad en él.

Cuando decimos que el arte sirve a la espiritualidad o a la religión, la utilidad del arte no consiste sólo en ofrecer una ilustración de ideas espirituales, sino en transportar al observador a un nivel de una visión y entendimiento especial. Puede conducirte a un nivel de conciencia en el que vislumbras lo espiritual, y en muchos casos no es sino un punto de partida para seguir explorando los misterios.

El arte y la forja del alma

Una obra de arte no es tanto un objeto para contemplar sino para ver a través de él, un portal o una ventana más que un ob-

---

59. Mark Rothko, *The Artist's Reality*, ed. Christopher Rothko (Yale University Press, New Haven, 2004), p. 69. Mark Rothko se refiere a este aspecto de la distorsión en el arte diciendo que Cézanne, con su estilo de distorsión, «pinta el carácter general de una manzana y no una manzana específica». A este respecto, el famoso cuadro de Rene Magrita de una pipa acompañada por las palabras «Esto no es una pipa» es relevante. La imagen no es una pipa, sino la imagen de una pipa, lo cual es muy distinto.

jeto. Revela el mundo que llevas dentro y el que se halla en las capas ocultas de tu entorno. En el arte ves la realidad, pero no la realidad cotidiana. Ves lo sagrado entendido como la sangre vital y el corazón del mundo. Ves el mito oculto en una imagen corriente y contemplas lo eterno, lo intemporal, y lo arquetípico que se halla bajo una delgada capa de lo cotidiano.

Cada pocas semanas Sean, un exsacerdote y monje, acude a mi consulta. Tenemos mucho en común y aprecio su particular forma de abordar la forja del alma. Hace unos años fue eximido de sus votos monásticos y abandonó el sacerdocio, pero sigue viviendo una vida intensamente espiritual.

Sean, un artista de talento y culto, tiene una gran habilidad para confeccionar iconos según las estrictas reglas tradicionales, pero también pinta cuadros de acuerdo con su estilo personal. Asimismo, imparte clase de las religiones del mundo a jóvenes en una universidad local.

Siempre me alegro de ver a Sean aparcar el coche frente a mi casa para mostrarme sus pinturas más recientes. Hablamos sobre su vida, analizamos sus sueños y por último pasamos un rato mirando sus cuadros. Juntos, lo «analizamos» todo, buscando temas familiares y confiando en intensificar su búsqueda de una vida con sentido en sus nuevas circunstancias. Sean tiene que poner en orden su trabajo, sus relaciones, su pasado y la tarea de tratar de ganarse el sustento.

Su arte constituye una parte importante de su opus, su constante labor de crear una vida con alma y promover su espiritualidad. Tiene una excelente formación en materia de meditación y misticismo y desea seguir en esta dirección en un nuevo entorno. Hace un tiempo, llevado por su marcada inclinación mística, decidió irse a vivir a una ermita. Conozco pocas personas para las que el arte constituya el centro de su espiritualidad y sea tan importante, y Sean ha creado ahora su propia religión.

El cambio que ha experimentado su arte, pasando de iconos cristianos ortodoxos cincelados con precisión a iconos y otros estilos pictóricos más libres, es análogo al cambio que ha experimentado él mismo, pasando de ser un monje a vivir solo en un mundo secular. Nunca ha roto del todo con su pasado. De hecho, un día le conté mi experiencia. Hace casi cuarenta años que abandoné la vida monacal, pero tampoco he roto por completo con ella. Hay muchos aspectos de ella que me encantan, y trato de trasladar su estética y su espiritualidad a mi vida actual.

Entiendo el lento cambio de Sean de místico a artista mundano y su deseo de conservar el espíritu del monje en su trabajo y su estilo de vida. Cuando contemplamos su arte, vemos su progreso. Creo que es muy afortunado de tener un arte tan profundo que le sirva de orientación en su opus. El arte es su laboratorio alquímico, el lugar donde puede producir imágenes que derivan directamente de las experiencias de su corazón.

No interpreto su arte ni trazo paralelismos evidentes con su experiencia. No trato de resaltar ni subrayar ningún significado en la obra artística ni de poner de manifiesto relevancias especiales. Nos limitamos a hablar sobre el arte y la vida. No me preocupa si intercalo en la conversación algunas de mis experiencias personales. Soy un terapeuta profesional. Sé de sobra que no debo confundir mi experiencia con la de otra persona ni manipular la situación en mi provecho.

Mi trabajo con Sean me confirma que el arte puede formar parte esencial de la forja del alma y, aunque no sea explícita y formalmente religioso, contribuye en gran medida a la vida espiritual. Sean demuestra que cualquiera puede aportar arte a su vida y de este modo intensificar su experiencia religiosa.

Como afirman muchos maestros espirituales, necesitamos imágenes eficaces para expresar los misterios inefables que tratamos de evocar en nuestros pensamientos y rituales. A menudo, estamos demasiado absortos en la doctrina institucional detrás de una imagen y pasamos por alto su sentido espiritual universal. Contemplamos las pinturas de la crucifixión de Jesús y nos centramos demasiado en la persona de Jesús y en la religión cristiana que sólo reconoce a sus adeptos. En lugar de ello, deberíamos contemplar el gran misterio de un joven visionario perseguido por sus valores y por desafiar a la autoridad y a la tradición. Es un destino al que todos podemos enfrentarnos.[60]

Contemplamos una imagen de Buda sentado al pie del árbol *Bodhi* esperando despertarse y pensamos demasiado en Buda. Todos nos sentamos al pie del gran árbol que es la vida y nos preguntamos sobre sus profundas raíces y su elevada copa cuajada de ramas y hojas, confiando en despertarnos.

Tendemos con demasiada facilidad a separar lo secular de lo sagrado y miramos un cuadro de un artista vivo y somos incapaces de ver lo sagrado en la imagen. Una obra de Edgard Albee puede contener tanta teología como un libro de Paul Tillich. Y no sólo Albee, que destaca por su fecunda imaginación y la cua-

---

60. En mi libro *Jesús y el alma de los evangelios* [Urano, Barcelona, 2010], sostengo que no veo ninguna prueba de que Jesús se propusiera crear una religión formal y que no se refería al más allá ni a una vida después de ésta. Enseñaba a vivir a un nivel más elevado en esta vida. (Hay House, Carlsbad, 2009).

lidad de ritual de su teatro. Si entras en cualquier galería de arte
en la que se expongan pinturas evocadoras y penetrantes, hallarás los acostumbrados temas arquetípicos y místicos que constituyen el elemento explícito del arte religioso. Quizá tengas que
examinarlas detenidamente para ver estos temas, pero siempre
están presentes. Los célebres paisajes de Turner, por ejemplo, no
son un arte formalmente religioso y sin embargo te enseñan a ver
el resplandor divino que brilla en cualquier espacio natural.
Ofrecen una importante lección teológica. Esa cualidad onírica
está plenamente presente en ellos.

Muchos no comprenden que la imaginación ocupa un lugar
central en las experiencias religiosas y espirituales. Es imposible
expresar el objeto de fe y lo prodigioso a través de nuestro lenguaje habitual lógico y objetivo. Necesitamos imágenes que
aproximen nuestras instituciones espirituales.

La religión como devoción

La devoción es uno de los aspectos de la religión que parece al
mismo tiempo espiritual y psicológico. Muchas personas religiosas se entregan a ciertas ideas y prácticas. Yo aprendí de niño el
significad de la devoción, al observar el fervor con que rezaba mi
madre y su devoción a ciertas figuras sagradas, como la Virgen
María, y a la santa misa. Cada noche, después de que los demás
nos hubiéramos acostado, mi madre rezaba el rosario. Que yo
sepa, llevó a cabo esta «devoción» durante décadas. Mi mujer y
mi hija son devotas del yoga y de la tradición a la que pertenece.

Pero a menudo las personas están entregadas a cosas que no
son tan obvia o formalmente religiosas, como por ejemplo sus jardines y sus hogares. Los padres están entregados a sus hijos, los

maestros a sus estudiantes, y los médicos y enfermeros y enferma-
ras a sus pacientes. Cuando pensamos en un sentido personal y
más amplio de la religión, debemos tener presente que la devoción en el ámbito «secular» forma parte de ella.

Estos tres últimos ejemplos —padres, maestros y profesionales de la medicina— parecen ser papeles seculares, pero si
examinamos de cerca la intensidad del compromiso y la dedicación en estos casos, vemos la naturaleza espiritual de la labor. La
devoción sólo constituye una parte de la experiencia que parece
religión. Por lo demás, conviene tener en cuenta el hecho de que
en muchas culturas estos papeles se consideran sagrados. Debemos desecularizarlos en cierta forma, restituyendo su estatus
como parte de una religión natural.

Hace tiempo que contemplo la devoción de esta forma, y
cuando se me ocurrió escribir este libro, pensé de inmediato en
el pianista Glenn Gould. No estaba seguro de si debía incluirlo,
puesto que no creía que observara una práctica religiosa formal.
Pero sabía, porque le admiro desde mi adolescencia, que estaba
profundamente entregado a la música y al piano. Su absoluta
devoción a su visión sobre tocar, ejecutar, interpretar y grabar
obras musicales me convenció de que debía ocupar un lugar
aquí.

La devoción de Gould le convirtió en un excéntrico en sus
decisiones sobre su forma de interpretar la música y su forma de
vida. Tocaba en su propio y singular estilo y hacía que la música
cobrara vida como pocos lo han conseguido. Lucía abrigo y
guantes aunque hiciera calor, permanecía levantado durante
buena parte de la noche y se alimentaba de huevos. Era conocido por sus excentricidades, como dirigir a un coro de elefantes,
pero en lugar de meras excentricidades personales, siempre las

he interpretado como extensiones naturales de su forma de ser profundamente espiritual.

En un ensayo para *Musical America* en 1962, Gould escribió: «El propósito del arte no es una momentánea segregación de adrenalina, sino la construcción progresiva, durante toda la vida, de un estado de asombro ante lo prodigioso y de serenidad [...]. El arte, en su misión más sublime, apenas es humano». Fue en este ensayo que pronunció su frase espiritual más contundente, la cual está en consonancia con el contenido de este libro: debemos despertarnos y afrontar el reto, escribió, para que cada persona «pueda crear de forma contemplativa su propia divinidad».[61] Como he dicho, puedes tomar prestadas sus dos palabras más potentes, «asombro» y «serenidad», y añadirlas a los valores que formarán la base de tu religión.

Para Gould, el piano era su portal de acceso a la trascendencia y una práctica espiritual de su religión personal. Yo me tomo muy en serio su afirmación de crear de forma contemplativa su propia divinidad. No se refiere a crear su propio dios sino a hallar su propio medio, el piano y su estilo de vida, de permanecer en contacto con su naturaleza eterna. Escucha su música y percibirás una intensa aura de eternidad en su arte.

Gould era un buen ejemplo de la locura o manía platónica. Escucha una de sus grabaciones y le oirás tararear la música mientras toca. No era un descuido por su parte, sino prueba de su abstracción en la música. También dirigía. Cuando le vi actuar siendo yo un adolescente, en una de sus raras actuaciones públicas antes de que dejara de dar conciertos, parecía distraído, en el sentido de que estaba tan absorto en la música que no pa-

---

61. Tim Page, ed., *The Glenn Gould Reader* (Alfred A. Knopf, 1984), p. 247.

recía estar del todo presente en el mundo. Toda su persona emanaba excentricidad. A mí me gustaba, pero algunos de sus críticos no lo soportaban.

En su funeral tocaron una de sus grabaciones interpretando las *Variaciones Goldberg*. Fue un detalle muy apropiado para la ocasión, no sólo debido al valor artístico, sino a su poder espiritual.

La religión del arte

El hecho de que te guste el arte y seas un entendido no significa que seas una persona espiritual y tengas tu propia religiosidad. No obstante, el arte te permite ahondar en tu mundo y en ti mismo hasta el punto de tomar contacto con lo sagrado y lo misterioso. Todo depende de cómo enfoques el arte.

Yo toco el piano, como he comentado antes, sin la pericia de un profesional pero pasablemente, y lo hago con la intención de penetrar en los espacios sagrados. Y da resultado. El piano es mi incienso, mi vela encendida y mi espacio vacío. Me transporta a una meditación profunda, donde encuentro lo sagrado al igual que uno puede descubrir una silla de coro en un monasterio. El piano carece de la parafernalia de la religión formal, pero es efectivo a la hora de sustentar mi vida espiritual.

El arte nos muestra lo invisible en lo visible, lo sagrado en lo profano, incluso cuando lo sagrado no está expresado a través de explícitas imágenes religiosas. La pintura de un bodegón o un retrato puede revelar lo oculto, y a veces, cuando muestra la forma en que las cosas resplandecen con su esencia, incluso podemos vislumbrar lo divino. La historia del arte ofrece numerosos ejemplos pero quizá ninguno tan eficaz como las pinturas de

objetos sencillos y cotidianos, en especial los jarrones y las bote-
llas normales y corrientes de Giorgio Morandi. Un crítico describe su obra como «una meditación sobre el tiempo, el arte, la
soledad, la autopreservación y el misterio común y corriente de
todo ello».[62] «El misterio común y corriente de todo ello» podría ser el subtítulo de este libro.

Los famosos cuadros de zapatos pintados por Van Gogh nos
enseñan a ver más allá de la superficie de las cosas corrientes y
contemplar la poesía que encierran, revelando nuestros fundamentos en todos los sentidos de la palabra. El historiador de la
fotografía Tony Bannon, refiriéndose al monje Thomas Merton
como fotógrafo, dice que una fotografía de algo tan simple como
una enredadera junto a una ventana puede concienciarnos sobre lo que nos rodea. «Expande el horizonte del observador»[63].

El desarrollo de la tecnología ha alcanzado un punto en que las
personas corrientes y normales, que no son artistas, pueden tomar fotografías, rodar películas y crear gráficos e imágenes generados por ordenador. El lado positivo de este avance es que
ahora todos podemos hacer que aflore el artista que llevamos
dentro y, a medida que experimentamos con nuestra nueva habilidad artística, quizá nos percatemos de que lo sagrado se halla
en todo cuanto nos rodea. Cuando nuestras fotografías son real-

62. Holland Carter, «All That Life Contains, Contained», *New York Times,* 18 de
septiembre de 2008. http://www.nytimes.com/2008/09/19/arts/design/19mora.
html?pagewanted=all&_r=0.

63. Conferencia en Chautauqua, «Contemplative Photography and Thomas Merton», http.//fora.tv/2010/07/30/Tony_Bannon_Contemplative_Photography_and_
Thomas_Merton.

mente buenas, los dioses aparecen en la distorsión de lo real, que puede revelar más de lo que oculta.

Sugiero que si te interesan las cámaras fotográficas, o aunque no te interesen, lleves una a un paraje agreste cerca de donde vives y tomes unas fotografías. Préstales tu propia cualidad onírica: utiliza ángulos insólitos y varias distancias, coloca distintos filtros, busca formas en lugar de objetos, imágenes que evoquen una emoción. Utilizas el objetivo de la cámara para ver a través de la fachada del hecho la esfera interior de la imaginación. No es preciso que vayas a un espacio natural para esto. Una vez al año salgo por la noche y fotografío a los maniquíes en los escaparates de las tiendas. En el ambiente nocturno y alejadas del ajetreo de la tienda durante el día, estas figuras poseen una cualidad casi sobrenatural. Puedes utilizar una cámara para mostrar la interioridad, la profundidad y el espíritu que está presente en todo.

Si el arreglo floral es un arte contemplativo, la pintura, el dibujo y la fotografía lo son aún más. Si estudias un poco las tradiciones espirituales, aprenderás a utilizar tus habilidades artísticas para transformar lo corriente y revelar su inherente carácter sagrado. Al hacerlo, añadirás una importante dimensión a tu religión personal.

Un peregrinaje a un museo

Te recomiendo también que visites un museo de arte siempre que puedas, pero no lo hagas como un turista o estudiante de arte. Con el fin de desarrollar tu religión personal, imagina tu visita al museo o a la galería de arte como tu propio *darshan*. Vas para estar en presencia de figuras sagradas, para verlas y, en cierta forma, para ser visto por ellas. Vas para potenciar tu vida espiritual. Vas con una actitud contemplativa y reverencial.

Está muy bien estudiar la historia y la técnica del arte y biografías de artistas. Este tipo de estudios puede resultarte muy útil para saber ver el arte y puede ser una preparación para que el arte se convierta en una obra espiritual. Pero cuando vayas a un museo pensando en tu religión personal, hazlo en primer lugar para encontrarte con imágenes. Siente su presencia. Procura demostrarles que las honras: lleva una flor, un aceite esencial, no para untarlo en el cuadro o la escultura, sino para llevarlo puesto cuando te encuentres con la imagen. Entona un breve canto. Di una oración. Siéntate como un maestro zen. Medita sobre el cuadro. Escribe algo sobre tu encuentro. Compón un poema dedicado a la imagen. Dibújala.

No se trata de analizar o de ser culto. Con tu actitud reverencial conviertes el museo en un templo. No es preciso que nadie vea o comprenda lo que haces. Llevas a cabo un pequeño ritual, a tu estilo. Tu religión personal te convierte en una persona excéntrica.

8

MUSAS Y ÁNGELES

«Me gustaría cortejar de nuevo a la musa de la
poesía, que se fugó hace cuatro años con el
lechero, y sólo me envía de vez en cuando una
tarjeta postal.»

JOHN UPDIKE

Una de las historias fundamentales de mi vida comenzó a desarrollarse cuando yo tenía diecinueve años y me dirigía a Irlanda del Norte para estudiar filosofía, un estadio en mi preparación intelectual para el sacerdocio, entre la formación práctica en materia de espiritualidad y un extenso programa de cuatro años en teología. Atravesé el Atlántico a bordo del *Queen Mary*, junto con otros seis monjes, y en Southampton tomamos un barco más pequeño hasta Belfast. Durante la travesía del Atlántico, un día en que estaba sentado en el austero camarote del tamaño de un armario ropero, se me ocurrió un simple pensamiento: durante mi estancia en Irlanda, procuraría adquirir una obra de arte irlandesa.

La idea se me ocurrió de improviso. Recuerdo dónde me encontraba cuando se me ocurrió. Fue como si lo hubiera oído en el aire, porque no fue el resultado de un pensamiento racional. Yo sabía que permanecería sólo dos años en Irlanda y a mi regreso quería llevarme un pedazo de esta tierra.

Después de instalarme en el priorato en la aldea de Benburb, escribí a la National Gallery en Dublín pidiéndoles que me ayudaran en mi empeño. A los poco días recibí una carta muy cordial de Thomas McGreevy, el director de la galería, invitándome a visitarle durante mi próximo viaje a Dublín. Así empezó una amistad que marcó el comienzo de mi auténtico despertar a la naturaleza y a mi destino. Las historias personales e íntimas sobre escritores y pintores famosos hicieron que las artes adquirieran una cualidad más vívida e importante de lo que yo podía imaginar. Cuando conocí a McGreevy me encontraba envuelto en una especie de nebulosa. Jung dijo algo semejante: hasta el día en que se despertó a su individualidad, cuando tenía once años, estuvo sumido en una bruma. Poco antes de abandonar Irlanda, sentí que empezaba a despertarme a un mundo con más sentido y a un contexto más amplio con respecto a mi futuro.

McGreevy era un hombre sofisticado, un editor y un poeta, que había vivido parte de su vida en París como consejero y guía de James Joyce y más tarde como consejero y guía del escritor dublinés Samuel Beckett. Había conocido a buena parte de las grandes figuras literarias y artísticas de su época: Eliot, Lawrence, Pound, W. B. Yeats, Jack Yeats. Fue consejero de James Joyce, de su esposa y de su hija, para los cuales fue como un Hermes natural, alguien capaz de moverse a sus anchas en distintos círculos artísticos y hacerles de guía íntimo. Hermes era conocido como el psicopompos, el guía de almas, y McGreevy poseía ese don innato.

Se convirtió también en mi guía, relatándome multitud de anécdotas sobre sus amigos célebres y enseñándome cómo vivir con el arte. Después de dos años en Irlanda y varias conversaciones íntimas en la salita junto al despacho del director, regresé a casa para estudiar teología. No volví con una obra de arte física, pero lo hice con algo infinitamente más importante: el nacimiento del artista que llevaba dentro, al que McGreevy había asistido en calidad de comadrona, y habiendo vislumbrado el trabajo al que dedicaría mi vida. Me veía a mí mismo no sólo como un músico, sino como alguien que se tomaba muy en serio el arte. Tardé varios años en descubrir que el trabajo de mi vida sería escribir.

Al parecer Thomas McGreevy vio cierto potencial en mí, aunque no sé cómo. Me dio unas lecciones personales y de primera mano que jamás habría podido aprender en los libros. Esta amistad entre un hombre mayor y un joven estudiante tenía una cualidad eterna, el aire de un acontecimiento arquetípico. Me impulsó hacia mi futuro inspirándome. McGreevy me dijo que yo era una figura importante en su vejez, pero para mí la importancia de esa amistad recaía en él. Yo era el principal beneficiario de ella.

Hace poco, durante uno de mis frecuentes viajes a Dublín, mientras caminaba por las calles en las que, hace cincuenta años, había mantenido importantes conversaciones con Thomas McGreevy mientras paseábamos, me fijé en un cartel que anunciaba una exposición de libros y objetos personales de W. B. Yeats en la National Library en Kildare Street, de modo que entré. Recordé que McGreevy me había hablado con afecto sobre «W. B.», y aunque hacía veinte años que había muerto, los ojos se le habían llenado de lágrimas al decirme lo difícil que le resultaba vivir en Dublín sin él. Con el corazón rebosante de recuerdos, no podía por menos de visitar esta exposición de Yeats.

Una vez dentro de la National Library, recorrí pausadamente las salas en penumbra donde estaban expuestos los libros y las cartas de Yeats, y me detuve ante unos documentos escritos por su esposa de forma automática, una técnica que consiste en apoyar la pluma en el papel y dejar que tu mano forme las letras y los diseños que posteriormente interpretas y utilizas como orientación en la vida. Yeats se había casado con una mujer que, aunque no era la mujer de sus sueños, había sido una excelente compañera en su vida y su trabajo. Poco después de que se casaran, comprobó que ella podía procurarle la materia prima para buena parte de sus poemas más conocidos y otros escritos, convirtiéndose en su musa y, con su inteligencia y perspicacia, en su compañera.

Años más tarde, cuando cursaba estudios de posgrado de ciencias de las religiones, leí junto con varios de mis compañeros de clase la obra de Yeats titulada *Una visión*, un asombroso viaje de poesía ritual centrada en la luna, cargada de imágenes de tumultuosos giros oceánicos e inspirada por Georgie, la esposa de Yeats. Como estudiantes de las religiones, nos interesaba cualquier tipo de conexión entre lo humano y lo misterioso, ya se tratara de una revelación en la cima de una montaña o garabatos sobre un papel hechos por la cónyuge de un personaje célebre

A propósito, cuando visité esta exposición me sorprendió comprobar lo automática que era la escritura automática de Georgie Yeats. Consistía en dibujos y figuras insólitos, así como palabras que carecían de sentido. Algunas imágenes me recordaron las curiosas figuras mágicas que había visto en antiguos textos renacentistas, como el *Picatrix*, que había estudiado mientras redactaba mi tesis sobre la magia natural del Renacimiento.

Para apreciar mejor lo que Yeats y Georgie hacían, toma un bolígrafo, cierra los ojos o aparta la vista, y deja que tu mano trace garabatos en una hoja de papel. No es necesario que tengan sentido, aunque es probable que reconozcas algunas de las formas que aparecen. Ahora piensa en las imágenes que han aparecido.

Cuando hice este pequeño ejercicio apareció lo siguiente: «4 3 g y». La «g» y la «y» eran reconocibles, pero no tenían la forma habitual. A mí me gusta el aspecto que tienen. La pata de la «y» tiene una graciosa forma. Cuando reflexiono sobre estas figuras, pienso en 4 + 3 = 7. Como todo el mundo sabe, el «7» es un número de buena suerte. San Agustín decía que si sumas los cuatro Evangelios y la Trinidad arroja un resultado de «7». La «G» es fluida y abierta. En ocasiones utilizo la «G» en lugar de escribir la palabra «God», que significa Dios en inglés. La «Y» es un personaje de una novela que escribí hace veinte años: la Señora Y. Mientras escribía la novela pensé: «¿Qué hago aquí, por qué hago lo que hago, por qué ha tomado mi vida este rumbo?» Se llamaba Yolanda, pero yo la llamé Señora Y. Era una buscadora que formulaba preguntas importantes, sin duda una faceta de mi propia psique, un poco desquiciada debido a su curiosidad.

Utiliza tu imaginación cuando practiques la escritura automática y no te preocupes de hacerlo bien o correctamente. Confía en tu imaginación y luego confía en ti a la hora de buscar algunos indicios sobre el significado de esas formas automáticas.

¿Una musa es real?

Una musa es la experiencia de una inspiración sentida de modo subjetivo y con un rostro humano. Muchos se refieren a la inspiración como si procediera de una «voz», no necesariamente una voz real, sino algo semejante a una voz.

En ocasiones las personas creen oír la voz de la inspiración, en una habitación o en el exterior. Oyen palabras que les proporcionan ideas, aunque al pensar en ello comprenden que no han oído palabras. En otras, la voz pertenece a una persona real que habla como una musa o en nombre de la musa, como la esposa de Yeats, o, en mi caso, como Thomas McGreevy. En Irlanda existe una creencia muy extendida de que una «personita» puede aparecer bajo la guisa de una persona real. El propio Yeats presenta este tipo de historias en *El crepúsculo celta*.

Solemos pensar que una musa es algo tan subjetivo, una parte interior de una persona o una mera metáfora, que no nos detenemos a hablar del papel que tiene la musa en la vida espiritual. Pero opino que debemos hablar de ella. A fin de cuentas, los cristianos han oído a ángeles, a santos y a la Virgen cuando aparecen con mensajes. El mormonismo se basa en este tipo de revelaciones, y en el islam Gabriel revela el Corán a Mahoma a lo largo de veintitrés años. Gabriel interpreta los sueños de Daniel en el Antiguo Testamento y desempeña un papel en la sefirot de la Cábala, Yesod.

Lo importante es escuchar bien y mantener los oídos bien abiertos para percibir los sutiles sonidos, palabras no formuladas con las cuerdas vocales, pero que puedes oír, o que son pronunciadas, pero significan más de lo que parece. Durante mis viajes, a veces las personas me dicen cosas que traspasan la superficie y me tocan. Más tarde las recuerdo, y a veces conducen a un nuevo trabajo y a interesantes decisiones. Hace poco, un hombre que estaba entre la multitud me dijo «deberías escribir sobre el hecho de envejecer». Había algo en su voz, como el de una musa, que hizo que sus palabras me penetraran. Pensé en ellas y ahora las siento dando vueltas en mi cabeza. Me sorprendería que no acabara escribiendo sobre el hecho de envejecer.

La musa no sólo nos inspira, sino que remueve ideas y pensamientos en nosotros. Puede ser turbadora o reconfortante. Puede proponerte una idea que prefieres postergar indefinidamente. Cuando te ofrezca un reto semejante, conviene que le prestes atención.

¿Cómo debemos escuchar a una musa?

Para crear tu propia religión necesitas inspiración. Tienes que imitar a la Virgen María, cuando presta atención a lo que le dice el ángel, o a Mahoma cuando escribe lo que oye. Pero nosotros somos una generación de escépticos con una tendencia compensatoria al fundamentalismo. Tendemos a ser materialistas en la vida, aunque algunos creen firmemente en la religión tradicional. Creemos en nuestros métodos de investigación y en nuestras máquinas y tememos la autonomía de la imaginación.

Nos interesa ver el mundo que es invisible al ojo desnudo y por tanto basamos nuestra medicina en lo que aparece en un microscopio y nuestro sentido del cosmos en lo que vemos a través de un telescopio. Sin embargo, hay otros factores invisibles que no pueden verse a través de una lente física. Necesitamos una imaginación especial para ver estos factores, y nuestra cosmovisión contemporánea nos lo impide.

De modo que la primera respuesta y más general a la pregunta de cómo debemos escuchar a una musa consiste en relajar nuestro ansioso modernismo. Tómate en serio lo que muchos de tus vecinos y amigos tildarían de imaginaciones y fantasías. Escucha la voz de la inspiración y hazle caso.

Una mente serena y alerta

Al igual que en el caso de muchos tipos de intuición e inspiración, debemos estar alerta. Estos mensajes a menudo aparecen y desaparecen con rapidez y suelen ser sutiles. Es fácil ignorarlos o no prestarles atención. No puedes estar ocupado pensando o planeando algo. Por este motivo algunas personas buscan la inspiración mientras se duchan o pasean por el bosque. Necesitas una calma interior y una mente alerta pero no ocupada. Quizá necesites hacer algo habitual y no importante para que tu mente se abra a las revelaciones.

Al principio, cuando aparece un pensamiento creativo, es posible que no se muestre en todo su esplendor. Quizá sea sólo una semilla que florecerá más tarde. Por tanto, ayuda el que veas el potencial en una nueva idea o imagen. «El cuidado del alma» era una frase que había leído muchas veces durante muchos años. Un día, de repente, me fijé en ella: está claro que fue obra de una musa. En ese momento me sirvió como herramienta creativa y me proporcionó no sólo un libro, sino la labor de mi vida.

Sabemos que una musa puede inspirar a un artista, pero no solemos decir que despierta al Yo espiritual. Pero si examinas los movimientos religiosos a lo largo de la historia, comprobarás que a menudo los fundadores comenzaron con un mensaje dramático de un lugar misterioso.

Un buen ejemplo: los Shakers. En 1774 su fundadora, la Madre Ann Lee, vivía en Inglaterra cuando Dios le mandó que creara una comunidad en la que no se practicara el sexo. Ella misma había sido obligada a casarse y había tenido ocho hijos, ninguno de los cuales había alcanzado la adultez. El sexo le inspiraba rechazo.

La comunidad de la Madre Ann prosperó en Estados Unidos, y en la década de 1850 pasó por una fase denominada la Era de las Manifestaciones, cuando varios miembros tuvieron visiones o caían en trances y recibían ideas, canciones y poemas. Ann Mariah Goff, por ejemplo, decía que la Madre Ann se le había aparecido y le había dicho que no fuera manirrota, sino ordenada, trabajadora y humilde.[64]

---

64. Stephen J. Stein, *The Shaker Experience in America* (Yale University Press, New Haven, 1992), p. 170.

Algunos miembros de la comunidad norteamericana eran denominados instrumentos debido a su capacidad de estar abiertos a la inspiración. Al cabo de un tiempo, el período de intensas «manifestaciones» concluyó, pero los Shakers edificaron su religión sobre los mensajes que algunos de sus miembros habían recibido. Su famosa canción «Simple Gifts» [Dones sencillos] es un ejemplo de un don recibido de forma especial. Como parte de tu práctica espiritual, puedes aprender a ser un «instrumento», una pluma en el aliento de Dios, como decía Hildegard de Bingen.

Los Shakers creían que para estar abiertos a la inspiración debían mantener el espacio donde habitaban ordenado y ayunar, descansar, arrodillarse, rezar y escuchar su diálogo interior. Son consejos excelentes: necesitas disponer de un espacio pulcro y ordenado para ver y oír algo tan delicado como la voz de una musa. Puedes aprender a ser un instrumento.

Los Shakers decían que en ciertas circunstancias el velo es muy sutil. Yo prefiero escribir temprano por la mañana, pero he comprobado que las ideas se me ocurren con más facilidad por la noche. De modo que a menudo escribo de diez a doce de la noche. Cuando escribo, la música me distrae. No puedo evitar pensar en las progresiones de acordes y otros aspectos técnicos de la música que me impiden mantenerme abierto a la inspiración. Algunos días comprendo que todo es inútil. La puerta a lo que Emily Dickinson llamaba «el Paraíso» está cerrada. Espero hasta el día siguiente, confiando siempre en que la musa aparecerá. Esperar es una habilidad espiritual muy útil cuando buscas inspiración.

Mi musa más constante y fiable han sido mis recuerdos de la vida en la comunidad religiosa. Esos recuerdos son un pozo de inspiración, que me procuran multitud de ideas sobre cómo crear mi propia religión. A veces soy muy concreto y procuro dar a mi vida un aire monacal, pero otras no vacilo en adoptar ciertas prácticas y estilos. Sigo escuchando música, aunque no siempre cantos gregorianos. Sigo meditando, pero no como lo hacía en el priorato.

Según el mito griego, las nueve musas son Hijas de la Memoria. Mi vecino Gary Pinnette compone canciones, y dice que el hecho de recordar ciertos eventos importantes de su vida, positivos y negativos, le inspiran. Según Platón, un artista «recuerda» de forma más profunda, conservando ciertas lecciones importantes sobre la vida que hemos olvidado como sociedad. Pienso en los grandes filmes de Ingmar Bergman, que nos ayudan a recordar profundas verdades que hemos olvidado sobre el hecho de ser humanos.

La voz de un padre o de una madre puede tener la cualidad de una musa. Recuerdo ciertas frases de mi padre: «Cuando trates de arreglar algo, no lo fuerces». Las palabras de un padre pueden ser la inspiración para una nueva forma de vida. Las palabras de un padre o de una madre se desprenden del hecho de pronunciarlas y tienen una presencia eterna y orientadora en la mente de un niño. Abraham Lincoln confesó: «Recuerdo las oraciones de mi madre, que siempre he tenido presentes. Me han seguido toda mi vida». El término «seguido» expresa la constancia que las palabras de un padre o una madre pueden tener cuando suenan, como música celestial, en la memoria de un hijo.

Una musa puede estar dentro o fuera. Marsilio Ficino, un estudioso independiente italiano del Renacimiento, escribió a su amigo Giuliano de Médicis: «Mi gran amor por ti ha hecho que tu imagen quede grabada en mi alma. Al igual que a veces me veo fuera, en un espejo, con frecuencia te veo en mi corazón». Ésta es la definición de Ficino de un alma gemela. También es una acertada descripción de lo que ocurre cuando una persona real se transforma en una musa. Se instala en tu corazón y te habla, te guía, te inspira.

En ocasiones una musa es más bien un impulso que una persona. Las palabras «daimon», «espíritu» o «ángel» pueden indicar que la musa procede de otra dimensión o que está ahí fuera y aquí dentro. Lo importante no es explicar este enigma sino aprender a vivir con él de modo efectivo.

Ángeles y musas

La palabra «ángel» significa al mismo tiempo «mensaje» y «mensajero». En la imaginación religiosa de muchas tradiciones la misión principal de un ángel es servir como intermediario, vinculando lo divino con lo humano, a menudo transmitiendo mensajes. En el Evangelio, un ángel se aparece a José, el esposo de María, para advertirle que abandone la ciudad porque su hijo corre peligro. Este ejemplo nos ofrece dos importantes datos sobre los ángeles: pueden prevenirnos de una amenaza y pueden realizar su labor a través de un sueño.

Por supuesto, a medida que desarrollemos una religión personal y natural, no debemos ser ingenuos con respecto a los ángeles. No existen de la forma en que existen personas y animales. Pero negar su existencia es estar ciego a la posibilidad de una presencia espiritual. ¿Has sentido alguna vez la posibilidad de una amenaza y has tomado precauciones? Podrías describir esta advertencia, sin perder nada de tu moderna sofisticación, como obra de un ángel.

Los ángeles también inspiran, como cuando Gabriel visita a María para decirle que está encinta de forma espiritual. El padre de su hijo es un espíritu santo, dice Gabriel, y tranquiliza a María y le dice que no tema.

Los ángeles son primos de las musas, el aspecto mensajero. En el arte y la literatura hablan en nombre de la divinidad y al mismo tiempo protegen el misterio. No propongo que reanudemos el discurso sobre los ángeles o que ocupan un lugar necesario en tu nueva religión. Pero sugiero que examines detenidamente a los ángeles en pinturas y esculturas. Los encontrarás en varias tradiciones escritas y en obras de arte en templos e iglesias. Observa cómo son presentados y piensa en ellos de forma sofisticada, como representaciones de experiencias inspiracionales que hayas tenido.

Permite que te ofrezca consejos más específicos sobre este tema. Te recomiendo que visites un museo que contenga pinturas de la Edad Media y principio del Renacimiento en Europa, y también de otras culturas. Estoy convencido de que verás imágenes de ángeles extraordinarias. Ahora, siéntate delante de uno de estos ángeles, y sin caer en la ingenuidad con respecto al tema, observa en la imagen las cualidades que posee un ángel. Fíjate bien en las alas, y contémplalas como una especie de poesía, como imágenes y no como representaciones. Imagina que esta imagen simboliza una experiencia misteriosa que quizá tengas en tu vida cotidiana. No ves ángeles, sino que sientes un factor angélico en ciertos eventos especiales: protección, inspiración, revelación o invitación.

En cierta ocasión, James Hillman y yo dimos juntos un seminario durante un fin de semana sobre inspiración, tomándonos muy en serio y explorando su teoría sobre «personificar», restituir la apreciación hacia las figuras imaginales. En este contexto, Hillman dice: «Tenemos que recordar el aspecto angélico de la palabra, reconocer las palabras como mensajeras independientes del alma entre las personas».[65] La musa reside en nuestro lenguaje además de en nuestra mente. Buscar la palabra idónea requiere una pequeña musa, capaz de inspirarnos momentáneamente de modo preciso.

Hillman siempre se mostró interesado en la forma en que nuestros ancestros nos inspiran hoy en día con sus palabras escritas. Sus «voces» nos hablan dándonos indicaciones y consejos sobre nuestro trabajo creativo. Los artistas y escritores del Renacimiento tenían la costumbre de honrar una determinada lista de ancestros cuyas ideas habían inspirado las suyas. Esta línea ancestral, exclusiva de cada persona, constituye una poderosa musa. A veces me preocupa referirme siempre a las mismas figuras históricas en mis libros, pero figuran en mi lista, que es larga pero limitada.

En *Walden*, Thoreau hace una breve alusión a los ángeles, pero cuando leí la obra por primera vez tuve la sensación de que en pocas palabras aludía a toda una teología o angeología. Al reflexionar sobre la soledad, sus vecinos y los animales que le hacen compañía, cita la importancia del lago. «En sus aguas de color celeste habitan ángeles azules.» Para el lector no experimentado, esta referencia a los ángeles puede ser sólo una metáfora, una figura retórica. Pero Thoreau era un teólogo secular, una persona dispuesta a ver un ángel cuando apareciera. Ver lo angélico en las aguas azules, acaso un breve resplandor en las suaves ondas del agua, es contemplar la naturaleza común y corriente con ojos espirituales. Cuando ve ángeles allí, Thoreau comprende que vive en un lugar sagrado.

---

65. Hillman, *Re-Visioning Psychology* [Reimaginar la psicología], p. 9.

Más adelante indica que la naturaleza puede transformar a una persona. Uno entra en el bosque «como cazador y pescador, hasta que por fin, si lleva dentro de sí las semillas de una vida mejor, distingue a sus objetos propiamente dichos, como haría un poeta o un naturalista, y deja la escopeta y la caña de pescar». Emerson había escrito que sólo un poeta puede conocer realmente astronomía y otras ciencias porque va más allá de los hechos e interpreta las cosas del mundo como signos.

Emerson inicia su célebre ensayo «Self-Reliance» [Autosuficiencia] con una cita en latín que significa: «No te busques fuera de ti mismo». Luego, en un breve poema, escribe estas tres líneas:

«Nuestros actos son nuestros ángeles, o, para bien o para mal, nuestras sombras fatales que caminan siempre junto a nosotros».

Desde el daimon del amor de Sócrates al «ángel guardián» de un escolar de primer curso, las personas siempre se han sentido acompañadas por un espíritu invisible, las «sombras fatales» de Emerson, una interesante forma de considerar los ángeles. «Daimon» es una antigua palabra griega que significa presencia interior. Sócrates creía que su daimon estaba focalizado en el lugar del amor en su vida, y que más que procurarle una inspiración positiva le advertía contra tomar decisiones equivocadas. Cuando yo era niño, las monjas me enseñaron que tenía un ángel especial que me protegía y me guiaba. La «sombra fatal» de Emerson es menos sentimental y sugiere que una presencia interior que te guía puede ser en ocasiones algo que te plantea conflictos. Nosotros tenemos nuestra propia sombra, no oscura en el sentido de malvada y peligrosa, sino que nos sigue a todas partes, una compañera que nos inspira, previene y guía.

A menudo Thoreau habla consigo mismo para motivarse, para lograr que su vida tenga sentido. En una entrada en su diario fechada el 26 de octubre de 1853, escribe: «Tengo que cuidar mi dieta; tengo que levantarme más temprano y dar un paseo matutino; tengo que renunciar a los lujos y dedicarme a mi musa».[66] Sabe lo que toda persona inspirada sabe: tienes que prepararte para tu musa, y a veces tienes que poner en orden una vida confusa y desordenada.

Thoreau no quería verse atrapado en los asuntos que afectan a las personas corrientes. Era como los monjes, sobre los que hablaremos más adelante, que se resisten a los temas mundanos. En septiembre de 1851 escribió en su diario: «Aunque he tratado incluso a los hombres más *selectos* de esta y otras poblaciones circundantes, me siento inexplicablemente sucio. Mi Pegaso [el caballo alado que se asocia con las musas] ha perdido sus alas; se ha convertido en un reptil y se ha tumbado panza abajo».[67]

Otra recomendación con respecto a la musa: procura no sentirte «sucio» debido a los asuntos normales del mundo. Mantén las distancias. No te dejes atrapar por sus valores y su forma de ver las cosas.

Mis normas personales para vivir con una musa, la sombra de mí mismo, son similares:

1. Buscar a veces la soledad sin convertirme en una persona solitaria.

---

66. Thoreau, *I to Myself* [Cartas a un buscador de sí mismo], p. 206.

67. Thoreau, *I to Myself* [Cartas a un buscador de sí mismo], p. 101.

2. Practicar el arte de esperar.

3. Confiar en la información que la musa me procura, aunque no sea completa o clara.

Con frecuencia relato la anécdota de un día en que mi amigo y colega Chris Bamford y yo comimos en un *diner* en el Taconic Parkway mientras conversábamos sobre la idea del cuidado del alma. Tenía ante mis narices la idea de un libro que cambiaría mi vida y no la veía. Me apasionaban las ideas que se me ocurrían sobre el libro, pero quería que Chris y yo lo escribiéramos juntos. No me consideraba un buen escritor. Me sentía como un aprendiz, un eterno *amateur*. Sospecho que esta imagen formaba parte de mi naturaleza *puer*, la parte de uno que no madura. Esta psicología referente a mi persona estuvo a punto de dar al traste con la mayor promesa de mi vida. Era un obstáculo que impedía que la musa me inspirara y siguió siéndolo hasta que empecé a tomarme mi trabajo más seriamente. Luego la musa empezó a hablar, o yo empecé a escucharla.

Musa y amante

Hay otro tipo de musa, muy distinta de la que menciona Thoreau en sus diarios, que despierta nuestra alma mediante la atracción y el amor. El corazón se pone en marcha, los sentimientos afloran y, como decía Platón, uno enloquece un poco debido a la información que le inunda. En la literatura hallamos abundantes ejemplos de cómo una amante o un amante puede convertirse en una musa.

Piensa en el siguiente relato de ficción perteneciente a una historia dura, pero narrada en un lenguaje exquisito por el elegante escritor Craig Holden. El pasaje se refiere al protagonista, un contrabandista de whisky durante los tiempos de la ley seca, que se enamora de la mujer con la que desea casarse: «En sus reflexiones se la había ocurrido que la mujer, con su inteligencia, belleza, espíritu y seguridad en sí misma, podía convertirse en el ímpetu de un hombre. En su catalizador. Su razón. […] [Ella] podía inspirarlo todo. Y justificarlo. Y endulzarlo. Y, al endulzarlo, estropearlo […]. No había nada que él deseara más en el mundo que a ella».[68]

Cada frase de esta descripción nos dice algo sobre este tipo de musa. Es un ímpetu, que inspira al protagonista, que lo endulza todo. Y tiene su lado oscuro. Al hacer que éste enloquezca, confiriendo a la vida un aire romántico y provocándole un deseo tan intenso, al mismo tiempo interfiere en sus proyectos. Sin embargo, debido a ella, él desea ir más allá de sus límites y conseguir más de lo que imagina que es capaz de conseguir. Ahora está dispuesto a correr riesgos que antes habría evitado. Se siente rebosante de inspiración.

Con frecuencia las figuras religiosas provocan un intenso amor: Jesús, Buda, Mahoma, la Virgen María, la Madre Ann… Muchos se enamoran de ellos y se sienten inspirados a vivir una vida especial y a ser creativos en su espiritualidad. Es evidente que puede ser peligroso enamorarse de una figura espiritual, pero también puede motivar.

En tu religión personal puedes encontrarte también con figuras que te inducen a tomar una determinada dirección. En este libro está claro que Thoreau, Gould y Simone Dinnerstein me han inspirado a seguir adelante con mi trabajo. Me proporcionan ideas, un ímpetu, y el deseo de ser creativo y efectivo

---

68. Craig Holden, *The Jazz Bird* (Simon & Schuster, Nueva York, 2002), p. 85.

como ellos. No concibo que mi trabajo pueda ser creativo sin
este tipo de musa.

Por cierto, un socio o socia, amigo o amiga no sentimental también pueden ser tus musas. Ya he explicado cómo James Hillman
penetró en mi imaginación, instalándose allí durante décadas, es-
timulando en gran medida mi trabajo creativo. Ha ejercido una
influencia similar en otras muchas personas debido a la cualidad
seminal de sus pensamientos y escritos. Cuando lees sus obras, las
semillas arraigan en la tierra de su mente y al cabo de un tiempo
florecen. Entonces no sabes con certeza si las ideas son tuyas o
suyas. Hillman escribía sobre personas que en su infancia eran
como una bellota destinada a convertirse en un roble, pero él mismo es una bellota. Te recomiendo que lo leas con atención, para
no perderte en su brillantez.

El ánima de Hillman, su alma, su sentido estético unido a sus
ideas brillantes, la chispa de imaginación que lleva dentro, revela
la naturaleza de su musa.[69] Inspiraba a otros con su imaginación y
con el mundo que amaba. Por lo demás, Hillman era para mí una
musa bajo la guisa de un amigo.

Podrías tomarte esta idea seriamente en tu religión personal:
observa cómo la amistad puede inspirar tu trabajo creativo, ya sea
un trabajo artístico o relacionado con el mundo de los negocios,
la medicina o académico. Muéstrate abierto a la influencia de
amigos que te ofrecen ideas e inspiran tu creatividad.

---

69. Sobre la musa masculina, véase: «La poetisa femenina y la musa masculina» en
Magma Poetry. 37. http://magmapoetry.com/archive/magma-37-2/articles/the-fe-
male-poet-and-the-male-muse/.

La amistad es una forma de amor. No suele ser el amor romántico, ardiente y apasionado, sino una relación más fría, más generalizada y sin embargo quizá dotada de un sentido más hondo. No puedo separar mis sentimientos sobre la amistad de todo lo que debo a James como musa. Cuando pienso en las ideas clave que aprendí de él, recuerdo dónde nos hallábamos, lo que hacíamos en ese momento, cómo se expresaba. Siempre recuerdo el profundo sentimiento de conexión que tuve con él, su risa y los expresivos movimientos de sus cejas.

Por ejemplo, un día caminábamos por su calle mientras yo le hablaba de un cliente que sentía una extraordinaria pasión por los napoleones franceses, unos deliciosos bizcochos con crema recubiertos de una escarcha clara y oscura. No era una pasión culinaria corriente y normal. Mi cliente no podía dejar de comer esos pastelitos, y en mi barrio había una pastelería francesa. Cada vez que salía de mi consulta compraba varios, pese a que tenía un serio problema de sobrepeso.

James se detuvo en la acera y acercó su rostro al mío. «Es un síntoma importante —dijo—. Dime cómo acaba la historia.» Luego añadió señalando con el dedo: «Tienes que tomar nota de estos pequeños detalles. De cómo funciona la psique. ¡De lo que uno come!» Cada vez que Hillman se refería a la psique, adoptaba una actitud muy vehemente. No es de extrañar que la gente se sintiera tan impactada por él.

Daimon

El daimon, un ente semejante a la sombra de uno mismo, al que ya se referían en la antigüedad y ha sido citado por escritores modernos como Jung, Yeats, Rollo May y Hillman, puede ser una voz, un deseo o una advertencia que nos puede guiar e inspirar. Pero a diferencia de un ángel y una musa, el daimon es una figura con quien a veces tenemos que pelearnos.

«Daimon» es una palabra griega antigua que significa una presencia o una fuerza interior que nos guía impulsándonos en una u otra dirección, o previniéndonos de los peligros que encierra determinada actividad. Según la mitología griega, el daimon puede aparecer junto al héroe, amonestándolo y conminándole a seguir adelante. Los poetas se refieran al daimon como una fuerza que es preciso tener muy presente, la fuente de poder creativo y necesidad. El daimon añade fortaleza y firmeza, un poder explosivo al concepto más conocido de la musa.

Jung advierte que no podemos utilizar al daimon para alanzar nuestros propósitos. «Debemos tener muy en cuenta la autonomía de esta figura ambivalente, pues es la fuente de esa temible fuerza que nos conduce hacia la individuación.»[70] El daimon nos impulsa hacia nuestra plenitud, pero lo hace a su manera, tratando a menudo de alejarnos de nuestros mejores proyectos y estrategias. Es temible porque a menudo nos exige mucho.

Yeats denominaba el daimon «el otro Yo». Puede procurarnos una inspiración creativa, pero constituye un reto precisamente porque habla en nombre de la suerte y el destino, no del deseo y la voluntad personal. Yeats sostenía que la pugna entre el daimon y el Yo hacía que aflorara nuestra vertiente más creativa.

Puesto que los daimónico transmite un intenso aire de alteridad, sirve a la vida espiritual, que es en gran parte la interacción entre el Yo y el otro invisible. La vida espiritual no es un proceso

---

70. C. G. Jung, *Alchemical Studies* (Princeton University Press, Princeton, 1967), p. 437.

estático, sino dinámico, que nos invita a profundizar e intensificar nuestro compromiso con la vida. Pero no es el compromiso totalmente externo tal como se expresa en términos modernos. Es una mezcla de interno, externo y más allá. Es al mismo tiempo profundo, intenso y trascendente. El elemento de profundidad a menudo pasa inadvertido, en especial cuando el acento recae en lo trascendente. El proceso profundo incluye diversos acontecimientos personales y nuestras experiencias pasadas, así como las relaciones y emociones más arraigadas. Cultivar una amistad o una relación sentimental importante comporta la participación del espíritu —es posible que tengas que luchar con tus deseos y tus inhibiciones—, y puede ser un elemento significativo en tu religión personal.

Lo daimónico puede aparecer bajo la guisa de una persona o un lugar; las tradiciones se refieren al espíritu de un lugar, y ese espíritu puede hacerse sentir incluso en nuestra época moderna. Yo mantengo una relación daimónica con Irlanda. Quizá lo lleve en la sangre y en mi patrimonio, o puede que Irlanda no sea un lugar real, sino que forme parte de la geografía de mi imaginación. Para mí es un lugar de poder, aunque mis sentimientos con respecto a Irlanda son ambivalentes. Veo los problemas sociales y algunas costumbres de la gente que me disgustan. Con todo, es un lugar que aún conserva una gran dosis de fantasía. Me encanta, lo cual demuestra que el daimon sigue residiendo allí.

En el caso de Hillman comprendí que el daimon constituía su genio y el poder que con frecuencia estalla a través de su personalidad. Él lo consideraba la ira, una emoción que le había causado numerosos problemas pero que explicaba su creatividad. Yo veía su daimon como un poder para reimaginar cualquier cosa que le llamara la atención. Era semejante a las facultades casi sobrenaturales que poseen algunos músicos y atletas. En Hillman era parecido a lo que el poeta García Lorca describe como «duende», el poder creativo que hace presa en una persona y la conduce a un estado creativo casi enajenado. «La aparición del duende [...] produce sensaciones desconocidas y nuevas, con las cualidades de una rosa recién creada, milagrosa, que genera un entusiasmo casi religioso.»

Las personas creativas a veces dan la impresión de sentirse atormentadas, pero no está claro lo que les causa esta perturbación. Si nos tomáramos el daimon o el duende en serio, entenderíamos que no se puede estar inspirado en todo momento por la sombra de uno mismo sin que ésta nos fustigue. Si lees el ensayo de Lorca titulado *Juego y teoría del duende*, te harás una idea de lo abrumadora que puede ser la vida creativa, lo abrumadora que es la vida espiritual cuando se vive realmente como una respuesta a una invitación y no como a un proyecto del ego.

La mayoría de las personas que he citado que construyeron su propia religión eran creativas y estaban de alguna forma trastornadas. Thoreau tenía fama de ser una persona difícil. Gould era un excéntrico sin paliativos. Hoy en día los expertos no se ponen de acuerdo en si Emily Dickinson padecía un trastorno mental o era una persona rara. Sócrates fue ejecutado en parte debido a su relación, que él reconoció, con su daimon. Podría seguir enumerando otros ejemplos.

Las personas casadas confunden con facilidad el daimon con el Yo. Pelean con el daimon que se agita dentro de su pareja, interpretándolo como una rareza de su personalidad, fácil de dominar y controlar. Es preferible tener presente que todos llevamos dentro una fuerza daimónica, quizás algunos más que otros, y que la persona afectada está tan a merced de ella como las personas que la rodean

Los antiguos romanos utilizaban la palabra «genio», el genio que reside en la cabeza o el genio *loci*, el daimon de un lugar. Se referían al genio de una mujer como un *juno*, un daimon específico de una mujer. El *juno* de una mujer, el espíritu con el que había nacido, explicaba la evolución creativa de su vida a lo largo de los años; la mujer celebraba este *juno* en su cumpleaños y prestaba una atención especial a sus cejas porque eran sagradas para el *juno*. (Recuerda mi alusión a las cejas de Hillman.)

Las cejas dicen mucho sobre una persona, delatando a veces sus pasiones y temores. Si observas las cejas de una persona quizá veas al *juno*, la personalidad no relacionada con el ego que influye en una vida.

Según los romanos, el genio y el *juno* explicaban también un espíritu de optimismo y bienestar. En cierta medida, era el equivalente romano del «alma» de los griegos y se hallaba al mismo tiempo dentro y fuera de una persona, un aspecto de la vida individual y una cualidad de la familia y la comunidad.[71] Según el pensamiento romano, los hombres y las mujeres no sólo son distintos en áreas superficiales, sino que están inspirados y movidos por presencias internas específicas en cada uno, el genio y el *juno*.

Si hace dos mil años los romanos intuyeron la presencia activa de un *juno* en una mujer, esta presencia sigue allí hoy en día, aunque no solemos reparar en ella debido a las limitaciones de nues-

---

71. Para información y debates sobre estas fascinantes ideas, véase Richard Broxton Onians, *The Origins of European Thought* (Cambridge University Press, Cambridge, 1988), pp. 127-130.

tras ideas y nuestro lenguaje. La mujer tiene un *juno* que es su fuerza creativa. Cualquier hombre que ha estado en presencia de una mujer debe saber que allí reside una fuerza que no se debe a la personalidad, sino al carácter de la mujer, una presencia más femenina y más potente de lo que puede ser una persona.

Te propongo una interesante práctica religiosa que puedes tomar prestada de los romanos. Puedes confeccionar u obtener una estatua que represente al genio de tu hogar y colocarla en tu jardín, como hizo Jung con su piedra Bollingen, una piedra de gran tamaño en la que había tallado unas palabras misteriosas en varias lenguas y la imagen de una pequeña figura humana. Los romanos preferían la imagen de una serpiente. Tú puedes también utilizar una serpiente o un animal que evoque de forma efectiva el espíritu de tu hogar. Busca la imagen perfecta de tu *juno* y colócala en tu hogar para mantener esa relación viva y concreta. Me pregunto si nuestra Quan Yin de madera tallada es la figura de *juno* en nuestro hogar. Si eres mujer, busca una imagen de tu *juno* y consérvala cerca de ti. Tu *juno* debe tener la suficiente pasión para vivir de forma creativa.

Jung dice que una palabra como «daimon» posee una mayor numinosidad o carga espiritual que «inconsciente», y en su vida privada se dirigía al daimon llamándole de «tú», y recomendaba que nos tomáramos estos espíritus seriamente, pintando y esculpiendo imágenes de los mismos. En nuestra religión personal podemos observar la práctica de Jung en lugar de su teoría y tratar a los espíritus que nos inspiran y nos guían de «tú» y no de «ello».[72]

---

72. La primera vez que oí la palabra «daimon» fue en un contexto psicológico a mediados de los años sesenta, cuando unos amigos me pusieron unas cintas de audio del psiquiatra existencialista Rollo May. Éste se refería en términos positivos

También puedes estudiar detenidamente la forma en que Jung dio cuerpo a su daimon en sus pinturas, su caligrafía, sus esculturas en piedra, sus construcciones y sus insólitos escritos espirituales. Consulta su «autobiografía» titulada *Recuerdos, sueños y pensamientos* y *El libro rojo*.

La paradoja de esto es que un impulso daimónico, al margen de la voluntad y la decisión, es en realidad más humano y más personal. Cuando respondemos a los impulsos daimónicos, somos más nosotros mismos que cuando tratamos de vivir de acuerdo con nuestra voluntad e intención. Somos lo que nos inspira, no lo que queremos y fingimos ser.

En cierta ocasión conocí a un hombre que era un banquero de éxito y aficionado a tomar fotografías artísticas. Un día me dijo que su auténtica pasión era la fotografía, pero quería ganarse bien la vida. Sus palabras «auténtica pasión» quizá fueran su forma de referirse a su daimon. Al cabo de un tiempo dejó su cargo en el banco y se dedicó por completo a la fotografía. Decía que había decidido dar rienda suelta a su verdadero Yo, y se sentía satisfecho de haberlo hecho. Su trabajo en el banco era una identidad práctica, mientras que la fotografía le permitía ser un individuo.

La mente consciente es pequeña y débil comparada con el poder emocional y espiritual que calificamos de daimónico. Puede ser el deseo de crear, de correr riesgos y de amar. La vida puede

---

al daimon, como en su libro *Love and Will*, donde escribió: «Lo daimónico es el impulso de entregarnos a los demás, de incrementar la vida a través del sexo, de crear, civilizar; es la alegría y el rapto, o la simple certeza de saber que importas». Asimismo, advertía que el daimon puede desmadrarse y convertirse en una fuerza destructora.

ser sencilla cuando evitas al daimon del amor, pero también menos apasionada y provechosa.

En nuestra situación contemporánea sería difícil utilizar un lenguaje angélico para describir las inspiraciones daimónicas que tenemos. Concretizamos con demasiado facilidad a los ángeles. Pero sería interesante estudiar a los ángeles y averiguar la verdadera experiencia que representan. Quizá seríamos más conscientes de las formas sutiles en que lo espiritual incide en la experiencia cotidiana. También podríamos incorporar en nuestra teología natural y personal los conceptos sobre los ángeles que contienen los escritos de Rainer Maria Rilke y Wallace Stevens, dos poetas que empleaban a un tipo de ángel muy sofisticado, contemporáneo y sutil en sus pensamientos.

Un día de invierno de 1911, Rilke se hallaba solo en el castillo de Duino, en el extremo nororiental de Italia, un castillo construido sobre un promontorio que se alza en el mar Adriático. Había estallado una tormenta en este dramático escenario y de pronto se le ocurrió una potente estrofa: «Cuando grito, ¿quién me oirá entre los coros de ángeles?» Se convirtió en la primera estrofa de *Elegías de Duino*, poemas sobre su experiencia en un mundo cuya interioridad se revela «como un ángel, ciego, mirando dentro de sí». La primera elegía dice:

> «Si uno de ellos me estrechara contra su corazón,
> yo desaparecería en su imponente ser.
> La belleza sólo es el comienzo de un temor
> que nos podemos soportar.
> Nos inspira temor porque desciende
> con calma a nuestro nivel para destruirnos.
> Todo ángel es terrorífico».

Rilke evoca el poder y el temor reverencial que le inspiran el daimon y el ángel. En sus escritos, éstos no son abstracciones. Por lo demás, una religión personal no es una forma razonable, plácida o conveniente de ser espiritual. Significa abrirse a la tremenda fuerza de lo que representa formar parte de una existencia vasta, misteriosa y poderosa. Como todas las religiones auténticas, consiste básicamente en la voluntad de situarnos al borde de nuestra existencia, como Rilke sobre el promontorio, abierto a la potencia de lo que significa estar vivo.

Vivir una religión propia no es para los débiles o pusilánimes, una melodiosa palabra que significa «alma pequeña». Observa que «pusilánime» contiene el término «ánima». Recuerda la profundidad y fuerza de algunos de tus temores. Recuerda la potencia de algunos deseos y anhelos. El alma está llena de deseos potenciales que doblegan a la voluntad y nos producen angustia. Mientras reúnes los ingredientes de tu religión personal, prepárate para una vida que requiere coraje y fuerza de voluntad. Aquí es donde entran en acción el guerrero espiritual y la *yihad* espiritual. A fin de conservar tus convicciones religiosas, necesitas todo el valor del que puedas hacer acopio y todos los aliados y recursos que tengas a tu alcance. La religión no es algo correcto y agradable que debemos practicar. Siempre es una cuestión de vida y muerte.

QUINTA PARTE

MÁS ALLÁ DEL YO: UNA GUÍA INTERIOR

«A veces, cuando dejaba de escribir y pasaba una mano sobre la otra, mi mano olía a violetas y a rosas, a veces la verdad que buscaba se me aparecía en un sueño,
o, cuando articulaba una frase, sentía que algo me detenía.»

W. B. YEATS, *Una visión*

9

HABILIDADES PARA UNA VIDA INTUITIVA

«Las palabras y el papel no me parecían lo
bastante reales; necesitaba algo más. Tenía que
llevar a cabo una representación en piedra de
mis pensamientos más recónditos y los
conocimientos que había adquirido.»

C. G. JUNG[73]

Durante mi primer viaje a Italia pedí a unos amigos que me
llevaran a Villa Medici en Careggi, en las afueras de Floren-
cia. En esa época la villa formaba parte de un centro médico y
estaba muy bien conservada, en especial los hermosos jardines
que, aunque habían sido modificados en el siglo XIX, revelaban
el espíritu del Renacimiento. Mientras paseaba por entre plantas
y árboles exóticos, me topé con una extraordinaria escultura.
Ignoro si data de los tiempos de Marsilio Ficino, que en la década de 1480 solía reunirse con sus amigos en la villa para hablar
del alma, y no he podido obtener una información histórica so-

---

73. Jung, *Memories, Dreams, Reflections* [Recuerdos, sueños, pensamientos],
p. 223.

bre el tema. Es una imagen de un anciano con el cuerpo de un niño y garras de ave en lugar de pies, sentado sobre un búho.

En la época del Renacimiento era habitual plasmar en imágenes fantásticas y grotescas las numerosas paradojas de la vida. Grotesco no significa necesariamente feo; puede referirse a una bestia que es una mezcla de muchas especies, una quimera. Tomé una fotografía de esta estatua durante esa visita que hice hace muchos años, que he contemplado en numerosas ocasiones. El anciano con el cuerpo de un niño me resulta familiar como el *senex-puer*, una mezcla de juventud y vejez. Un ejemplo de ello es mi padre, quien a los cien años conservaba un espíritu juvenil. O podría ser alguien capaz de imaginar nuevas posibilidades libremente y que tuviera la habilidad de poner en práctica sus ideas e incluso de ganar dinero con ellas. El anciano sentado sobre un búho tiene incluso más posibilidades. El búho es un *senex-puer*, un ave llena de vida, que al mismo tiempo se asocia con la sabiduría y el inframundo, dotada de brillantes conocimientos y visión nocturna.

La lección que he asimilado de la misteriosa imagen en el jardín es darme cuenta de lo importante que es descifrar los misterios de la vida, utilizando la imaginación y la intuición, preparado para las paradojas y las sorpresas. No basta con ser razonable, seguir a la masa, hacer lo que se espera de nosotros y ser normal y equilibrado. Tenemos que ser como esa figura en el jardín: viejos y jóvenes, débiles y semejantes a las aves, infantiles y sabios.

Buscar el medio de crear tu propia religión no es como prepararse para una profesión. No puedes estudiarlo en una escuela o academia, y no hallarás un plan predeterminado. Tienes que seguir las inspiraciones, las revelaciones, las sorpresas, los giros radicales y las intuiciones. No utilizo la palabra «intuición» a la ligera. No me refiero a una simple corazonada. Me refiero a un profundo conocimiento que no observa las reglas de la lógica y no se encuentra a través de la investigación y el razonamiento.

Un «atrapasueños»

«Intuición» procede de un término en latín que significa «fijarse en». Ser intuitivo quiere decir estar preparado para detectar una nueva información o percepción vaga y que pasa rápidamente. Las intuiciones aparecen y desaparecen al instante. Tienes que estar preparado para captarlas. Necesitas una especie de «atrapasueños», una red ligera como una pluma, para atraparlas cuando aparecen. Son como mensajes sutiles que recibes, pero tan delicados y tenues que no son fáciles de captar. Porque no son fruto del razonamiento y de la investigación; tienes que aprender a descifrarlas y confiar en ellas.

Yo propongo estas «reglas» basándome en mi experiencia. Conforme me hago mayor, me vuelvo más intuitivo y me apoyo más en la intuición que en los hechos. Tengo que estar pendiente de mis intuiciones, atraparlas antes de que desaparezcan, valorarlas rápidamente y confiar en las que decido tener en cuenta. Cada uno de estos pasos requiere práctica y experiencia. Con el tiempo he adquirido mayor habilidad a la hora de captarlas. Entiendo que la intuición es un valioso medio para arreglárselas en la vida, pero también soy consciente de que es una habilidad.

Un fuerte poder de intuición es útil y quizás incluso necesario para crear una religión propia. Es una cuestión delicada captar las verdades ocultas en la naturaleza y en uno mismo, saber cómo y cuándo actuar, y apreciar los misterios cuando aparecen.

En nuestra religión personal, la intuición es semejante a la oración en una religión formal. Es una forma especial de diálogo y comunicación.

La intuición se parece más a la contemplación y la meditación que a la investigación y el experimento. Es más interior, más sutil, menos demostrable y más escurridiza. No es fácil confiar en lo que sientes intuitivamente, principalmente porque no hay hechos externos que refuercen nuestras conclusiones o hagan que nos sintamos seguros cuando tomamos una decisión basada en nuestra intuición.

La religión no se refiere esencialmente a hechos, sino a temas relacionados con la fe, la esperanza y la ética. Requiere una visión interior y exterior. En especial a la hora de tomar decisiones y decidir cómo queremos vivir, las religiones formales ofrecen instrumentos para la intuición, como pasajes de las escrituras que pueden ser interpretados de diversas formas, o retiros espirituales que nos ayudan a sosegar nuestra mente y estar abiertos a la inspiración.

Intuición y sentido del momento oportuno

En los Evangelios, cuando Jesús reúne a sus discípulos y seguidores y les envía a impartir su doctrina y a sanar, dice: «Ha llegado el momento en la plenitud del tiempo; el reino de Dios está cerca; convertíos y creed en esta buena enseñanza» (Marcos 1, 15). La palabra utilizada aquí que significa tiempo es el celebrado término «*kairos*». No se refiere a una cantidad de tiempo, sino a calidad, el momento oportuno para actuar. Indica oportunidad y buena fortuna. Las cosas han llegado a un punto en que es preciso ponerse en marcha.

Ese momento me ocurrió un día cuando aún vivía en una comunidad religiosa. Durante esos trece años a veces me preguntaba si permanecería en la comunidad. Muchos de mis compañeros de clase se habían ido, pero yo perseveré hasta seis meses antes de mi ordenación. Recuerdo que durante mi último año allí mi padre observó con cierto alivio:

—Supongo que ya has pasado lo peor.

—Eso espero —respondí, convencido de ello.

Pero una mañana me desperté y supe que mi vocación había desaparecido. No podía seguir viviendo como un monje y aspirar a ordenarme sacerdote. Esa misma mañana tuve una reunión con el padre prior, que habíamos fijado previamente, para hablar sobre mi próxima ordenación. Me preguntó si tenía dudas sobre el paso que iba a dar.

—Sí —respondí—. Tengo serias dudas, y más que dudas.

—Entonces no puedes ordenarte —dijo el prior—. Espera a las ordenaciones del año que viene.

No, no podía. Sentía la presión de que había llegado el momento. La palabra utilizada junto con «*kairos*» en el Evangelio de Marcos es una forma verbal de pleroma, plenitud. Yo sabía que no podía postergar mi vida. Todo indicaba que mi experiencia como monje había alcanzado su pleroma. Era el momento oportuno para hacer un cambio.

Desde fuera quizá pareciese que había tomado una decisión contra la religión, el cristianismo y los Evangelios. Pero tal como lo veo ahora, fue justamente lo contrario. Había tomado una decisión religiosa, en el momento oportuno, obedeciendo un profundo cambio que se había producido en mi corazón, que estaba en consonancia con el Evangelio. Había decidido renunciar a llevar una vida religiosa formal dejando abierta la posibilidad de crear mi propia religión. Años más tarde leí que Emerson había llegado a una decisión semejante, rechazando la tradición formal, y que para él era también una cuestión de ser más religioso, no menos.

Debo hacer un inciso para señalar que lo esencial de este libro, el descubrimiento o creación de una religión propia, no es una opción. Es un paso necesario en tu evolución espiritual. Si te resistes a ello y te ocultas en una institución religiosa o en un mundo puramente secular, tu alma se quedará bloqueada. Tendrás síntomas y no serás feliz. Quizá pases años preguntándote qué te ocurre: por qué estás triste o enfermo, por qué tu matrimonio no funciona, por qué no encuentras un trabajo que te satisfaga. Te preguntarás por qué te suceden todas estas cosas.

Ahora entiendo que habría sido irreligioso por mi parte permanecer en la Iglesia en lugar de seguir mi intuición —como hice— de que el destino me tenía reservado otro tipo de vida. No sabía lo que ocurriría en el futuro. Era como arrojarse por un precipicio, estaba en caída libre. No tenía ninguna certeza de que alcanzaría una existencia plena y satisfactoria, y no tenía idea de lo que el futuro me tenía reservado. Estaba a merced de una pura intuición que me pedía que me rindiera.

Las intuiciones pueden ser complicadas: son difíciles de captar, de retener, de confiar en ellas y de descifrarlas. Sin embargo, son esenciales, especialmente en cuestiones espirituales.

Una fase esencial en la vida espiritual es descubrir tu destino, tu vocación, o lo que Dios desea que hagas, como quieras expresarlo. Esta importante cuestión requiere una interpretación constante y profunda de los acontecimientos. En última instancia cabe preguntarse: ¿quién soy y qué estoy llamado a hacer en esta breve vida? Es una cuestión que sólo puede responderse de forma misteriosa. Quizá debas seguir el consejo que Rilke dio a su joven amigo poeta: sigue profundizando en tu pregunta hasta que aparezca la respuesta. La mejor forma de profundizar es perseguir una serie de intuiciones, descubriendo en cierta medida a través de la prueba y el error dónde reside tu destino.

Cuando echo la vista atrás y analizo mi vida pasada, me doy cuenta de que los cambios más importantes y positivos tuvieron lugar en medio de una intensa angustia: abandonando mi hogar para abrazar mi destino, abandonando el monasterio al comprender que había llegado el momento, siéndome negado un puesto en una universidad y sabiendo que comenzaba un nuevo capítulo en mi vida, teniendo un hijo cuando no había imaginado que fuera a ser padre.

Nicole Kidman, una auténtica artista cuyas dotes actorales admiro, dice algo parecido sobre su trabajo, que requiere un constante instinto intuitivo. Sus intuiciones se mezclaban con una tendencia a lo insólito y lo oscuro. «De niña siempre me sentí atraída por lo oscuro, por cosas insólitas. En parte tenía que ver con mis padres. Mi madre siempre lo cuestionaba todo, no quería que fuéramos conformistas. De modo que en cuanto a los papeles que interpreto, me gusta sentirme en un lugar incómodo. Los papeles complicados son los que me van mejor. No tengo capacidad para lo ligero, lo cual lamento, de modo que estoy trabajando en ello.»[74]

«Me gusta sentirme en un lugar incómodo» puede ser el secreto del éxito de su carrera. Constituye un aspecto de vivir de

---

74. «Entrevista de Nicole Kidman con Jennifer Aniston», *Harper's Bazaar,* 5 de enero de 2011.

modo instintivo, interpretando los signos y siguiendo una brújula interior. Es semejante a la «capacidad negativa» de John Keats —cuando una persona es capaz de vivir rodeada de «incertidumbres, misterios, dudas»—, esencial y en el arte y en la religión. A veces las personas acuden a la religión formal en busca de consuelo, pero un sentido religioso profundo y personal requiere lo contrario: la capacidad de vivir rodeado de incertidumbre, de correr riesgos, de formular preguntas difíciles y evitar las respuestas fáciles. Quizá resida en esto la diferencia entre la religión formal y el sendero espiritual que buscas por tu cuenta: en este caso, te permites la presión de la duda y los interrogantes.

El primer requisito para construir una religión personal es la capacidad de conectar con los misterios sin tener que explicarlos. Hace poco una mujer que acudía a mi consulta, llamada Patricia, observó: «¿Qué me ocurre? ¿Por qué siento tanto dolor? ¿Y qué hacemos tú y yo sentados aquí, hablando de ello? ¿A qué viene todo esto?»

Era una mujer que durante muchos años había tenido una vida clara y ordenada, pero vacía. Su trabajo no tenía ningún sentido para ella, su matrimonio era superficial y su papel de madre sólo la satisfacía a medias. Vista desde fuera, todos creían que tenía una vida perfecta, pero para ella era un fracaso. Luego empezó a desmoronarse. Patricia sentía el dolor de la desintegración, pero yo veía la necesidad. No creí que pudiera cambiar sin experimentar el caos. Recordé las palabras de Jung sobre Hermes o Mercurio, un acontecimiento que se produce o un estado anímico que nos sobreviene cuando necesitamos un cambio y hallar nuestra profundidad: «Este espíritu se corresponde con la parte de la psique cuya transformación e integración son fruto de un largo y arduo opus. No conduce a aquellos de quienes se apodera ni hacia arriba ni más allá, sino de regreso al caos».[75]

La mayoría de personas piensan que un sendero espiritual conduce «hacia arriba y más allá», pero Jung sabía que puede llevarnos a un caos más profundo y creativo, a un estado de orígenes y comienzos que permite que se forme una vida nueva, un proceso de transformación que constituye «un largo y arduo opus», no un breve y emocionante renacer. Algunos no tienen la fuerza para resistirlo y se rinden. Algunos movimientos espirituales abrazan tan sólo una filosofía positiva, prescindiendo del papel de la desintegración en la forja del alma.

Una religión personal es un proceso, no un estado estático, con movimientos hacia delante y hacia atrás. Rara vez es una evolución. Es al mismo tiempo doloroso y cansado, y está plagado de incertidumbres. Es espiritual y psicológico, teológico y emocional, social e intensamente individual. Como la labor de un alquimista, comporta cambios frecuentes y distintas temperaturas, colores y olores conforme se produce una aventura tras otra.

Tu intuición tiene que funcionar a pleno rendimiento para que permanezcas atento a los acontecimientos y sepas hacia dónde dirigirte. Tu guía, si tienes uno, necesita la misma dosis de fortaleza e instinto. Conviene disponer de herramientas que te ayuden en tus procesos intuitivos.

Guías e indicadores

Cuando leas historias de hombres y mujeres que se han esforzado en hallar el camino hacia un entendimiento profundo de

---

75. C. G. Jung, *Mysterious Conjunctionis*, p. 252.

ellos mismos y su mundo, un aspecto importante de su religión, observarás que algunas personas y eventos les han servido de guías e indicadores.

Un ejemplo que siempre me inspira, probablemente porque he sido un monje católico y provengo de determinada generación, es el monje cisterciense Thomas Merton. Fue un ferviente buscador toda su vida, pero sobre todo en su juventud, cuando buscó respuestas y sintió una marcada e intuitiva atracción hacia la religión. Durante mucho tiempo no supo si esa atracción le conduciría a una religión formal o informal.

Tenía muchas preguntas serias, y uno de los pasos decisivos en su camino hacia el monacato fue un libro. Merton leyó un grueso tomo escrito por el filósofo Etienne Gilson, *The Spirit of Mediaeval Philosophy*. «Para mí supuso un gran alivio —escribe en su temprana autobiografía— descubrir que ninguna idea que se nos ocurra, y menos una imagen, puede representar de modo adecuado a Dios, y que no debemos sentirnos satisfechos con ningún conocimiento que obtengamos sobre Él».[76]

Merton era un intelectual que buscaba la religión con la mente. Hoy muchas personas van en busca de ella con el corazón. Pero la búsqueda de Merton de ideas religiosas que le satisficieran sigue siendo relevante, en particular la idea de que Dios está más allá de ninguna expresión determinada. Muchos hallarían una guía segura evitando las ideas sobre la religión que son demasiado fijas y definitivas.

El otro punto, más general, es que un libro puede ser una guía transformadora hacia la intuición. Un libro puede ayudarte

---

76. Thomas Merton, *The Seven Storey Mountain* (Harcourt Brace & Co., Nueva York, 1998), p. 191.

a formular tus vagas sensaciones y agudizarlas. Puede mostrarte con más claridad lo que has encontrado en las nebulosas regiones de tu búsqueda. Puede llevar tus pensamientos y tus preguntas más lejos, no necesariamente procurándote respuestas claras, pero sí ayudándote a avanzar.

Luego Merton sintió el impulso de entrar en una iglesia. «Primero sentí ese dulce, intenso, suave y puro anhelo que decía: "¡Ve a misa! ¡Ve a misa!" Fue algo desconocido y extraño, esta voz que me espoleaba [...]. Cuando cedí a ella, no se mostró exultante ni me aplastó en su afán de abalanzarse sobre su presa, sino que me condujo hacia delante con serenidad y firmeza».[77]

La historia de Merton está llena de intuiciones, una receptividad a una voz interior que al principio rechazó y por fin aceptó. Lentamente, paso a paso, encontró su camino hacia la abadía de Getsemaní en Kentucky, donde vivió el resto de su vida en relativo aislamiento, pero en un diálogo con el mundo, satisfaciendo su ávida búsqueda de un hogar espiritual.

Recuerdo a otro católico, un amigo que me ha ayudado mucho, el actor Martin Sheen, el cual relata también una historia de caos, búsqueda y descubrimiento. Se hallaba en un momento crítico de su vida, desorientado, tratando de resolver su problema con el alcohol y habiendo sufrido hacía poco un ataque coronario, cuando rodó la que quizás es su película más potente, titulada, curiosamente, *Apocalypse Now*. Su vida cambió de forma radical, según cuenta, cuando se encontró con el director y guionista Terrence Malick en París en 1981. Malick le ayudó personalmente y le regaló un libro, *Los hermanos Karamazov*, de Dostoievski. «Transformó mi espíritu. Cuando terminé de leerlo,

---

77. Merton, *The Seven Storey Mountain*, p. 226.

lo dejé, me levanté y me dirigí a la iglesia de San José. Aporreé la puerta hasta que me abrió un sacerdote pasionista irlandés, que me preguntó: "¿Qué ocurre?" Yo le dije: "He permanecido alejado de la Iglesia durante mucho tiempo y quiero confesarme"».[78]

Posteriormente, a través de los cauces de su catolicismo, Martin se convirtió en un activista. Dice: «Para que la vida espiritual sea activa tienes que situar tu cuerpo donde está tu espíritu. Debemos hallar el medio de unir los aspectos del espíritu con la labor de la carne». Un día, a fines de los años noventa, Martin y yo fuimos a dar un paseo por Santa Mónica y luego asistimos a misa. Después de misa, Martin invitó a un grupo de hombres jóvenes a cenar con nosotros en un restaurante cercano. Observé el afecto con que se ofreció para ayudar a cada uno de esos jóvenes, que también habían emprendido el camino de la búsqueda de sentido. Se sentó a la cabeza de una larga mesa y entabló con ellos una conversión lúcida y provechosa. Evocaba la escena de la Última Cena, y vi que Martin no sólo había encontrado el catolicismo, sino su propia identidad religiosa, su propia forma de ser católico. Esa noche, durante la cena, no era una oveja ocultándose entre la manada. Había asumido el papel de su inspiración, Jesús, sentado a la cabeza de la mesa, ofreciéndose a un grupo de hombres, en ese momento discípulos, que buscaban en él orientación y consejo.

Tanto para Merton como para Sheen, su búsqueda profundamente intuitiva de una religión que pudieran conciliar con sus necesidades y valores halló su punto focal a través de la amistad, otra útil herramienta de la intuición. Un buen amigo

---

78. Sor Rose Picatte, entrevistadora, «On "The Way" with Martin Sheen», *National Catholic Reporter* (7 de octubre de 2011).

puede ofrecerte un libro, una percepción, una oportunidad de reflexionar y apoyo emocional. Tu mejor amigo podría ser alguien como Malick, que dio a Sheen algo en que pensar y fue el ímpetu de un evento espiritual crucial. La amistad, por supuesto, funciona en dos sentidos. De acuerdo con tu religión personal, podrías ser el tipo de amiga o amigo dispuesto a proponer la lectura de determinados libros, la asistencia a charlas y conferencias y viajes con el fin de promover la vida espiritual del otro.

Sincronicidad

A lo largo de muchos años he hallado otras herramientas no menos útiles, aunque parezcan insólitas en nuestra cultura basada en la ciencia.

La primera, la sincronicidad, asociada a Jung, consiste simplemente en tomar nota cuando ocurren dos o más cosas al mismo tiempo de una forma que tenga sentido, aunque no exista una relación causal entre ellas. El novelista Herman Hesse cuenta la anécdota de que buscaba respuestas a preguntas sobre su vida cuando encontró por azar un libro transformador en el asiento de un tren. Un pasajero se lo había dejado sin darse cuenta, y Hesse halló en él una pista a las respuestas que buscaba.

Numerosos lectores me han relatado anécdotas relacionadas con mi libro *El cuidado del alma*. Estoy seguro de que otros autores podrían relatar anécdotas similares. Una persona encuentra un viejo y manoseado ejemplar del libro en una librería de ocasión en un país extranjero. El libro se convierte en su tabla salvadora. O una persona ha tenido el libro durante años en un estante en su dormitorio. Una noche lo toma y empieza a leerlo. El libro le habla y le impulsa hacia delante en el momento oportuno. Una mujer me contó que había decidido mudarse a otra casa y creía haberse deshecho de la mayoría de sus libros. Al abrir la maleta, un ejemplar de *El cuidado del alma* cayó al suelo. Lo tomó y encontró en él la forma de dar un nuevo giro a su vida. Los libros tienen una tendencia especial a la sincronicidad.

Puedes cultivar sincronicidades prestando especial atención a los momentos y lugares de ciertos eventos importantes para ti. No necesitas conexiones causales, sino una coincidencia y el momento oportuno. Puedes tomar decisiones basadas en la sincronicidad. Puedes ampliar la idea a cualquier cuestión relacionada con un período de tiempo, el momento oportuno, la estación del año y decisiones. Los agricultores sembraban durante la luna creciente y cosechaban durante la luna menguante. Tú puedes hacer algo semejante en cualquier área de tu vida.

El aspecto religioso en esto consiste en colaborar con la naturaleza o conectar tu vida con la de otra persona, otro ser, tiempo o lugar. Mi amigo Pat interpreta los mensajes de las bombillas. Cuando una farola se apaga, lo ve como una señal digna de tenerse en cuenta, como una señal de advertencia en un correo electrónico.

Yo considero las sincronicidades signos y postes indicadores. Interpretarlas con regularidad y prestarles atención hace que tu mundo cobre vida. Vives con tu imaginación más que con hechos. Tomas nota de niveles de sentido que de otra forma pasarías por alto. En esta esfera de imaginación y asombro, estás menos encerrado en tu cabeza y más en contacto con la vida del mundo, especialmente sus signos e invitaciones.

He probado varios instrumentos intuitivos, empezando por el *I Ching,* que es un instrumento profundo destinado a que la imaginación cobre vida. Suelo utilizar el método de la moneda y observo con atención cómo un hexagrama se convierte en otro: se titula *El libro de cambios*. Luego probé a leer las cartas del Tarot. Estoy familiarizado con la imaginería espiritual tradicional, de modo que las cartas me parecieron interesantes y sugestivas. Pero en mi caso, de la forma en que yo las utilizo, comprobé que no estimulaban mi imaginación y mi intuición. Al cabo de un tiempo descubrí las hojas de té.

A mi entender, las hojas de té son como un alfabeto o la escritura automática, pictogramas que sugieren imágenes llenas de sentido que hacen que tu imaginación se ponga en marcha. No puedo explicarlas, pero la lectura de las hojas de té me parece un medio eficaz de estimular la intuición. El proceso no consiste sólo en leer imágenes, como interpretar sueños. Hay algo en el té, la taza y la tradición que resulta muy potente. Es posible que la noción del té tenga connotaciones de la ceremonia japonesa del té, y me recuerda a mi abuela, cuyos experimentos con hojas de té eran tan extraordinarios que acabó renunciando a esa práctica.

Sea cual sea la explicación, mi intuición se pone en marcha cuando miro en una taza de té sin el líquido que tiene unas hojas pegadas a sus costados. Hace poco fui con mi esposa a tomar té con crema a un elegante salón de té en Inglaterra. Ella me pidió que mirara dentro de su taza. Como ocurre a veces en estos casos, de inmediato empezaron a aparecer imágenes y sin pensar en su significado, se me ocurrieron ideas referentes a su trabajo y su futuro. Le conté lo que veía. Mi esposa acostumbra a prestar atención a mis intuiciones, como yo a las suyas.

Entiendo que algunos podrían burlarse de mí por observar estas prácticas, en especial la lectura de hojas de té. Pero también he constatado que a la gente le gustan y muchos incluso se toman en serio sus «mensajes». Yo era reacio a revelar mi afición a estas prácticas a profesionales como médicos y psiquiatras, pero he comprobado que muchos de ellos desean huir del asfixiante racionalismo que impregna sus mundos y están más que encantados de explorar otras alternativas.

Espejos

El tema de las herramientas para estimular la intuición nos lleva a hablar de la magia natural. Ambas áreas se solapan en cierta medida. Hace unos años, un día que tenía libre en Londres, visité el Museo Británico. Pregunté al empleado de la entrada si había alguna exposición sobre alquimia. Me dijo que si me interesaba la alquimia debía ir a Oxford, pero que tenían una pequeña colección de objetos pertenecientes a John Dee. Esta noticia me entusiasmó.

Durante años he estudiado la historia de la magia natural que incluye a John Dee, astrólogo, matemático y vidente de la Inglaterra isabelina. Era un hombre inteligente y culto que contrataba a asistentes que supieran utilizar un espejo para practicar la clarividencia. Ese día en el Museo Británico vi el espejo de Dee, hecho de obsidiana negra, una piedra volcánica, pulida y muy reluciente. Cuando regresé a casa en Nueva Inglaterra, le conté a mi familia lo que había visto, y más tarde mi hijo me regaló un espejo de obsidiana. Lo coloqué sobre mi mesa de trabajo, donde permaneció varios meses. De vez en cuando miraba en él, pero no veía nada. Un día, inesperada y dramáticamente, el espejo «se activó».

Más tarde comprendí que el hecho de haber trabajado con hojas de té me había enseñado algo sobre las herramientas destinadas a estimular la intuición. Había aprendido a ver más allá de las imágenes que se formaban a partir de las hojas de té y a prestar atención a los pensamientos que se me ocurrían durante este proceso. De pronto, el espejo cobró vida de una forma incluso más potente que las hojas. Ahora la mayoría de las veces que miro en él veo percepciones sobre cualquier tema que le propongo o que me sugiere otra persona. La intuición ha ganado varios puntos en mi estima y entre mis prioridades.

El poder magnético del espejo es tan fuerte que un día, estando en una cafetería en Londres con un amigo, miré distraídamente su enorme taza de café y sentí que mis ojos se fijaban en sus reflejos. Antiguamente, la cristaloscopia se practicaba con simples cuencos de color oscuro llenos de agua. El vidente leía los reflejos en el agua. Yo no me había propuesto «leer» el café de mi amigo, pero no pude evitarlo. Me guardé mis pensamientos para mí y procuré que mi amigo no se diera cuenta de lo que hacía. No conocía mi interés por los espejos. De su taza brotaron numerosas ideas. Hablamos sobre estas pequeñas revelaciones, las cuales nos llevaron de inmediato a los temas que le preocupaban. Me dio las gracias, asombrado de que yo estuviera al corriente de sus problemas.

En la actualidad, poco antes de iniciar una consulta de una hora de duración con un cliente, echo un rápido vistazo al espejo. Lo miro sólo durante unos segundos, pero en ese espacio de tiempo suelo ver dos cosas: un patrón que sirve como símbolo de lo que sucede en el mundo de mi cliente, y a continuación obtengo una idea más precisa sobre cómo proceder. No abuso de esta información, sino que echo mano de ella de vez en cuando durante la conversación, especialmente si el material que he visto en el espejo se me ocurre de pronto, como suele ser el caso. En un trabajo como la psicoterapia es importante ser intuitivo, y el espejo estimula esta facultad que suele estar adormilada en mí.

El espejo me ha enseñado a percibir de inmediato las intuiciones. Ya no necesito un intermediario de pensamientos y razonamiento. Por otra parte, intuyo cuándo es el momento indicado de poner en práctica este método, puesto que no siempre lo es. Me he convertido más en un receptor que en un hacedor y un pensador. He aprendido a confiar más e insistir menos. He descubierto el cúmulo de importante información que pasamos por alto cada día, cuando no estamos alertas y receptivos. Con frecuencia no tenemos tiempo para esperar a recibir el mensaje plena y perfectamente, pero deberíamos prestar atención a los matices que percibimos. Ahora sé que las ideas importantes a menudo aparecen en pequeñas porciones que pasan volando y nuestros sentidos no alcanzan a captar.

Un ejemplo prosaico: un día me registré en un hotel. El conserje me entregó una tarjeta de plástico que era la llave, y cuando volví la cabeza hacia mi habitación, me percaté de que dudaba. Se me ocurrió que esa llave no funcionaría. Pero aparté ese pensamiento, probablemente porque no tenía motivos para tomarlo en consideración, una información que lo convirtiera en una idea racional. Cuando llegué a mi habitación, comprobé que la planta en la que se encontraba tenía cerraduras que requerían llaves de metal convencionales. Si hubiera prestado atención a mi repentina intuición, me habría ahorrado la molestia de bajar en busca de otra llave. Ahora procuro dar más crédito a las pequeñas chispas de intuición que se encienden en mi conciencia.

Profecía

Las tradiciones enseñan que una persona que ha hecho un auténtico progreso en algún tipo de religión puede desarrollar el don de la profecía, la habilidad de vislumbrar el futuro. Muchas personas acuden a la religión para ser más sensibles desde el punto de vista ético, para prepararse para morir o para que su vida tenga sentido. Otro motivo, en especial en una religión propia, es cultivar poderes personales fuera de lo común, no para impresionar a los amigos, sino para vivir con más plenitud en la esfera espiritual, evitar los límites de una existencia puramente materialista.

Como psicoterapeuta he comprobado que me resulta útil cultivar mi intención. No basta con escuchar los problemas de una persona o la historia de su vida, analizarlos de forma racional y buscar el medio de mejorar su situación o un camino para restituir su salud. Una vida humana es profundamente misteriosa y requiere medios más profundos y menos racionales de responder a estas cuestiones. Yo utilizo los sueños en todo mi trabajo, como ya he explicado, los cuales me conducen a un ámbito profundo y reflexivo que es más intuitivo que cognitivo en el sentido habitual del término. Me transportan de la pura racionalidad a percepciones sobre el futuro. ¿Hacia dónde se dirige esta persona? ¿Cuál será el probable resultado si sigue por el camino que ha emprendido o si cambia? Podría llegar a respuestas a estas preguntas confiando en mis conocimientos y mi formación técnica, pero me aproximo más a una respuesta vivible a través de la intuición.

Por consiguiente, añadamos otro poder intuitivo: la profecía. Si consideramos las ideas sobre el futuro como una parte normal de la vida, sin caer en nociones raras, podríamos cultivar la intuición en esta dirección. Podríamos prestar más atención a nuestras corazonadas sobre lo que va a ocurrir y ponerlas a prueba conforme se suceden los acontecimientos. También podríamos utilizar cualquiera de nuestras herramientas para la intuición para poner en marcha o potenciar nuestros pensamientos sobre el futuro a medida que se desarrolla.

No me refiero a una magia de prestidigitador para predecir el futuro para asombro de todos. Me refiero a la utilización corriente y cotidiana de la intuición con respecto al futuro que te procuraría atisbos sobre lo que puede suceder. La profecía siempre ha formado parte de la religión porque representa una facultad fuera de lo común, en consonancia con una forma de vida espiritual y adecuada a nuestra religión personal.

El 2001 fue un año importante para mí. Me trasladé a Irlanda con mi familia y vivimos en una pequeña aldea, más bien un suburbio, al sur de Dublín, a escasa distancia a pie del mar. Siempre he sentido un profundo amor por Irlanda, debido a las historias que mi familia me contaba cuando era niño y por haber estudiado allí durante dos años cuando cumplí los veinte. Confiaba en escribir sobre Irlanda durante nuestro año sabático, pero las cosas no salieron como había previsto.

El colegio de mi hija no resultó como habíamos imaginado, y, alejado de la trepidante vida que había llevado en Estados Unidos debido a mi popularidad como escritor, me sentí deprimido. Me alegré de regresar a casa, aunque no de abandonar Irlanda.

En este contexto ocurrió algo extraordinario. En agosto, de regreso en Estados Unidos, di clase de psiquiatría, como de costumbre, durante una semana en Cape Cod. Una mañana me desperté de un angustioso sueño: unos aviones atacaban edificios en una ciudad estadounidense, provocando una densa y oscura humareda y llamas por doquier. Me desperté temiendo que el país no tardaría en ser atacado, y conté a mi familia mi preocupación. Esto ocurrió tres semanas antes del 11 de septiembre.

Ignoro por qué tuve este sueño tres semanas antes del acontecimiento que describía, pero es interesante que lo tuviera en ese momento. No se me ocurre ninguna razón práctica. He hablado con otros que habían tenido sueños parecidos, la mayoría de los cuales habían aparecido también entre dos y tres semanas antes del fatídico día. El sentido de profecía, en sueños o despierto, puede hacer que te sobresaltes y quizás esté envuelto en un aire misterioso. Es un signo de haber pasado más allá del literalismo y el secularismo y haber alcanzado tus poderes misteriosos. Yo los considero naturales si bien fuera de lo común. Ficino decía que este tipo de magia cotidiana es como injertar la rama de un árbol en el tronco de otra especie. Es un poder natural, pero debemos «injertarnos» firmemente en la naturaleza a fin de gozar de poderes especiales tan insólitos que son mágicos.

Uno de los temas subyacentes de este libro es la oportunidad que tenemos en un nuevo siglo y milenio de ir más allá del mito del dato y la cosmovisión científica, lo cual nos ha proporcionado abundantes dones, pero al mismo tiempo nos ha limitado. Ahora podemos explorar el mundo más allá de los datos objetivos y mensurables, haciendo pleno uso de nuestra inteligencia, y recuperar otros tipos de conocimientos y un enfoque básicamente nuevo con respecto al misterio y a la religión.

10

MAGIA NATURAL

«Si quieres obtener dones solares, observa cuándo
el sol asciende en Leo o Aries en el día y la hora
del Sol. Luego, luciendo una túnica solar de color
dorado y una guirnalda de laurel en la cabeza,
mientras quemas los aromáticos incienso y mirra
solares en el altar, esparce flores como heliotropos
por el suelo.»

FRANCESCO DIACETTO, discípulo de Marsilio Ficino[79]

En 1971 Phil Knight, fundador de Blue Ribbon Sports, en esa
época una empresa que se esforzaba en tener éxito, creó una
marca de zapatillas de deporte y necesitaba un logotipo. Por fortuna, una estudiante de diseño gráfico, Carolyn Davidson, asistía a la clase de contabilidad que él impartía y asumió la tarea de
presentarle diversos logotipos. A Knight no le entusiasmó el dinámico símbolo que había dibujado Davidson, conocido ahora
como el *swoosh*, pero le gustó más que los otros y decidió utili-

---

79. D. P. Walter, *Spiritual and Demonic Magic* (Warburg Institute, Londres, 1958),
p. 32. Traducción del autor.

zarlo. Davidson cobró a Knight dos dólares por hora y le presentó una factura de menos de treinta y cinco dólares. El famoso *swoosh*, que sigue siendo el logotipo de Nike, la nueva compañía de Knight, tuvo un potente impacto sobre los clientes. En 1983, durante una reunión en su honor, Knight regaló a Davidson en señal de agradecimiento un anillo de diamantes en forma de *swoosh* y un sobre que contenía acciones de Nike.

El *swoosh* de Nike ha sido celebrado, envidiado, manipulado y copiado, pero nadie ha reparado en lo que encierra: magia. La magia es una forma de actuar eficaz y potente, pero que no utiliza el habitual causa y efecto, los métodos racionales de la ciencia y el sentido común. Una empresa de calzado quiere convencer a la gente de que compre su producto, pero para ello no basta con explicar lo excelente y económico que es el producto. La empresa buscará un lenguaje o un símbolo que impacte en las personas de una forma no racional, quizás emocional o simbólicamente, haciendo que se encienda en ellas el fuego del deseo.

El *swoosh* de Nike sugiere velocidad, elegancia y éxito. Para los griegos, Niké era la diosa de la victoria y era representada con alas y sosteniendo una pluma. En la guerra de los titanes, Niké permaneció junto a Zeus, padre de los dioses, ofreciéndole confianza y consejos. Como en casi todo lo mágico, hay un elemento oculto que se suma al poder del símbolo o el lenguaje. Una persona que adquiere unas zapatillas deportivas no necesita conocer la historia mitológica de Nike. Sólo tiene que ver el *swoosh*, y la historia del logo impacta en ella.

A veces la magia se debe al poder inherente en una palabra o en una imagen. Muchos libros antiguos de magia muestran extraños símbolos que según la tradición poseen poderes especiales. El *swoosh* de la compañía de objetos de deporte no figura en estos libros, pero podría hacerlo. Ha mantenido el éxito de esta organización durante muchas décadas, atrayendo a millones de leales seguidores. Cualquier empresa estaría encantada de poseer esta magia.

La mayoría de personas ignoran que existe una larga historia de sofisticada magia en Occidente. Ramón Llull, Tommaso Campanella, Marsilio Ficino, el abad Johannes Trithemius, Heinrich Cornelius Agrippa de Nettesheim, John Dee y Robert Fludd eran magos, no simples prestidigitadores, sino personas serias y altruistas que utilizaban profundos poderes ocultos en su vida cotidiana. Algunos, como Llull y Trithemius, se sentían atraídos por el poder de los alfabetos y las palabras; otros, como Fludd y Ficino, veían también poderes especiales en la música y las artes visuales.

Estos personajes de antaño calificaban su trabajo como «magia natural», para distinguirla de la magia sobrenatural. A menudo entendían que la magia era algo muy corriente, como cuando Trithemius creaba códigos alfabéticos que hoy en día parecerían sencillos, pero que en su época resultaban asombrosos. Imagina escribir a alguien una carta en un código en el que cada dos letras de cada dos palabras constituye un mensaje. Aunque Trithemius decía que las palabras contenían daimones, se refería a que sus palabras codificadas poseían poderes ocultos.

Para los norteamericanos, las palabras «nosotros, el pueblo» tienen el poder de inspirar y movilizar. La palabra «sí» en una boda es mucho más que una respuesta afirmativa a una pregunta. En la Iglesia católica, «esto es mi cuerpo» tiene el trascendental efecto de hacer que Cristo esté presente en el ritual. En el *Sutra del Corazón*, escrito y memorizado en todo el mundo, la palabra «vacío», *sunyata* en sánscrito, posee un efecto hipnotizador cuando es repetida muchas veces.

Algunas religiones consideran la magia como algo diabólico y siniestro, inaceptable. Se niegan a confesar que algunas de sus actividades son mágicas. La Iglesia católica distingue entre lo mágico y el sacramento, pero en algunos casos a la mayoría de las personas le costaría distinguir la diferencia. Si valoras la magia de forma positiva, como yo, no tendrás problema alguno en reconocer que tu religión contiene magia. Lo mismo cabe decir de tu religión personal: apreciar la magia en la vida te ayuda a vivir fuera del perímetro de la razón. En este sentido la magia es beneficiosa para la religión.

Yo quiero que el espacio en el que vivo y trabajo tenga una dimensión espiritual. Me rodeo de estatuas y pinturas y citas célebres y observo cómo su magia influye en la forma en que trabajo. Apoyan mi intención y otorgan una cualidad espiritual a mis escritos y a mi estilo de vida. Esto lo aprendí en parte de Marsilio Ficino, el autor renacentista que escribía sobre la «magia natural», que pegaba citas en las paredes del lugar donde impartía clases, pues entendía que esta práctica era una forma de magia. La magia está en el impacto que unas palabras visuales, elegidas con acierto, pueden tener en la conciencia de las personas expuestas a ellas.

El arquetipo del cielo

Quizá conozcas la palabra *magus* por la historia del Evangelio sobre el nacimiento de Jesús, cuando unos magos o astrólogos —los Reyes Magos— fueron a adorarlo portando presentes. En el mundo occidental había un gran número de magos, cada uno de los cuales practicaba su propio estilo de magia. La magia natural implica reconocer y utilizar el poder oculto de las palabras, alfabetos e imágenes. Muchos magos en la historia han desarrollado ciertas habilidades y aptitudes para obtener un efecto espectacular empleando medios insólitos y a menudo misteriosos. Pero el mago también solía practicar magia en situaciones corrientes y normales. Ficino ayudaba a pintores a hallar temas e imágenes potentes. John Dee aconsejaba a navegantes para que no se extraviaran. Hoy en día los publicitarios buscan palabras e imágenes que tengan el poder de influir en las personas. Tú y yo podemos utilizar magia en nuestro mundo cotidiano para resolver problemas en el trabajo y en casa.

Mi amiga Ruth vive en las afueras de Zúrich y un día, hace años, fue en busca de un lugar en los Alpes para convertirlo en su retiro. Encontró una vieja cabaña en un delicioso claro en el bosque. En la puerta había una enorme serpiente enroscada, en la ventana un alegre colibrí, y sobre los árboles revoloteaba un águila. Ruth pensó que los tres animales representaban la tierra, el alma y el espíritu, e instaló su hogar en ese paraje en las montañas. Se dejó influir por la magia del lugar, en vez de por un motivo racional, y ha gozado de muchos años de felicidad en su retiro. Ahora ha incorporado la persona del mago a su forma de vida.

Mientras escribía este capítulo, estaba sentado fuera, almorzando con mi esposa y mi hija junto a un caudaloso río, cuando vimos una garza real, alta, delgada y de color azul, posada sobre una roca en el agua. La observamos detenidamente durante unos minutos, hasta que apareció un hombre que quería ver a la garza real de la que le habían hablado. Después de contemplarla dijo que ahora ya podía volver al trabajo. El magnetismo de la naturaleza es una especie de magia natural, semejante al hecho de que Ruth viera a los tres animales en su casita en los Alpes. El hecho de tener la fortuna de ver lo que suele pasar inadvertido posee un impacto mágico, difícil de explicar, pero sin duda poderoso.

La mayoría de las personas saben que no se consigue gran cosa en la vida sólo a través del esfuerzo mental. Necesitas tener suerte, como lo llamamos nosotros, o herramientas de la imaginación menos racionales. Tienes que confiar en la intuición, la imaginación, y, como hemos visto, la predicción. En general no prestamos mucha atención a estas formas no racionales de percepción y criterio, pero las utilizamos en cualquier caso. El mago hace de ellas su profesión.

Antiguamente, el mago estaba siempre pendiente del cielo. Vivía en un mundo astrológico e incluía los movimientos de los planetas en sus cálculos sobre cómo interpretar los acontecimientos y qué hacer. Hoy hemos contemplado las polvorientas rocas en la Luna y en Marte y nos resulta más difícil imaginar los planetas como factores trascendentes. Pero, como de costumbre, éstos son pensamientos de un modo demasiado literal y concreto. Aun sabiendo lo que sabemos sobre los planetas debido a la ciencia, podríamos beneficiarnos de una actitud religiosa con respecto al cielo.

Puedes empezar a pensar en un sentido astrológico contemplando el cielo de forma normal: observa las nubes, fíjate en el tiempo que hace o presagia, detente a admirar un amanecer o una puesta de sol especial, averigua en qué fase está la luna en su ciclo mensual. Estas sencillas prácticas cotidianas pueden constituir la base de tus conocimientos astrológicos. Pueden enriquecer tu vida e incrementar tu sensación de participar en un gigantesco universo que tiene sus ciclos y sus cambios. Incluso puedes adecuar tu conducta y tus decisiones a los grandes movimientos en el cielo y comprender que no eres insignificante, sino que formas parte de un grandioso y dinámico cosmos.

En 2001, cuando comenzamos nuestro año de estancia en Dublín, Irlanda, a mi esposa, Hari Kirin, una excelente pintora, se le ocurrió un imaginativo proyecto artístico que tenía un marcado aspecto ritual. Cuando llegamos con nuestros dos hijos pequeños, tuvimos que registrarnos en la oficina de inmigración como «extranjeros», un calificativo que hizo que nos sintiéramos raros e incómodos. Luego, mientras tratábamos de convencer a los funcionarios de que disponíamos de los suficientes recursos económicos para pasar allí una larga temporada, vimos que a otras personas que estaban en la misma sala, procedentes de diversos países, les resultaba más difícil demostrar que eran dignos de que les permitieran entrar. Fue entonces cuando mi esposa concibió su idea.

Decidió pintar el cielo irlandés cada día a las cuatro de la mañana y a las cuatro de la tarde. El horario que eligió para trabajar se correspondía con una regla monástica, y, por otra parte, creía que éstos eran los momentos más liminales o «delgados» del día. Las nubes de sus cuadros mostraban que las fronteras que imponemos tan estrictamente entre naciones son irrelevantes vistas desde el cielo. Pasan, silenciosa y tranquilamente, sobre estos límites artificiales, sin prestarles atención.

Mi esposa pintó sus cuadros sobre pequeños lienzos del tamaño de una libra irlandesa, la moneda en curso en aquel entonces. Tres meses después de haber empezado a pintarlos, decidió exponerlos en las oficinas de inmigración que los habían inspirado. Algunos funcionarios trataron de impedírselo, pero mi mujer, una norteamericana de origen irlandés con mucho carácter, se encaró con ellos y consiguió exponer sus cuadros allí durante un día.

Dado que este proyecto, compuesto por varios centenares de pequeños y bellísimos cuadros, mostraba el cielo a determinadas horas del día, constituía a mi entender un proyecto astrológico que poseía una cualidad mágica. Mi esposa pintaba siguiendo su estricto horario natural, mostrando el misterio de las nubes. Con ello contribuyó a que mucha gente reflexionara sobre las limitaciones de las fronteras nacionales y ofreció una visión concreta de nuestra humanidad común global. El proyecto tenía una cualidad ética y estética. Y era mágico.

No es casualidad que las religiones en todo el mundo recen al padre en el cielo, «Padre nuestro, que estás en el cielo», o que las torres de las iglesias apunten al cielo y los techos de las mismas estén pintados de tonos azules como el cielo y tachonados de estrellas. Es interesante que en el cristianismo, Pascua recaiga en el primer domingo después de la primera luna llena tras el equinoccio de primavera, y que Navidad coincida aproximadamente con el solsticio invernal. Estas fechas están determinadas por lo que sucede en el cielo.

La *Enciclopedia de las religiones* de Mircea Eliade describe aspectos del cielo de la Kaaba en La Meca, «que es el punto más alto de la Tierra porque está situado directamente debajo de la Estrella Polar, el "centro" o "puerta" del cielo y la abertura en la bóveda celeste a través de la cual debió de caer "la piedra del cielo". Así, la Kaaba marca un punto visible sobre el eje del mundo, junto con la comunicación entre los mundos divino y humano que se produce en un sentido especialmente poderoso y significativo».[80]

Podríamos practicar un poco de magia simple y natural escalando una montaña para experimentar ese imaginario punto

---

80. Mircea Eliade, *Encyiclopedia of Religion* (Macmillan, Nueva York, 1987), vol. 13, p. 347.

de contacto entre la tierra y el cielo, lo finito y lo infinito. Podríamos tener a mano una fotografía del cielo nocturno para recordarnos y hacernos reflexionar. Podríamos pintar un techo de color azul celeste para llevar el cielo al espacio donde vivimos. Son métodos sencillos y mágicos de participar en el antiguo ritual de honrar el cielo como una imagen del espíritu.

El cielo, en sentido literal, es el espacio que hay sobre nosotros, pero también es un símbolo natural. Nadie inventó el simbolismo del cielo. Es un hecho que cuando miras el cielo piensas en cosas espirituales. Una iglesia con una cúpula hace que la experiencia sea más simbólica y a la vez más efectiva. Desde cierto punto de vista, la cúpula es un instrumento de magia. El Panteón en Roma, con su «ojo» abierto y circular en lo alto, es otro ejemplo. El cielo es posiblemente la imagen más completa y que más nos afecta del espíritu en general, por lo que lo vemos representado con frecuencia en el arte religioso. Debemos aprender del arte sagrado y prestar al cielo mayor atención en nuestra práctica religiosa.

En el verano de 2012 pasé una semana en la Universidad de Oxford impartiendo clase a un grupo de cualificados astrólogos. Me impresionó la sofisticación de sus técnicas y conocimientos astrológicos y me complació el hecho de que se mostraran abiertos a ideas más generales con respecto al cielo y a vivir en un mundo animado y espiritual. Me enseñaron nuevos medios de utilizar la astrología como una poesía espiritual práctica, un instrumento para imaginar los ritmos de la vida y la materia prima natural de uno mismo.

Una noche, durante la cena, la maestra astróloga Lynn Bell se sentó frente a mí en la mesa del director, idéntica a la mesa de comedor que aparece en las películas de Harry Potter, y conversamos sobre los regresos de Júpiter en mi signo. Júpiter regresa cada doce años al signo de cada persona, por lo que esas fechas —a las edades de doce años, veinticuatro, treinta y seis, cuarenta y ocho y así sucesivamente— son fechas de buena suerte y muy importantes, momentos de oportunidad y autoanálisis. Lynn me preguntó sobre acontecimientos en mi vida que coincidieran con la llegada de Júpiter en estos intervalos de doce años. Era como conversar con un buen terapeuta, y la conversación contribuyó a restituir mi sentido de los ritmos de la vida y mi conexión con el mundo natural. Piensa en los momentos en que Júpiter regresa a tu signo. ¿Sucedió algo memorable en estos intervalos de doce años en tu vida?

Es un excelente medio de establecer una conexión entre tu vida y los movimientos en el cielo, de alinearte con la naturaleza en su aspecto específico del cielo. Es una magia simple y natural que expande tu idea de quién eres y cómo estás conectado con el cosmos.

Algunos principios de magia

Entramos en una nueva era. Por una parte, somos más conscientes que nunca de que nuestro mundo cambia con los avances que se producen en la información, la comunicación, la ciencia y la tecnología. Pero esto ha provocado una reacción. A muchos les atraen también las ideas más esotéricas de Jung, las nuevas comunidades espirituales y los elementos mágicos de las religiones tradicionales como el Tarot y la Cábala. Nos dirigimos hacia un nuevo estilo de pensamiento y de vida, y es posible que algunos puntos de vista antiguos y descartados regresen con renovada dignidad. Tiene sentido contrarrestar nuestros beneficios materiales con una expansión y profundización de nuestro lugar espiritual en el mundo. Creo que la astrología y la magia forman parte de este ciclo de retorno.

Los antiguos magos nos enseñan, en primer lugar, a programar bien nuestras vidas y actividades. Debemos sintonizar con los ritmos de la naturaleza y el pulso de nuestra vida. Mostrarnos abiertos el *kairos*, el momento oportuno, y a los signos positivos. Mostrarnos dispuestos a ralentizar nuestro ritmo de vida y detenernos cuando los vientos no sean favorables. Abstenernos de poner en práctica nuestros anhelos más intensos cuando el clima no sea benigno y seguir avanzando cuando todo indique que debemos hacerlo.

El alquimista, otro tipo de mago, observa su horno y sus vasijas de cristal y ajusta el calor. Aprende a descifrar el momento en que debes mantener las cosas calientes y cuándo debes enfriarlas. Aprende a averiguar cuándo conviene que algo hierva, que cueza a fuego lento y a apartarlo del calor. Aprende los propósitos del frío y el calor, como aconsejaban los antiguos filósofos griegos. Averigua también lo que conviene que mantengas húmedo y lo que debes dejar que se seque. Una imaginación alquímica con respecto a la vida cotidiana forma parte de la magia natural.

A veces el mago utiliza también la música para sanar, calmar y persuadir a las personas. La música puede ser un sonido real, como el uso que hacía Marsilio Ficino de lo que llamaba su «lira órfica». La música puede ser también una metáfora, como en los fascinantes gráficos de Robert Fludd mostrando las numerosas octavas de experiencia que suenen en nuestros actos. Todos sabemos que ciertos tipos de música pueden incidir en nuestras emociones, pero ¿cómo? Trata de explicarlo. Un sistema es contemplar el poder especial de la música como una forma de magia. La idea de Fludd sobre la música de la vida cotidiana también es muy común.

Un hombre me dice que su hijo adulto no le habla abiertamente sobre asuntos importantes, a pesar de que él, el padre, es una persona de miras muy amplias. Pero mientras el padre habla, percibo en sus palabras un claro afán de controlar, de obligar al hijo a hacer lo que él desea y espera que haga. El padre entona una canción sobre su amplitud de miras, pero otra voz dentro de él tararea por lo bajo una canción de dominio y control. El problema que ha provocado el conflicto entre padre e hijo, visto desde un determinado ángulo, es una cuestión de música.

Los magos de antaño deseaban descubrir los mundos superiores y ocultos. Algunos trataban de invocar a los ángeles. Utilizaban espejos, cuencos llenos de agua, bolas de cristal, ruedas del alfabeto. Interpretaban el vuelo de los pájaros, espirales de humo, huellas de animales, las nubes. Meditaban, rezaban, viajaban, coleccionaban libros, experimentaban y estudiaban juntos. En muchos, los límites entre su astrología y su humanidad, su práctica de la magia y sus estudios científicos y matemáticos eran muy sutiles. Todos buscaban el medio de ser eficaces en el mundo empleando métodos misteriosos y en gran medida no racionales.

Los instrumentos de magia

Una profunda intuición y percepción necesitan un catalizador instrumental, un método concreto. En la actualidad, algunos leen las cartas del Tarot o antiguas runas para estimular su imaginación y lograr que sus percepciones se aproximen a la predicción y la clarividencia. La lectura de las hojas de un árbol agitadas por el viento, un método practicado antiguamente por algunos, hoy se nos antoja ridícula, mientras que estudiar a ratas en un laboratorio nos parece absolutamente racional. El investigador moderno no es consciente de los límites del conocimiento al que puede acceder mediante sus controlados estudios. Quizá la persona que lee runas ha descubierto otras interesantes verdades sobre la experiencia humana.

El mago cree que lo semejante se cura con lo semejante: cuando dos cosas son similares, a veces de forma relativamente insignificante, comparten poder. Marsilio Ficino decía que cuando necesites vitalidad y espíritu debes lucir una pieza de ámbar colgada de una cinta amarilla alrededor del cuello. El ámbar y la cinta son del color del sol, y cuando llevas un color semejante al sol, evocas el espíritu solar.

Quizá te parezca que esto no tiene sentido. Pero entra en una habitación donde el techo está pintado de color celeste y comprobarás que sientes la cualidad del cielo abierto. Observa lo que sientes cuando llevas un determinado color o tejido o cierto estilo de prendas. ¿Acaso los vaqueros no tienen magia para muchas personas? Los vaqueros evocan el espíritu de relajación y simplicidad que uno busca los fines de semana alejado de los rigores del trabajo. Los fabricantes de vaqueros lo saben y utilizan magia en sus anuncios. Mi hija, que canta, pensó detenidamente en la fotografía que quería utilizar en su primer álbum. Canta música de yoga, y decidió utilizar sus velos blancos espirituales y una cazadora vaquera. Más tarde muchas personas le dijeron que sus velos les infundían una sensación de serenidad y alegría, pero que su cazadora vaquera común y corriente les transmitía una sensación de comodidad. De nuevo, todo es una cuestión de magia corriente y natural.

Yo consulto con hospitales y recomiendo, siguiendo las ideas de Ficino sobre la magia natural, que presten atención a los colores y materiales que emplean en la decoración y elijan los que potencien la salud de sus pacientes: utilizar magia en materia de salud. Probablemente no se les ocurriría pintar el pasillo de un hospital de color negro, pues tienen conocimientos básicos sobre el poder de los colores, pero ¿qué colores sanan?

He visitado muchos hospitales donde utilizan una estrategia muy eficaz para crear un ambiente sanador. Por ejemplo, he recorrido los silenciosos pasillos del Greenwich Hospital en Connecticut, en el que la moqueta, de un color atractivo y reconfortante, tiene un efecto asombrosamente sanador. Una moqueta mágica es como el vistoso papel pintado de William Morris, el cual tiene también un efecto mágico en una habitación. Morris se resistió enérgicamente a la tendencia de su época hacia la industrialización y eliminación de los valores humanos. Su respuesta fue producir libros exquisitos y un papel pintado de colores tan vívidos, por lo general con maravillosas imágenes de la naturaleza, que sus diseños y colores se siguen utilizando hoy en día. Empleando su mente racional, escribió ensayos expresando sus apasionados pensamientos, a los que añadió la magia de su oficio para concretizar el tipo de cambios que propugnaba.

Fuentes, atrios, esculturas megalíticas, cortinas, una artística iluminación, flores y plantas pueden transformar un espacio de forma mágica. Ficino, el padre de la magia natural en Occidente, decía que la arquitectura es el arte mágico más importante, pero también incluía en la práctica la música, la pintura, el color, las joyas, la ropa, los aromas y las hierbas. Era un mago completo, profundamente preocupado por el alma y el espíritu, dispuesto a experimentar con un amplio abanico de métodos pertenecientes a diversas fuentes tradicionales.

La comida es otro ejemplo de una sustancia normal y corriente que posee propiedades mágicas. ¿Por qué utilizamos copas en forma de flauta en una fiesta? Porque crea mágicamente un ambiente festivo y contribuye a que la gente se divierta. ¿Por qué disponemos la mesa el día de Acción de Gracias con nuestra mejor vajilla y cubertería? Porque sugiere confort y alimentos en una familia y encarna un aspecto importante de esta festividad. ¿Por qué usamos servilletas de tela en lugar de las de papel? Porque un material más refinado eleva la experiencia a un nivel más significativo.

Desde el maná en el desierto a Jesús diciendo durante la cena, «esto es mi cuerpo», al *seder* judío y la *lungar* sij, la religión ha observado el poder de la comida para revelar lo sagrado. Si aceptas la idea de que uno de los propósitos de la religión formal es enseñarnos a considerar la vida como algo sagrado en circunstancias normales, el extendido ritual de comer practicado por las religiones de todo el mundo nos enseña que cualquier reunión en torno a la comida puede tener una cualidad y un propósito religioso. Comer no sólo sirve para alimentar el cuerpo, sino también el alma y el espíritu.

La preparación y presentación de la comida está llena de magia, desde la utilización de especias hasta formas atrayentes, combinaciones de colores y una amplia variedad de sabores. Todos sabemos que un buen chef es un mago: hace cosas en la cocina que a ti y a mí nos gustaría hacer, pero que, aunque siguiéramos las indicaciones al pie de la letra, no obtendríamos un resultado satisfactorio.

Sabemos intuitivamente que la comida posee propiedades mágicas. Cuando atravesamos una época de problemas emocionales, es natural pedir a un amigo o a una amiga que venga a comer para comentar la situación. ¿Por qué a comer? Porque la comida tiene el mágico poder de contribuir a que las personas se sientan más unidas y se expresen con una potencia especial. Durante una comida, gozas de una intimidad y una comunicación que allana el camino para mantener una conversación profunda y amistosa. Asimismo, aconsejo a las personas que se sienten solas y aisladas de los demás que asistan a clases de cocina o cuando menos presten más atención a la comida. En lugar de tratar de resolver sus problemas de forma abstracta, pueden utilizar la magia de los alimentos.

Magia y religión

La religión consiste en establecer y mantener una conexión con lo eterno, lo misterioso y lo trascendente. La magia es una acción poderosa que tiene efectos fuera de las habituales operaciones causa y efecto de la vida normal. El mago suele afirmar que sólo utiliza los poderes de la naturaleza que nosotros pasamos por algo, y en esta magia comparte algo esencial con la religión. En tu religión personal, la magia puede ofrecerte el medio de salir de los sistemas de pensar materialistas. Puede colocarte en un espacio liminal que es compartido con la religión, donde las cosas pueden suceder al margen de la fuerza de voluntad y la manipulación literal.

La magia ocupa un lugar junto al misterio, y el misterio constituye el centro de la religión. La magia es una herramienta obvia para la religión formal, pero también puede desempeñar un papel en la religión que construyas para ti. Puedes convertirte en maestro de lo invisible y lo misterioso, no sólo para presumir ante los demás, sino para ser eficaz a la hora de hacer que tu vida sea más rica y más llena de sentido.

Algunas religiones utilizan un método como la bibliomancia,

abrir un libro al azar, seleccionar un pasaje con el dedo, cerrar los ojos y leer el texto que indica tu dedo. Puedes probar este método en cualquier momento. Muchos cristianos se santiguan antes de hacer algo especial. Eso es magia. Los musulmanes escupen las palabras del Corán sobre una persona que está enferma, confiando en que se cure. Eso también es magia religiosa.

Thoreau construyó una pequeña cabaña, de aspecto normal y corriente, junto a un pequeño lago, y en la actualidad, casi doscientos años más tarde, ese lugar es honrado por multitud de personas que acuden en peregrinaje a visitar la réplica de la cabaña en la que él vivía, ubicada en el sitio donde se hallaba la original. No acuden para averiguar cómo construyó la cabaña, sino por la magia del concepto que tenía Thoreau sobre la vida, su cosmovisión, capturada en la presencia física de un pequeño edificio. El hecho de construir su cabaña era fu forma de magia.

Quizás hayas encontrado la casa en la que vives a través de algún tipo de magia. Las personas, como mi amiga Ruth, a menudo cuentan que hallaron su casa a través de una serie de eventos improbables y de coincidencias. Este tipo de magia añade una significativa dimensión a algo tan importante como un hogar, una dimensión no distinta de la magia de la cabaña de Thoreau. Ruth encontró su cabaña en la montaña a través de la magia: prestó atención a los animales que vio cuando fue a visitarla. Es una magia sencilla que requiere tan sólo un poco de imaginación: observar la conducta de animales y utilizar tu imaginación para interpretar los signos.

Para crear tu propia religión, empieza por no hacerlo todo de manera lógica y controlada. Busca signos y coincidencias. Presta atención a las sincronicidades. Realiza una sencilla magia apoyando el dedo a ciegas sobre un mapa, abriendo un libro por una determinada página y línea, haciendo oscilar un colgante a modo de péndulo, eligiendo una carta de una baraja. Son formas muy simples de magia cotidiana que te conducen de manera no racional hacia tus objetivos.

Hace muchos años mi esposa y yo estábamos indecisos sobre si debíamos dejar nuestra modesta pero bonita casa en las afueras de Amherst, Massachusetts. Formábamos parte de una agradable comunidad y nos gustaba la región. Nuestros hijos estaban casi en edad escolar y nos disgustaba la idea de permanecer en una zona donde había cinco universidades, llenas de estudiantes universitarios, muchos de los cuales bebían demasiado y consumían drogas. De modo que consultamos el *I Ching*. No recuerdo qué hexagrama obtuvimos, pero indicaba claramente que debíamos seguir adelante con la idea de mudarnos a New Hampshire. Y así lo hicimos.

Hoy, casi veinte años más tarde, a veces añoro la modesta casa en la bella región del oeste de Massachusetts. Pero luego pienso en la magnífica vida que hemos tenido en New Hampshire, que nuestros hijos se educaron aquí, y que el deseo de nuestros hijos ahora es que sus hijos se críen también aquí, y me siento satisfecho de la magia del *I Ching*. El resultado de tu magia puede no ser puro y perfecto, porque la vida es complicada y las cosas rara vez son blancas o negras.

Puedes aprender a consultar el *I Ching* utilizando uno de varios libros que explican el método fácil y te proporcionan todas las lecturas básicas. Adquiere una bonita baraja de cartas de Tarot. Están llenas de imágenes tradicionales relacionadas con tu vida. Interprétalas como interpretarías un sueño. Utiliza un libro para que te ayude a leer los símbolos. Yo lo hago. Pero procura utilizar tu intuición más que tu intelecto racional. Deja que las cartas inspiren tus pensamientos. No te limites a interpretar lo que veas en ellas.

Pasa luego a métodos más refinados. Las hojas de té y el espejo requieren que te despojes por completo de tu pensamiento racional. No obstante, quizá seas una persona susceptible de recibir inspiración a través de estos métodos. Yo impartí un curso de magia natural en el que, de cincuenta participantes, una docena de personas obtuvieron resultados con el espejo. Es un buen promedio. Tú podrías estar entre esa docena de personas.

La depresión, la agresividad, el estrés y la ausencia de una meta en la vida son algunos de los síntomas comunes de nuestro tiempo. Las personas se preguntan por qué nos afligen estas cosas y cómo eliminarlas. A mi entender, el problema reside en que hemos perdido la religión, en el sentido más profundo de la palabra. Tenemos religiones formales que contienen las semillas de una auténtica religiosidad, pero están debilitadas por multitud de problemas: mi lista habitual incluye el fundamentalismo, el moralismo, la vaciedad del ritual, las enseñanzas mal interpretadas y una irrelevancia general. En nuestra época de cambios culturales, se han debilitado hasta el punto de que se perderán en la historia.

Para sentirnos vivos y dispuestos a vivir, tenemos que vivir en un mundo que esté vivo y no consista sólo en una colección de objetos para nuestro uso. Tenemos que encontrar este mundo y abrazar la vida con todos sus misterios. Para la mente secular, la vida es un problema que es preciso resolver, pero para la imaginación religiosa es un ámbito lleno de misterios con los que debemos conectar. Pero para conectar con un mundo misterioso, no podemos ser meros explotadores y manipuladores. Necesitamos magia para penetrar en los poderes ocultos de la vida.

SEXTA PARTE

ALMA Y ESPÍRITU

«Penetrar en los dominios del espíritu es sólo una parte de la solución a los dilemas propuestos por este proceso, la vida. El arte restante reside en vivir bien, en los pormenores de nuestro movimiento a través del día y de la noche. Y esto significa prestar atención al segundo impulso de nuestra vida interior: interesarnos en los pies de Dios, las partes que aún son visibles y no han ascendido y desaparecido del cuadro. Estos dedos de los pies y esta piel encallecida constituyen el elemento de lo divino que hemos pasado por alto, la parte engastada en la tierra, la parte que tenemos.»

JOHN TERRANT

11

EL CLAUSTRO EN EL MUNDO

«Los monjes no han venido al monasterio para
huir de las realidades de la vida, sino para
encontrar esas realidades: han sentido las
terribles deficiencias de la vida en una
civilización dedicada a perseguir sombras.»

THOMAS MERTON[81]

Durante siglos y en muchos lugares del mundo, hombres y mujeres han abandonado sus hogares para vivir en un monasterio, una utopía espiritual, donde pudieran encontrar lo que llamaban una vida de perfección. Hoy en día la mayoría de nosotros no nos encerramos en un monasterio, pero buscamos nuestra propia vida utópica. Por tanto, conviene examinar de cerca la vida monacal para ver si podemos adoptar algunos de sus aspectos a la vida secular moderna. De esta forma podremos crear no sólo una religión, sino nuestro propio monasterio.

Durante mis primeros años en el monasterio comprobé que era

---

81. Thomas Merton, *The Waters of Siloe* (Harcourt Brace & Co., San Diego, 1949), p. xviii.

profundamente satisfactorio vivir en una comunidad de personas dedicadas a los valores espirituales, que amaban la vida y se apoyaban entre sí. En cierto aspecto, te sientes seguro al observar una rutina diaria programada al minuto, consistente en entonar salmos y cantos, comer en silencio, acostarte temprano y levantarte con el sol. Como es lógico, tiene su lado oscuro: las dificultades de observar el celibato, las autoridades dominantes, algún que otro compañero chiflado, la monotonía de la rutina diaria, la renuncia a los placeres mundanos y la falta de libertad. Pero yo la añoro y trato de evocar el espíritu monacal en mi vida secular. La recomiendo como un modelo a cualquiera que desee crear su propia religión.

Puedes evocar el espíritu monacal mediante pequeños detalles que no interfieran en tu ajetreada vida secular. No te propongo un cambio radical en tu estilo de vida, sino que intercales en tus hábitos y costumbres temas relacionados con el monacato. Las pequeñas y breves alusiones al monasterio, ya sean estéticas o prácticas, que describo con detalle en este capítulo, pueden aportar un nuevo clima a tu experiencia y contribuir a convertir una existencia puramente secular en una existencia espiritual.

Los votos configuran una vida

En términos estrictos, un monje o una monja es una persona que vive en una comunidad dedicada a las enseñanzas espirituales y que permanece allí. Thomas Merton era ese tipo de monje en una estricta orden cisterciense, donde observaban silencio en todo momento y rara vez abandonaban el recinto. A pesar de vivir recluido, Merton tuvo un importante impacto en los problemas de su tiempo. Muchos han oído hablar de Hildegard de Bingen, una abadesa del siglo XII que era al mismo tiempo una mística que vivía enclaustrada y una destacada figura de la política de su época.

Algunos como los servitas, entre los que viví unos años, hacen voto de obediencia, castidad y pobreza, los cuales están destinados a dar un carácter estricto e intenso a la vida comunitaria. El voto de obediencia te obliga a vivir donde las autoridades te ordenan que vivas y a llevar a cabo el trabajo que consideran adecuado par ti. La castidad significa celibato, no casarte y en términos generales reducir severamente tu vida sexual. La pobreza significa compartir todo lo que tienes con la comunidad, vivir con austeridad y frugalidad.

Estos votos, vividos al pie de la letra, fomentan la vida comunitaria y te ayudan a concentrarte en tu espiritualidad. Las parejas casadas también podrían llevar una vida dedicada a la comunidad y espiritualmente activa, pero la vida en pareja te impide entregarte por completo a una intensa vida comunitaria. Por lo demás, la espiritualidad prospera cuando moderamos nuestros apetitos. Las personas que deciden crear una forma de vida espiritual aspiran a la simplicidad: menos dinero, hábitos de comer más simples, una casa modesta. En general, los votos consiguen dos cosas: incrementan el sentido de comunidad y permiten que uno se centre por completo en los asuntos espirituales.

Imagina utilizar estos votos monacales como un modelo general para crear tu propia religión. Considéralos no promesas solemnes sino una dedicación a un determinado valor. En cierta ocasión un médico residente me contó que quería mantenerse célibe durante dos años, para prepararse para su carrera como médico de familia. Me preguntó qué me parecía su idea, puesto que sus amigos y su familia tenían ciertas dudas al respecto. Como antiguo monje, reconocí de inmediato el impulso y me pareció una inspiración excelente y rara. La animé a seguir adelante. Prepararse emocional y espiritualmente para un importante cambio en la vida es algo que los monjes y las monjas hacen continuamente, una valiosa práctica que a las personas corrientes no se les suele ocurrir.

Crea tu propio monasterio

La disposición física de un monasterio puede darte algunas ideas a la hora de desarrollar tu propia religión. En los diversos prioratos en los que he vivido, las habitaciones principales eran la capilla, el refectorio (el comedor), la sala de recreo, los dormitorios privados y la biblioteca. En la mayoría de los casos el priorato estaba rodeado por una gran extensión de tierra para gozar de la soledad, pasear y llevar a cabo trabajos manuales.

Por ejemplo, durante mis años de formación en filosofía, viví en el priorato de Nuestra Señora de Benburb, en County Tyrone, Irlanda del Norte. Un río atravesaba las tierras del priorato, lo bastante extensas para acoger varios campos de fútbol y hectáreas de pastos y céspedes. Sobre el caudaloso río se alzaban las ruinas de un viejo castillo, y yo tenía la sensación de que este antiguo edificio contribuía a crear un clima de intemporalidad que también fomenta la vida espiritual.

Toma nota de la distribución física de los monasterios, además de sus actividades y programas, para ver qué puedes tomar prestado de ellos y adaptarlo a tus fines. Tus adaptaciones pueden tener un carácter literal o metafórico: una amplia y recia puerta en tu casa o una voluminosa campana dispuesta para sonar en tu jardín, o una atmósfera de quietud y retiro.

Uno de los ejemplos más extraordinarios de una persona que creó su propio monasterio en un entorno secular es C. G.

Jung, quien construyó su torre en el pueblo de Bollingen en Suiza. En sus memorias dice: «Quise hacer una profesión de fe en piedra [...]. Decidí desde el principio que la construiría cerca del agua [...]. Está situada en la zona de St. Meinrad, en los terrenos de una antigua iglesia, que tiempo atrás habían pertenecido al monasterio de St. Gall».

La torre de Jung aportó muchos beneficios a su psique y a su espíritu, dándole una sensación de expansión en el tiempo, poniéndolo en contacto con sus antepasados, ayudándole a vivir una vida primitiva en el mundo moderno, ofreciéndole el medio de practicar la contemplación y siendo un reflejo concreto de su psique. El hecho de que su «torre» se alzara en unas tierras pertenecientes a un monasterio antaño célebre y poderoso añadía la dimensión de la que estamos hablando.

Yo gozo de un espíritu monacal en mi casa. Ya he descrito la habitación donde escribo, mi *scriptorium,* pero permite que añada algunos detalles. Estoy rodeado de libros desde el suelo hasta el elevado techo. A lo largo de la historia se ha asociado a los monjes con el estudio, copiando manuscritos y coleccionando libros. A mí me gusta rodearme de objetos artísticos pertenecientes a diversas tradiciones espirituales: varios Budas, santo Tomás Moro, Dafne, Asclepios, Helios y varios ídolos anónimos. En el pasillo, junto a la puerta de mi estudio, cuelga un bonito grabado del *Sutra del Corazón,* y frente a él, una exquisita pintura sobre papel confeccionado a mano del artista coreano Kwang Jean Park, mostrando un círculo cuadrado (uno de los objetivos de los alquimistas), y a pocos pasos, otro grabado a mano de la *Tabula Smaragdina,* la Tabla de Esmeralda, un antiguo símbolo de la conexión entre el cielo y la tierra, arriba y abajo, un tema central en mi religión personal. La palabra sagrada es el lenguaje principal del monasterio.

A través de mi ventana veo el comienzo de muchas hectáreas de terreno arbolado. Vivimos en las afueras de la ciudad, en los límites entre la vida urbana, tierras de cultivo y bosque. Mi esposa es una persona contemplativa que dedica mucho tiempo al yoga y al arte en su estudio y capilla sobre el garaje. Así pues, gracias al silencio y al ambiente de meditación que lo rodea, nuestro hogar posee una cualidad monástica. Entiendo que esto no atraiga a muchas personas, pero en mi caso mantiene unidos mi pasado y mi presente, y, ante todo, satisface mi añoranza de una forma de vida monacal que sin duda fue lo que me indujo a ingresar de joven en el monasterio.

El hogar de un monje no es ruidoso, aunque los monjes son conocidos por sus estentóreas carcajadas y su fino sentido del humor. Quizá necesites ayudas físicas en tu casa para crear un ambiente silencioso y contemplativo: una sala para meditar, colores contemplativos, estatuillas de un Buda o *bodhisattva,* un santo, o unos cuadros, plantas y arbustos de interior, o simplemente fotografías o pinturas de la naturaleza. Una fuente puede ser muy eficaz, o una imagen contemplativa perteneciente a una tradición espiritual colocada junto a una planta o unas flores. Para crear este ambiente físico te recomiendo que examines fotografías de monasterios reales.

Los monjes suelen tener un claustro. La palabra se refiere tanto al monasterio que el monje rara vez abandona, como una galería porticada que forma parte de un jardín cerrado. Cualquiera que viva fuera de un entorno urbano puede crear el ambiente de un claustro con un jardín cerrado parcialmente o un par de columnas. En un entorno urbano puedes evocar el espíritu monacal con un pequeño jardín de rocalla, una pintura o una fotografía de monjes, una estantería que contenga libros espirituales, un escritorio o incluso practicar la caligrafía. Examina un antiguo claustro para obtener algunas ideas sobre lo que puedes adaptar a tu estilo de vida. El principio genérico en este caso es que la mera sugerencia de una forma tradicional suele bastar para evocar su espíritu.

Los monjes utilizan un refectorio en lugar de un comedor. La palabra proviene de *refectus*, que significa «refección, alimento», casi idéntica a la de «restaurante», que significa «restaurar». ¿Qué puede significar esto para una persona normal y corriente? Por supuesto, tienes que utilizar tu imaginación y tener en cuenta tus gustos y tu estilo de vida. Para el monje, «refectorio» significa comer sin conversación; a menudo los monjes se sientan en un solo lado de una larga mesa. Puedes instalar una mesa y una silla en un rincón, donde cualquier miembro de la familia pueda comer solo y en silencio cuando lo desee. Esto no significa que no sea valioso comer en amigable compañía, conversando en voz alta y animadamente. Los monjes también lo hacen. En la vida cotidiana secular sabemos crear una zona grata y acogedora para comer, pero pasamos por alto un rincón privado para tomar un tentempié o una comida rápida.

Los monjes suelen tener un jardín por el que pasean mientras meditan. Puedes crear sin mayores problemas un jardín que ofrezca un aire más monástico que sólo floral. Puedes construir un sendero que forme parte del mismo, o un camino de piedra o tarima. Un jardín zen es un buen ejemplo. El vacío evocado por la arena, las piedras y las pinturas contribuyen a aclarar la mente. Puedes examinar fotografías de jardines zen clásicos para inspirarte, y, por supuesto, no tiene que ser una copia exacta sino un jardín de inspiración zen. Esta nueva espiritualidad secular no es literal en sus inspiraciones.

También puedes obtener algunas ideas del jardín islámico, un recordatorio del paraíso y un lugar de reposo y soledad. Un jardín islámico posee su propia estética, basada en líneas depuradas, formas alargadas, una fuente, mosaicos y arcos.

Sabiendo la importancia que tiene para los monjes una biblioteca, puedes crear tu propia colección de libros, teniendo en cuenta que una biblioteca es algo más que un sistema utilitario de almacenar libros. Puedes convertir tu biblioteca, por pequeña que sea, en un lugar especial, donde tus libros creen un ambiente propicio al estudio, a la reflexión o a la belleza. Puedes rodearte también de objetos que evoquen un monasterio: antiguos tipos de plumas y papel, una lupa, tintas especiales, instrumentos para practicar la caligrafía, una lámpara o mesa antigua, libros muy antiguos, o incluso un manuscrito. Yo tengo manuscritos medievales enmarcados en la pared de mi estudio que evocan la pasión de los monjes por una hermosa página hecha a mano. En mis estanterías tengo libros ilustrados de antiguos Evangelios iluminados. Mis libros sobre los edificios y los muebles de la comunidad de los Shakers sugieren también un arte comunitario singular que encaja perfectamente con las artes monacales de estilo clásico. No quiero que mis objetos monásticos sean demasiado literales o reflejen sólo una tradición espiritual.

Hoy, cuando el libro es sustituido con frecuencia por lectores electrónicos y demás artilugios de avanzada tecnología, una biblioteca de libros, viejos y nuevos, es aún más especial y requiere cuidado y atención. Al mismo tiempo, una biblioteca casera puede ofrecer hoy un aspecto más monacal que nunca y hacer que la imaginación retroceda en el tiempo, que es una forma de profundizar en los misterios. A medida que las librerías y bibliotecas cambian o desaparecen, podemos convertir nuestra tristeza, si la sientes, en la decisión de coleccionar libros especiales, teniendo en cuenta sus encuadernaciones y tipografía y creando con ellos una maravillosa biblioteca.

He organizado mi biblioteca de forma que los libros de Ernest Hemingway, Jamaica Kinkaid y Ralph Ellison están fuera de lugar, pero al alcance de la mano. Son mi inspiración en materia de estilo. No puedo compararme ni de lejos con ellos en materia del empleo del idioma, pero me guían y me sirven de modelos para la perfección que aspiro a alcanzar.

Celibato

Las personas se preguntan a menudo cómo es posible que una persona pletórica de vida pueda vivir bajo el voto del celibato. A mí me costó más acatar el voto de obediencia. El hecho de no mantener una vida sexual típica me resultó relativamente fácil debido a la gran satisfacción que produce vivir en una estrecha comunidad, donde la amistad suele ser intensa. Las relaciones sexuales tienden a causar una considerable complejidad emocional, de modo que las relaciones en una comunidad, menos complicadas, son en cierto modo más satisfactorias. Pese a las emociones compulsivas que nos empujan hacia el sexo, algunos se alegran de no soportar los problemas y las angustias que provocan.

Si definimos los términos «sexualidad» y «celibato» en un sentido amplio, puedes aplicar el celibato a la vida corriente, lo cual le añade una calidad espiritual. Puedes incluso ser célibe en el matrimonio o en otra relación íntima. Por supuesto, la sexualidad en el matrimonio es muy distinta de la experiencia de un monje, pero el matrimonio comporta una dedicación a una persona, un voto, que frena el deseo de practicar sexo con otras personas. Puedes vivir momentos célibes, como cuando tu pareja y tú estáis separados o simplemente no os interesa el sexo en ese momento. Puedes utilizar el tiempo en que estás separado de tu pareja como una oportunidad para gozar de forma positiva de una vida célibe temporal.

Muchas personas no mantienen relaciones sexuales. Quizá no tienen una pareja, están demasiado ocupadas con su trabajo, enfermas o simplemente no le interese. Estas situaciones pueden ser difíciles si no existe una motivación espiritual. Por otra parte, un punto de vista más elevado puede transformar esta problemática situación en una oportunidad, porque el celibato fomenta la espiritualidad y puede ser liberador y satisfactorio.

Si vives una vida célibe, puedes sublimarla en un sentido atento e imaginativo. Piensa en las recompensas de una vida sexual y trata de aportarlas a tu vida de forma más genérica. El placer, la sensualidad, la belleza, las caricias y otros goces eróticos pueden formar parte de la vida en general. Está claro que esas cualidades no pueden sustituir del todo el sexo, pero pueden contribuir a transformar la represión o privación en un tipo de sexualidad menos focalizada. El erotismo y el celibato hacen buena pareja.

Tengamos presente que hablamos de crear nuestra propia religión y de configurar una vida espiritual en torno a nuestras necesidades y circunstancias. Un celibato estricto es una potente herramienta que han utilizado hombres y mujeres para construir una existencia espiritual, por lo que nosotros también podemos utilizarla en nuestro intento de crear una espiritualidad secular. No es preciso que nos abstengamos del sexo en sentido literal, pero podemos aportar el espíritu del celibato a nuestra vida cotidiana.

Aquí nos topamos de nuevo con el politeísmo psicológico de Hillman. Me interesa hallar el medio de ser plenamente sexual y plenamente célibe sin reprimir mi sexualidad o asumir el celibato como un problema. Tanto la represión como el problema son contrarios al espíritu politeísta.

Del mismo modo que el voto de pobreza comporta moderar el afán de acumular bienes y dinero, el espíritu del celibato atenúa la fascinación por lo sexual sin negar en un sentido moralista una forma de vida erótica. Existen situaciones en las que puedes gozar de la vida moderando tus impulsos sexuales y cultivando tu inocencia. Incluso en una relación sexual intensa puedes hallar actividades que son puras e inocentes. En términos generales, la entrega a los placeres del sexo contribuye a fomentar la entrega al espíritu célibe, y a la inversa. Como es natural, el monje o la monja no lo ve de este modo, pero el resto de nosotros necesitamos otro sistema de integrar el celibato en nuestra vida cotidiana.

Hospitalidad y estabilidad

Algunos monjes toman el voto de hospitalidad o, como los benedictinos, lo consideran un gran problema. En mis visitas a la Abadía de Glenstal en Irlanda, la cualidad que me llama más poderosamente la atención es la dedicación de los monjes a la hospitalidad.

En más de una visita, el padre Christopher, el antiguo abad, me ayudó con talante jovial con mi equipaje, me ofreció té, respondió a mis preguntas y en general hizo que me sintiera como un huésped de honor. Su humildad y amabilidad eran sinceras, una hospitalidad sin servilismo. Pensé que sin proponérselo me había dado una lección sobre cómo ser hospitalario y atento sin perder la dignidad ni sentirse incómodo. El actual abad, el padre Mark Patrick Hederman, siempre se muestra dispuesto a recogerme en el aeropuerto, trasladarme adonde tenga que ir o desplazarse para reunirse conmigo. Cada vez que me pongo en contacto con él y le pregunto si puedo alojarme en el monasterio unos días, no vacila en acogerme con extraordinaria generosidad y simpatía.

La hospitalidad puede parecer menos importante que, por ejemplo, el celibato, pero el efecto de esta práctica espiritual es crear un clima de calidez y cordialidad raro en nuestro mundo febril y narcisista. Quizá conocemos este grado de servicio sólo en los buenos hoteles, donde pagamos una pequeña fortuna por la experiencia y a veces nos cuestionamos los motivos. Muchas personas trabajan en la industria de la «hospitalidad». Podrían aprender importantes lecciones de la forma monástica de hospitalidad. En el monasterio, la hospitalidad es uno de los fundamentos de la práctica espiritual cotidiana. Demuestra que todos podemos hacer que nuestra espiritualidad sea concreta ofreciéndonos unos a otros una atención y un servicio especiales.

Una hospitalidad desinteresada y fuera de lo común crea también el clima de una comunidad utópica, el ideal de los monjes y las monjas. Consideran que su propósito es mostrar el aspecto que tiene la nueva vida de sus creencias —cristianas, budistas, humanitarias— cuando la ponen en práctica. La comunidad monástica sirve de modelo para comprobar cómo sería una vida vivida de acuerdo con valores muy refinados.

Las personas corrientes pueden adoptar este ideal del ejemplo perfecto. Los monjes y las monjas se afanan en ser distinto de la sociedad secularista vulgar y corriente. Aspiran a un nivel de perfección vivida. Nosotros podemos hacerlo en nuestra vida secular negándonos a descender al nivel de costumbres inhospitalarias, agresivas y competitivas, practicando lo que el monacato denomina *contemptus mundi*, un rechazo de los valores mundanos habituales por ideales más elevados y utópicos.[82]

---

82. *Contemptus mundi* no significa despreciar el mundo. Es una decisión de no sentirse satisfecho con el narcisismo y los valores superficiales de una sociedad secularista. Consiste más en negarse a participar en ella que en despreciarla.

La religión de un monje

Es difícil que un exmonje católico escriba sobre el monacato sin regresar siempre a Thomas Merton. En la primera etapa de su vida fue un joven brillante que vivía en Nueva York, que asistió a la Universidad de Columbia, era amante del jazz, perseguía ideas, cultivaba amistades duraderas y descubrió el trabajo social radical. Aunque se había criado en Francia y en Inglaterra como humanista y posteriormente como episcopaliano, en Nueva York se convirtió al catolicismo y al monacato y acabó siendo un monje cisterciense en la Abadía de Getsemaní en Kentucky. Era una estricta orden religiosa bajo la estrecha autoridad de un abad.

Pese a vivir recluido, Merton prosperó como escritor, comentando todos los temas del día y escribiendo numerosos libros sobre la vida monacal y la contemplación. Durante un tiempo se encargó de formar a nuevos monjes durante su año de noviciado. Pero aunque había hallado su vocación en un estricto monasterio y se había ordenado sacerdote, nunca se sintió plenamente satisfecho. Se sentía profundamente atraído por la vida monacal y la contemplación tal como se practicaban en Oriente, y ansiaba gozar de mayor soledad, siendo por fin recompensado con su propia ermita alejada de los edificios del monasterio.

Durante los últimos años de su vida, mientras era tratado por la enfermedad que le aquejaba, se enamoró de una enfermera y mantuvo con ella una relación. Sus sentimientos por esta mujer, a la que en sus notas llama «M», eran serios e intensos, pero al fin decidió acatar sus votos.

Mi intención al relatar esta compleja historia con pocas palabras es sugerir que incluso alguien como Thomas Merton, que vivía en un monasterio donde su vida estaba organizada por otros y la mayoría de decisiones eran tomadas por un abad, siempre se esforzó en crear su propia religión. A ese respecto resulta casi lógico que durante una de sus raras ausencias del monasterio, durante un viaje a Tailanda para asistir a una conferencia sobre monjes orientales, muriese electrocutado de forma accidental. Sus libros, en especial sus diarios y cuadernos de notas, revelan a un hombre complicado que nunca pensó que había terminado de desarrollar su religión.

Llevo leyendo a Merton desde hace muchos años y en algunos aspectos he creado mi religión inspirándome en él. Cuando vivía en el priorato me salté las normas tan a menudo como pude, aunque sin dejar de ser fiel al espíritu del lugar. Ahora, como escritor, trato de hablar sobre los problemas profundos que afligen a la sociedad, como hizo Merton con frecuencia. Incluso trato de asimilar en parte su estilo literario. Me gusta tener a un monje como modelo, y me complace cuando de vez en cuando un oyente llama a un programa de radio y me confunde con Merton.

Merton se metía con frecuencia en problemas debido a sus intentos de hallar sentido en la vida, uno de los aspectos relacionados con la construcción de una religión propia que quizá hayamos pasado por alto. Quizá pienses que cuando alguien ingresa en un monasterio, todo está solucionado. Acatas las reglas y evitas las elecciones difíciles. Pero la religión es una cosa dinámica, en constante proceso de evolución, siempre oscilando entre pautas establecidas por un lado y experimentos por el otro.

En cierta ocasión mantuve una breve conversación sobre Merton con el poeta Wendell Berry, que le conocía, puesto que eran vecinos. Berry me dijo que no debía idealizar a Merton porque era un hombre complicado. Yo sabía que había tenido un trato conflictivo con sus superiores y algunas personas que le rodeaban, y entendía que sus inquietudes pudieran enfrentarlo a las autoridades e incluso sus amigos.

Dedicar tanta energía intelectual y moral a un monasterio estricto es buscarse un problema. Sin embargo, la negativa de Merton de rendirse por completo a una vida totalmente regulada le prestaba una vitalidad que siempre me ha parecido atractiva. Sus constantes intentos de resolver sus pasiones y deseos, sintiéndose frustrado y saltándose siempre las normas, le hacían muy humano. Uno tiene que ser leal a su vocación interior, al margen de lo convencional o atípica que sea.

Una vida de dedicación

Además de los tradicionales votos monásticos, tú puedes hallar también los tuyos. Yo tengo un voto de belleza y procuro organizar mi vida alrededor de lo bello, con ayuda de mis autores clásicos favoritos —Platón, Plotino, Ficino, James Joyce y James Hillman—, para quienes la belleza era esencial para el alma. Lo aprendí durante mis días en el monasterio, cuando no me enseñaron de modo explícito la importancia de la belleza pero lo aprendí de la gracia y elegancia de mi entorno, inclusive los cantos gregorianos que estudié seriamente y cantaba a diario.

Conozco a personas que han hecho voto de humildad, no de modo formal, sino en la forma en que viven y se relacionan con los demás. Cuando conoces a estos hombres y estas mujeres, sientes su dedicación a mantener al margen su voluntad. Puede que no lo prometieran nunca de modo solemne, pero es evidente que tomaron una decisión seria en este sentido que observan y honran en todo lo que hacen.

Las posibilidades de hacer «votos» son infinitas. Yo he hecho votos de placer, de cumplir con mis deberes como padre, pasear a mi perro, cultivar la amistad y vivir con dignidad. Algunos me resultan relativamente fáciles de observar, pero otros son problemáticos. Fluyen de un lugar profundo dentro de mí, pero los vivo en mi vida cotidiana en un mundo muy concreto. Todos podemos elegir votos adecuados a nosotros, promesas que nos hacemos a nosotros mismos que contribuyen a estructurar y sustentar una forma de vida espiritual.

El modelo del monje

Uno de los problemas de la religión y de la vida secular tal como las conocemos es que suelen estar separadas y son muy distintas. El monje y la monja consiguen unirlas y utilizan numerosos métodos concretos para mantener una vida espiritual que esté bien integrada en actividades como el trabajo y la comunidad. Esta unión del espíritu y el mundo puede ser también nuestro ideal, mientras desarrollamos una práctica religiosa que sea una expresión de quiénes somos.

Un interesante aspecto de la vida monacal es el hecho de que una jornada corriente tiene muchos momentos de meditación, cantos y oración. Podemos aprender de los monjes a intensificar el lado espiritual de la vida incorporando momentos dedicados a la meditación y la reflexión durante la jornada. Introducir en nuestro día a día estas prácticas espirituales contribuye a que la jornada sea secular en un sentido provechoso y profundamente espiritual.

Programar la jornada es una manera sencilla de seguir el ejemplo de los monjes. En lugar de dejar que tu jornada se desarrolle de forma improvisada o que esté a merced de un horario inflexible y ajetreado dedicado al trabajo y a la familia, puedes organizar actividades regulares, como meditar antes del desayuno, escuchar música antes de comer, guardar silencio a partir de las diez de la noche, comer de modo de modo frugal por la mañana y dar luego un tranquilo paseo, siquiera durante cinco o diez minutos. Es el paseo que daría un monje para practicar la contemplación, aunque no sea lo mismo que una enérgica caminata cardio-beneficiosa. Thoreau decía que el mero hecho de levantarnos puede ser un sacramento, un acto espiritual.

Otro método es la forma en que se viste un monje. Distingue a la persona contemplativa de las que la rodean. La capucha simboliza e invita a una actitud contemplativa, cubriendo la cabeza como una metáfora del pensamiento y la identidad. Una larga túnica cubre el cuerpo, indicando que esta vida está dedicada a los ideales espirituales y tiene poco que ver con el ego. Las sandalias pueden simbolizar sencillez y pobreza. Por cierto, estas asociaciones son muy antiguas.

El artista y artesano Eric Gill y el pionero de las artes y oficios William Morris vestían como monjes. Pero quizá prefieras adoptar un atuendo más sutil: un sombrero o una capucha, sandalias o una camisa larga y holgada. Puedes elegir tu estilo de indumentaria, no directamente relacionada con la de un monje, para simbolizar tus propios valores espirituales. En cierta ocasión conocí a un taxista en Nueva York que llevaba un pantalón y una camisa de color negro y un gorro de punto blanco. Cuando le pregunté si formaba parte de una comunidad en la que se vestían como él, me explicó que era su uniforme personal, que expresaba su visión del mundo. Un monje entre taxistas.

Monjes de espíritu

Los monjes y las monjas viven en un permanente retiro, lejos de sus hogares, y llevan haciéndolo desde hace miles de años en todo el mundo de acuerdo con diversas tradiciones espirituales. La vida monacal todavía persiste, pero cualquiera puede aprender de los monjes a adaptar muchas prácticas a la vida cotidiana en el mundo. Puedes parecerte a un monje fomentando un estilo de vida contemplativo, enfocando tu trabajo como una práctica espiritual o dotando a tu hogar de las cualidades de silencio, belleza, alegría y buen humor.

El marcado sentido comunitario que los monjes aspiran a alcanzar en sus monasterios puede constituir un modelo para otros, un invernadero espiritual para experimentar y poner en práctica nuestros ideales. Los monjes suelen denominarlo la perfección de la vida. Tú puedes tratar de alcanzar la utopía en tu hogar y evocar así el espíritu monacal. Crear una comunidad modélica en un mundo convulso. Aspirar a la perfección, no en un sentido neurótico y perfeccionista, sino en un espíritu de cordialidad.

En lugar de ir a un monasterio, puedes traer el monasterio a la sociedad secular. En las zonas comunales de nuestras poblaciones y ciudades podríamos instalar más espacios, y más cómodos, destinados a la contemplación, indicando que somos una comunidad, e imágenes que evoquen los valores espirituales. Deberíamos tratar de emular a los monjes en lugar de imitar a los secularistas, asemejarnos a los hombres y mujeres que se afanan en hacer que la vida sea sagrada en lugar de parecernos a los ciudadanos inconscientes que sólo disponen del ego y el instinto. El monje persigue una vocación más elevada y profunda.

Podríamos instalar en los espacios públicos estructuras semejantes a un claustro, lugares para la meditación, lugares y momento destinados al recogimiento, la simplicidad, la modestia y un profundo sentido comunitario. El lugar de trabajo podría tener un claustro, un espacio donde los empleados pudieran descansar y gozar de la naturaleza y el silencio. Podría tener un horario que incluyera momentos para la meditación, un sitio donde tomar un tentempié y libros pertenecientes a diversas tradiciones para una lectura espiritual.

La Capilla Rothko está situada en un apacible barrio en Houston, Texas, en un pequeño espacio abierto junto a un estanque y una escultura. Un día cualquiera, cuando no se celebra ningún evento especial y está llena de gente, la capilla constituye un lugar de reflexión en una ciudad que hierve de actividad. La arquitectura, el mobiliario y, por supuesto, las grandes pinturas de color negro de Marc Rothko crean una atmósfera especial que induce a la reflexión. Si examinas el calendario de eventos y los libros que están a disposición del público, comprobarás que están representadas todas las tradiciones espirituales que cabe imaginar.

Es un recurso raro para quienes tratamos de mantener nuestra propia religión. Concuerda con el puesto que ocupa la religión actualmente en la vida. Se basa en el arte, ofrece un lugar adecuado para la reflexión, representa todas las tradiciones de forma equitativa y positiva, y está situado en el centro de la vida de la ciudad. Aparte de esto, es un lugar acogedor, amable e inteligente. Consigue crear experiencias comunitarias locales y potenciar un sentido de comunidad mundial. Todas nuestras ciudades —me refiero a las ciudades del mundo— saldrían ganando si contaran con muchas de estas «capillas» destinadas a promover la religión personal de sus ciudadanos.

Yo denomino este nuevo enfoque una religión propia, pero como puedes comprobar, a medida que desarrolles una religión personal empezarás a ver de inmediato conexiones con la totalidad de la vida y con la comunidad definidas de la forma más local, y con todos los seres del cosmos, incluyendo aquellos con los que todavía no te has encontrado. Esta religión no debe ser narcisista y limitada.

Lo que imagino es un regreso al entorno sagrado y a un sentido sagrado del Yo. Un mundo dividido ha convertido la secularizad en una fuente de locura y agresividad, y la religión en algo vacío e inútil o fanático y peligroso. Esta nueva religión restituye tanto la secularidad como lo sagrado, potenciándose ambos mutuamente en un provechoso tándem. Debemos disfrutar de la vida secular, y necesitamos lo sagrado para que dé una profunda sensibilidad y sentido a la vida.

Paradójicamente, en la vida monástica descubrí los goces de la vida secular, y con este recuerdo recomiendo que adoptemos un espíritu monástico en nuestra vida plenamente secular. No perderemos ninguno de los placeres o alegrías que ofrece una existencia mundana, sino que gozaremos de un renovado placer en su profundidad. En algún momento de la vida todos podemos ser monjes. Podemos aportar cada día el espíritu monástico al mundo, haciendo que sea más vivo, profundamente comunal y gozoso.

12

UNA FORMA DE VIDA SAGRADA

«Deja que la lluvia caiga sobre tu cabeza en
   líquidas gotas plateadas…
La lluvia me encanta.»

Langston Hughes

Para fomentar tu vida espiritual, necesitas un método efectivo adaptado a ti. Los budistas lo llaman *upaya*, «medio eficaz». Cuando oí por primera vez el término de *upaya*, hace muchos años, me entusiasmó porque me ayudó a hallar sentido en muchas de las cosas raras que hacemos en nombre de la religión. Es importante tener buenas ideas, pero también conviene dispones de métodos eficaces. La práctica de la religión requiere obrar de forma precisa y concienzuda.

En el *Sutra del Loto*, una larga lección sobre *upaya*, hallarás una historia sobre un padre que trata de salvar a sus hijos del fuego que se ha producido en su casa. En una conmovedora parábola les dice que fuera les esperan unas maravillosas carrozas llenas de juguetes y objetos que les deleitarán. Cuando abandonan la casa en llamas, inducidos por lo que les ha contado su padre, no encuentran ninguna carroza pero están vivos. En mi caso, las tradiciones espirituales, mis recuerdos de la vida monacal, mis libros, mis amigos y mi música son los métodos eficaces que necesito. Y al igual que las carrozas a las que se refiere el padre en la historia del *Sutra del Loto* representan las enseñanzas de Buda, mi piano representa las artes y la idea de una meditación sensual llevada a cabo en casa.

¿Qué es tu *upaya*? ¿Qué medios utilizas para ser una persona real, abierta al mundo que te rodea y a los misterios de tu nacimiento, tu muerte, los eventos de tu vida y el rumbo que ha tomado? Puedes rezar, meditar, acudir a una iglesia o templo y tratar de vivir una vida provechosa. Como adulto debes preguntarte: ¿son eficaces estos métodos? Quizá no funcionan porque no son adecuados para ti en estos momentos de tu vida. Quizá debas retocar esos métodos o buscar otros.

Cuando pienso en uno de los modelos en el que me he inspirado siempre en mi vida espiritual, Tomás Moro de Inglaterra, observo que los métodos que él utilizaba eran semejantes a los que yo recomiendo: oración, lecturas espirituales, rituales, una vida dedicada al derecho (cultura), a educar a sus hijos como es debido, a respetar a los animales, a crear un hogar alegre y feliz y a ser un líder en su comunidad. Era un hombre apasionado con algunos notables defectos y cegueras, pero sabía como nadie crearse una religión personal.

Algunas escuelas de budismo enseñan que *upaya* va unido a otros dos aspectos de la vida espiritual: compasión (*karuna*) y sabiduría (*prajna*). Yo he tomado presado este trío de virtudes budistas para mi propia religión. ¿Qué puede ser más perfecto que basar tu vida en la sabiduría, la compasión y medios eficaces? ¿Qué mejor forma de describir la religión que como una forma de vida profunda que tiene en cuenta tu mente, tu corazón y tus manos?

En mi libro personal de prácticas espirituales, además de estos tres ingredientes centrales, añadiría asombro y serenidad, dos elementos que he tomado prestados de Glenn Gould. Esto me proporciona una mesa de cinco patas sobre la que construir mi religión: sabiduría, compasión, métodos eficaces, asombro y serenidad. Todos ellos los he tomado prestados, pero en esta nueva configuración son míos.

Cualquiera puede hacerlo, y más ahora cuando debemos regresar al pensamiento teológico: considerar seriamente los elementos esenciales de una vida y hallar los medios de responder a los misterios a los que nos enfrentamos cada día. Es absurdo adoptar el enfoque moderno de tratar de explicar y controlarlo todo. La religión nos enseña a conectar con los misterios de forma que nos den nuestra humanidad y hacen que nuestra vida merezca ser vivida.

Considero que mis cinco virtudes son básicas para mi religión personal. Años atrás la gente me criticaba por ser demasiado intelectual, pero el estudio, la lectura y el intercambio de ideas no sólo han hecho que mi vida sea interesante, sino que han constituido la fuente de mis principios y mis actos. Yo soy lo que soy debido a mis ideas, y no voy a disculparme por gozar con la vida de la mente y la imaginación. Los intelectuales me critican también por poner demasiado corazón, por implicarme demasiado en las vidas de los demás y no guardar la distancia que debe guardar un escritor y pensador. Asimismo, me acusan de no conceder la debida importancia a la esfera de las ideas, pero creo que reaccionan a los intereses de mi corazón y mis intentos de hacer que unas ideas útiles resulten atractivas a todo tipo de personas. Algunos querrían que fuera un activista más comprometido, otros que me tomara las cosas de forma más relajada, y otros que formara parte de un movimiento u organización. Entretanto, en medio del barullo, me dedico a tocar el piano y a escribir. No siempre es fácil practicar las virtudes de la sabiduría, la compasión, los métodos eficaces, el asombro y la serenidad. En especial la serenidad. A veces el mundo quiere que hagas otra cosa.

Haz algo

Las religiones formales hacen hincapié en las creencias, la moral y la asistencia a la iglesia. En tu religión personal, lo primero es tu visión especial, y luego hallar la forma de encarnar tu visión en un sentido concreto. Emerson daba charlas, Thoreau construyó una cabaña y escribía un diario, Dickinson componía poemas, Kevin Kelly hace arreglos florales, Simone Dinnerstein interpreta a Bach, tú puedes construir un jardín, yo estudio y escribo libros. Al igual que todos podemos tener nuestra propia religión, también debemos tener nuestros rituales y narraciones y expresar nuestras intuiciones del modo que nos resulte más cómodo. No sólo vemos el mundo de una manera sagrada, sino que construimos nuestra vida de acuerdo con esta visión.

Las grandes historias del cristianismo, el budismo y otras religiones formales reflejan las historias que relatamos sobre nuestra vida. Cuando desees expandir tu religión personal, siempre puedes acudir a las tradiciones para obtener ideas útiles. También puedes confiar en tus inspiraciones e intuiciones. Así pues, te propongo dos elementos energéticos o dinámicos para tu religión: basarte en diversas tradiciones y prestar atención a la inspiración.

Cuando me disponía a escribir los últimos capítulos de este libro, la prima de mi esposa, Eva, una escritora y maestra que vive en Dublín, Irlanda, se dirigía al aeropuerto de Boston para regresar casa. Yo la llevaba en mi coche y recordé que pasaríamos cerca de Walden Pond durante el trayecto desde New Hampshire, un lugar que ella no había visitado nunca. Me pidió que nos detuviéramos y nos acercamos a la orilla del lago. Hacía un soleado día de septiembre y había poca gente junto al estanque. Teníamos prisa, pero Eva dijo que quería meterse en el lago para honrar a Thoreau.

Más tarde le pregunté por qué había querido detenerse en Walden y meter los pies en el agua. Ella respondió: «Te aseguro que no me di cuenta de que me había quitado los zapatos para entrar en el agua cuando estábamos junto a Walden Pond. Debió de ser algo instintivo, que se me ocurrió en ese momento. De modo que estas explicaciones, analizadas ahora, son especulativas. Sólo se me ocurre que quizá quise hacer algo simple que hubiera hecho Thoreau cuando vivía aquí, o asimilar más profundamente el espíritu del lugar metiendo los pies en el agua, o afianzar, mediante este pequeño rito, mi intención de aportar a mi vida simplicidad y silencio, con ayuda de la fuerza de su ejemplo».

Eva había llevado a cabo un acto religioso metiendo los pies en las aguas de Walden, y luego había tratado de hallar sentido en ese acto. Los teólogos cristianos medievales decían: «*Fides quaerens intellectum*». Otro excelente dicho que debemos tener presente: «La fe requiere entendimiento». Empiezas con tu intuición, como la de Eva al meterse en el Ganges de Walden, y yo le pido entendimiento. Su hermosa explicación es un ejemplo perfecto del tipo de religión que abrazo en este libro.

Observa lo potentes que son el poder y la influencia de Thoreau. Yo creo que se debe a su costumbre de acatar una voluntad más profunda que la suya. Permanecía abierto a la inspiración y no le preocupaba lo que pensaran los demás. En consecuencia, al cabo de más de ciento cincuenta años sus acciones y palabras siguen resonando en nuestro mundo. Diría incluso que el poder moral de las acciones y palabras de Thoreau proviene de un *siddhi,* un don especial, que le fue dado como resultado de su «obediencia».

Walden icónico

La cabaña que Thoreau construyó en Walden demuestra que una persona puede seguir independientemente una inspiración y crear algo que marca su vida religiosa y al mismo tiempo aborda las necesidades de la comunidad mundial. Thoreau tuvo una inspiración, una filosofía, y el valor necesario para construir su ermita temporal junto al lago. Curiosamente, al seguir su inspiración halló la forma de penetrar más profundamente en la vida, llevando a cabo una acción cuyo poder derivaba de su ser espiritual y que despertó el interés del mundo.

Tú también puedes seguir tus inspiraciones y reforzarlas por medio de la lectura, el estudio y los conocimientos. Thoreau tenía una imaginación espiritual culta. No dejaba que sus disparatadas inspiraciones dictaran su vida. Muchas personas religiosas tienen inspiraciones que calificamos de «desquiciadas», una oportuna forma de describir una imaginación desconectada de la inteligencia. Tus inspiraciones deben ser inteligentes, preparándote a través de la lectura y la práctica espiritual para sacar el máximo provecho de lo que recibas en esos momentos especiales de revelación.

Cuando yo vivía en el priorato, parte de la rutina diaria consistía en concentrarnos no en la espiritualidad sino más bien en la vida espiritual, poniendo el acento en «vida». Hoy en día, a menudo la espiritualidad parece estar separada de la vida y centrada en el Yo. Quizá necesitemos una nueva etimología de la palabra religión: «real-igión». Hacerla real. La espiritualidad es una dimensión de vivir, no una forma de evadirnos de la vida. Thoreau, el monje secular, decía que se había mudado a Walden para «afrontar los temas esenciales de su vida». El propósito de nuestra religión personal es análogo: es un medio de afrontar la vida que nos ha sido dada y sacarle el máximo partido.

Al comienzo de *Walden*, Thoreau nos advierte sobre el riesgo de hacer algo por motivos equivocados. Le disgustaba la idea del arrepentimiento, muy común en algunas personas religiosas. Parecen vivir desde el sentimiento de culpa en lugar de cultivar un sentido de comunidad. Thoreau afirmaba que conocía bien su ciudad de Concord y sabía que las personas que vivían allí «hacían penitencia de mil maneras, a cual más sorprendente». A continuación explica que mucha gente tenía que trabajar en los campos de sol a sol para ganarse el sustento. En cuadernos que escribió años más tarde, sigue diciendo: «Un hombre sabio prescinde del arrepentimiento [...]. Dios prefiere que te aproximes a Él con lucidez, no como un penitente, aunque seas el mayor pecador del mundo. Sólo olvidándote de ti mismo puedes aproximarte a Él».[83]

No es fácil ver el gran ego en la humildad, pero está allí. Si crees que es justo sufrir debido a las malas acciones que has cometido, piensa en el sufrimiento que comporta la vida cotidiana: el trabajo duro, los problemas en las relaciones, las enfermedades... La verdadera penitencia en la ciudad junto a la que vivía

---

83. Thoreau, *I to Myself* [Cartas a un buscador de sí mismo], p. 47.

Thoreau la llevaban a cabo los agricultores que trabajaban en los campos de sol a sol, no por gente que se flagela por haber pecado. Hoy en día todos hacemos penitencias a diario. Trabajamos duro, tratamos de ganar dinero para tener un techo sobre nuestras cabezas y comida en la mesa, tratamos de mantener una buena relación sentimental o matrimonio, tratamos de que nuestros hijos estén sanos, sean felices y tengan una buena educación, tratamos de evitar que el mundo estalle en mil pedazos. No necesitamos más penitencia. Necesitamos un poco de alegría, un ideal, aliento, una filosofía digna de nosotros, una comunidad auténtica, vecinos para no sentirnos solos. Necesitamos nuestra propia religión: nuestra fuente de inspiración, esperanza y sanación.

Rituales naturales

En una religión formal un ritual es cualquier acción que contribuya a la vida espiritual. Tiene un propósito trascendente y sirve al espíritu. Con frecuencia está lleno de símbolos y tiene más que ver con la poesía que con lo práctico. Como hemos comentado antes, una boda, un excelente ejemplo de este tipo de ritual, puede tener ciertas implicaciones legales, pero sus numerosos símbolos, como los anillos, el lenguaje grandilocuente y el atuendo formal, la apartan de lo meramente legal para transportarla a profundos niveles de sentido espiritual. La ceremonia ayuda a la pareja a comprender con toda claridad que su matrimonio es profundo y reside en el ámbito de lo eterno.

Yo me crié en una religión que concede gran importancia al ritual. La misa católica utiliza música, una vestimenta especial, humo de incienso, agua, vino, pan, gestos, palabras y movimientos para presentas los misterios de la doctrina católica. Algunos reformadores religiosos consideran estos rituales excesivos e inútiles, y prefieren que las enseñanzas morales se transmitan a través de los libros y la palabra. Lo mismo cabe decir de la vida: algunas personas prefieren hacer las cosas de modo sencillo y práctico, mientras que a otras les complace el símbolo y el ritual. A algunos les gusta celebrar su cumpleaños por todo lo alto, mientras que otros prefieren hacerlo con discreción y sin alharacas.

A mi entender, los límites entre los rituales religiosos formales y los rituales naturales se solapan con facilidad. La Navidad es un buen ejemplo: a algunos cristianos les irrita el mercantilismo de esas fechas. Quieren restituir a Cristo en la Navidad. Pero yo opino que las fiestas, los regalos, los villancicos y las imágenes de Santa Claus (o Papá Noel) se corresponden con el espíritu navideño. A fin de cuentas, la Navidad llega al final del año, en el solsticio, cuando las noches son largas y se produce un apreciable y repentino cambio hacia la luz. Como es natural, es una época de esperanza y de luz, un tiempo de celebración.

Esta época natural de rituales encaja con las enseñanzas del Evangelio sobre Jesús, de forma que los aspectos teológicos y religiosos de la Navidad son importantes para quienes le siguen. Pero muchos adoptan la Navidad sin sentir ningún interés especial por Jesús o el cristianismo. Durante el solsticio invernal se celebra también la *Hannukah* judía, un festival de luz, la *Kwanzaa*, el Día del *Bodhi* budista, la festividad de San Esteban, la Saturnalia, la ceremonia *Soyal* entre los hopis y los zunis, y muchos otros ritos espirituales formales e informales. Opino que debemos incorporar de nuevo a Santa —cuyo nombre significa «santo» o «sagrado», el espíritu de fraternidad y generosidad, sin referencia a una determinada forma de religión— en la Navidad. La Navidad es el día sagrado para todo el mundo, y su significado «auténtico» es universal. Como alguien profundamente devoto de Jesús que siente una entusiasta admiración por las historias sobre su infancia relatadas en el Evangelio, propongo que incorporemos de nuevo a Santa en la Navidad.

Actos éticos

Tengo un viejo y fiel amigo, Mike, que siente el intenso deseo de desarrollar su propia teología, aunque no lo exprese de esa forma. Es un magnífico atleta. Hace veinticinco años observó en un gimnasio que la gente desechaba sus viejas zapatillas deportivas antes de que estuvieran gastadas. Se le ocurrió la idea de reunir todas las zapatillas que pudiera, lavarlas y enviarlas a niños en todo el mundo que las necesitasen. Convirtió su idea en un pequeño negocio sin ánimo de lucro y ha ayudado a miles de niños. Le preocupa de manera especial que vayan descalzaos en regiones infestadas de parásitos y bacterias.

La «labor» de Mike no tiene ningún aspecto religioso externo, pero satisface su visión espiritual y constituye una práctica ética concreta, convirtiendo su labor en su religión personal. La práctica personal de Mike surgió a raíz de muchos años de estudio y de interesarse por diversas tradiciones espirituales, pero al mismo tiempo es personal e informal, pues no tiene conexión con ninguna una Iglesia. Según mi definición, puede calificarse como una religión personal.

Pedí a Mike que escribiera algún pensamiento que tuviera sobre su religión personal. Su respuesta es bastante larga, pero constituye un hermoso testimonio que pone cara a buena parte de lo que he escrito, de modo que he decidido reproducirla en su integridad:

Hace cuarenta años vi una fotografía de unos niños coloca-
dos en fila, en un lugar de África, que se morían a causa del
hambre. Por esa época yo ya sabía que había niños en el
mundo que sufrían, pero nunca me había enfrentado a ello.

Durante dos años practiqué el ayuno, leí, medité y recé.
En cierto momento, pedí a Dios que tomara mis ojos y se
los diera a otra persona si yo no podría ver nunca mejor con
ellos. Una mañana, me desperté a un mundo que jamás había visto. Tomé el teléfono para llamar a un amigo y contar-
le lo que había visto, y lo que ahora sé. Pero no podía articular palabra. Estuve varios días sin poder hablar.

Lo que sé es que el reino de los cielos está cerca. Sé que
la Verdad es una forma de estar en el mundo, independiente
de toda religión. Las personas que conozco que la han descubierto honran a Jesús y honran a Buda, pero no se consideran seguidores, y menos devotos, de ninguno de ellos. Y
sé que la vida es una bendición.

En 1989, inicié un programa llamado Banco de Zapatos
que proporciona zapatos a niños en situación de urgente
necesidad. Alguien perteneciente a un grupo misionero con
el que a veces colaboro me envió hace poco una fotografía
de unos niños en fila, en un lugar de África, que esperaban
recibir zapatos que protegieran sus pies de los parásitos. En
ese momento recordé la fotografía de hace cuarenta años
que puso en marcha este programa.

–

En 1991 tuve un hijo, Michael, que empezó a colaborar con el
programa de zapatos cuando iba a la guardería. Los únicos
vídeos que tengo de él son de cuando una de las cadenas de

televisión locales rodó un documental sobre el Banco de Zapatos, y nos filmó juntos recogiendo o entregando zapatos a uno de los centros de acogida locales. La labor a la que he dedicado mi vida no me ha permitido reservar un dinero que contribuyera a sufragar los costes de enviar a Michael a la universidad. Pero creo que el tiempo que pasamos juntos cuando era niño, ocupándonos de otros niños, le será más provechoso que cualquier cosa que pueda comprarse con dinero.

El testimonio de Mike contiene varios elementos que yo incluiría en una religión personal. Es consciente de las tradiciones y se basa en más de una. Tiene su propia teología, la cual se traduce en una potente obra individual y ética. Asimismo, entiende que su joven hijo podría desarrollar su propia religión a través de la experiencia de las buenas acciones de su padre.

Communitas

La mayoría de las personas, cuando les comento esta idea de una religión personal, me preguntan: ¿Y la comunidad? ¿No es esencial?

Conviene distinguir entre ser miembro de un grupo y tener un sentimiento profundo y transformador sobre la comunidad. A veces una población constituye una comunidad cuyos miembros mantienen una estrecha relación entre sí, pero cuando se produce una tragedia, aparece un profundo sentimiento comunitario. Casi puedes verlo y tocarlo. El antropólogo Victor Turner utiliza la palabra «*communitas*» para referirse a este sentimiento, y hace poco su esposa, Edith, publicó un interesante libro sobre el tema.

Describe las numerosas facetas de *comunitas*, incluyendo el poder de la espiritualidad, el sentido del humor y el esfuerzo común por ponerla en marcha. Una comunidad no se crea como quien organiza una reunión, y de hecho, el control sobre los individuos que la forman acabaría con ella. Es un sentido comunitario especial que abraza no sólo a todos los seres humanos sino a otras especies y objetos. Edith Turner lo expresa con sencillez y elegancia: «¿Qué significa en realidad *communitas*? La vemos aparecer una y otra vez como una unión que tiene como límite el universo».[84]

Puedes experimentar este sentimiento comunitario si te preocupa ser alguien, que se fijen en ti, que te valoren o reparen en ti. Necesitas liberarte de las ansiedades del narcisismo. Tienes que abrir tu corazón a los demás, al extraño y a lo desconocido. Al escribir sobre la paranoia, Hillman resalta un interesante punto: si no estás abierto a la influencia desde dentro, no estarás abierto a los demás en el mundo.

Repetidas sensaciones de profunda comunidad crean el clima en el que cada cual puede desarrollar su propio código ético. Un ejemplo extraído de mi vida me hace retroceder a fines de los años sesenta, cuando me uní a un numeroso grupo de estudiantes de la Universidad de Michigan en un viaje en autocar a Washington, DC., para protestar contra la Guerra de Vietnam. Ocupé el lugar de un joven al que apenas conocía y me puse su insignia. No conocía a nadie en el autocar ni en la manifestación, y ni siquiera ostentaba mi propia identidad. Sin embargo, mientras me hallaba en el National Mall, compartiendo una in-

---

84. E. Turner, *Communitas*, edición Kindle (Palgrave Macmillan, Nueva York, 2012), pp. 792-793.

quietud común con decenas de miles de hombres y mujeres, experimenté un profundo sentido comunitario que rara vez he experimentado en mi vida.

Estábamos unidos por una pasión ética compartida, la cual propició un intenso sentimiento de acción espiritual. Incluso el lugar parecía ese día un terreno sagrado, y, curiosamente, Edith Turner se refiere a esa ubicación como un espacio sagrado. Comunidad, lugar y ética se unen para crear un evento en nuestra religión personal.

Muchas personas sienten la necesidad de formar parte de un grupo identificable. Para ellas, una comunidad local podría ser un puente de acceso a una comunidad definida menos concretamente. En mi caso, los amigos que tengo en todo el mundo, colegas y escritores en todas partes, y un nutrido número de lectores de mis libros me proporcionan la comunidad que necesito. Por supuesto, tengo mis vecinos y amigos locales que atesoro. Pero prefiero el sentimiento comunitario en un sentido más amplio y expansivo de conexión con un grupo de personas que comparten una creencia común. Especialmente hoy, el planeta es pequeño y todos estamos en contacto unos con otros. Hay pocos grados de separación. Quizá no comprendamos que existe sólo una comunidad, formada por los seres de la tierra. Y esa comunidad se expande cuando nos encontremos con otros en nuestro universo.

Postludio

VIVIR TU DICHA

«Las cosas se desmoronan; el centro no se sostiene; en el mundo se desencadena la mera anarquía.»

W. B. YEATS, «The Second Coming»

He oído estas líneas de Yeats multitud de veces en sermones, conferencias y seminarios, y nunca envejecen. Hoy en día las personas las sienten en lo más hondo de su corazón, mientras la política, la economía, la vida familiar y las calles de las ciudades parecen haber perdido el alma o el espíritu que las ha dotado de un corazón. Sentimos el espíritu de nuestros tiempos como «mera anarquía», un desmoronamiento que carece de toda nobleza. Cuanto más observamos el espacio y contemplamos las esferas de los planetas y los soles que nos rodean, más planos nos parecen nuestro mundo y nuestras vidas.

La sensación de apocalipsis, tan palpable en el poema de Yeats y entre los ciudadanos de nuestro mundo, no es sólo nuestra. Generaciones antes que nosotros la experimentaron, al igual que sus culturas, enfrentadas a problemas de difícil resolución. Podría decirse que es una sensación mítica o arquetípica, un estado anímico que se apodera de la humanidad cuando ha alcanzado el punto de entropía.

La ausencia de religiones establecidas aceptadas en todo el mundo, autorizadas y reconfortantes, refuerza nuestra sensación de «fin del mundo». No tenemos nada que nos proporcione visión, que sostenga nuestros valores y nos mantenga unidos. Crear nuevas religiones a partir de las antiguas o reanimar las viejas tradiciones es imposible, dada nuestra nueva sofisticación en tantas áreas. Emprender el camino puramente secular es un suicidio, porque la ciencia carece de una profundidad de visión para guiarnos en nuestra búsqueda profunda, y la psicología del ego es demasiado pequeña para navegar a través de los misterios que nos rodean. Los placeres de la tecnología son vacuos sin una filosofía profunda que nos guíe. La única solución es imaginar una nueva religiosidad que abrace lo secular y evite las soluciones sentimentales a nuestros problemas no sentimentales, una religiosidad construida sobre todas las tradiciones, pero sin depender de ellas. Necesitamos una religión propia.

Para crear una vida religiosa personal, tienes que analizarlo todo bien y mostrarte crítico con la información que recibas. Quizá tengas que cavar profundamente para encontrar recursos útiles y experimentar hasta que te sientas satisfecho. Tienes que hacer preguntas pertinentes, y cuando te percates de que el maestro o la comunidad en la que has aterrizado no merece la pena, alejarte y seguir tu camino. Quizá tengas que viajar, leer, estudiar, retirarte a un lugar espiritual, asistir a talleres o buscar en Internet para hallar las respuestas a tus preguntas, unas respuesta que no ofendan tu inteligencia. Especialmente en el ámbito espiritual, necesitas buen olfato para detectar el fraude y las ideas insustanciales.

Todo ello se reduce a un antídoto contra la inconsciencia. Lo mejor es que vivir de modo consciente te procura más placer que el embotamiento del pensamiento de un autómata podría ofrecerte. Sí, a veces renunciar a las viejas ideas que atesoramos duele, pero el placer de saber es mucho mayor que la satisfacción de la ignorancia. «Placer», una palabra que muchas tradiciones religiosas han convertido en innoble, es el secreto del futuro: un placer profundo, nada menos que la satisfacción erótica y, en resumidas cuentas, la dicha.

La dicha

He empleado términos como «placer» y «satisfacción», pero la palabra más utilizada en la literatura religiosa tradicional es «dicha». Pienso en dos fuentes especialmente importantes: las *Upanishad* de la antigua India y las bienaventuranzas de Jesús.

La teología primitiva india sostenía que existen tres elementos esenciales en la vida religiosa: *sat-cit-ananda*. Traduzcamos estas importantes palabras sánscritas como la «dicha de ser consciente». Se han escrito tomos sobre estas cuatro pequeñas palabras, pero analicémoslas simplemente. «Ser» es aceptar tu situación como es y sentir tu individualidad. He hecho hincapié en esta cualidad a lo largo de todo el libro refiriéndome a una religión propia. Al pensar en la religión de esta forma, realzamos el hecho ser una persona en lugar de sentirnos perdidos en la multitud. La conciencia es evidente. Podríamos denominarlo «ser consciente». Éste es también un tema importante en este libro. El tercer elemento, «placer», está curiosamente ausente de muchas presentaciones religiosas formales.

Yo diría que la mayoría de las personas equiparan religión

con incomodidad: asistir a la iglesia cuando no te apetece, abstenerte de hacer lo que deseas, privarte de ciertos caprichos y pensar que el trabajo duro e incluso el sufrimiento te convierten en una buena persona. Curiosamente, a lo largo de la historia muchos escritores inteligentes han sugerido lo contrario: que el placer es algo positivo e incluso una señal de alma.

Quienes se adhieren a esta filosofía son denominados a veces epicúreos, por Epicúreo, el filósofo del placer moderado y profundo. Muchos filósofos del alma han sido epicúreos: Ficino, Wilde, Dickinson, Morris. En mi obra sobre los Evangelios, sugiero que Jesús también era un epicúreo. Compara su filosofía vital como la presentan los Evangelios con las enseñanzas de líderes de la Iglesia que han hablado en su nombre, y observarás una curiosa diferencia. Jesús recomienda todas las virtudes habituales epicúreas: amistad, comer juntos, cuidar unos de otros, gozar de la vida y mantener una actitud amable. Sus seguidores suelen recalcar la abnegación, el juicio, el temor y la sumisión, a menudo en tono estricto y punitivo. Cabe preguntarse ¿dónde está el amor?

Así pues, quizá sea contraintuitivo por mi parte proponer que una religión propia debe basarse en el placer, en lugar de en el dolor. Recomiendo alejarse del patrón sadomasoquista de reglas, castigo, temor, sumisión, autoridad y dominio masculino. Pero quiero ir más allá del placer. Quiero sugerir que el objetivo de esta nueva religión es la dicha.

Utilizo esta palabra con precisión y rigor. La dicha es el placer especial que sientes cuando vives desde el centro de tu vida, cuando sintonizas con tu destino, y cuando abres tu mente y tu corazón a la fuente de vida, obrando de acuerdo con las leyes profundas de tu naturaleza. Esto es *ananda*, alegría, dicha o placer profundo.

Quiero hacer una distinción entre la felicidad común y corriente y la dicha. La dicha no es un placer superficial ni un deseo extravagante. Entendida contra el telón de fondo de las tradiciones religiosas, es un gozo especial y el alivio de sentirse sintonizado con la naturaleza, incluyendo la naturaleza de uno mismo. Es una virtud religiosa y fruto de un largo período de búsqueda, experimentación y práctica.

Cuando Jesús enseñaba las bienaventuranzas, utilizaba una palabra especial que tradicionalmente traducimos como «bienaventurado», como «bienaventurados los humildes». Pero su palabra «*makarioi*» se refiere a la isla de la dicha donde los dioses y las diosas van en busca de paz y descanso. Es un lugar de reposo divino, no sólo una felicidad superficial. Para los humanos, la dicha no es una opción: es esencial si queremos gozar de una salud del cuerpo y del alma y evitar una conducta desesperada y sintomática. Uno se pregunta si el excesivo afán de diversión, ciertas drogas, el alcohol y el consumismo no son formas neuróticas e ineficaces de alcanzar la dicha. Como todos los síntomas, nos permiten saborear una muestra de lo que nos falta, pero en última instancia son ineficaces y con frecuencia perjudiciales.

A principio de los años setenta mantuve una intensa conversación con Joseph Campbell mientras desayunábamos. Campbell aún no había popularizado la mitología con sus libros y sus vídeos con Bill Moyers, pero era un autor conocido cuya popularidad iba en aumento. Hablamos sobre su idea de ser fiel a tu *wyrd*. Posteriormente recomendaba «persigue tu dicha». Se refería a estar atentos a nuestro destino que se desarrolla dentro de nosotros, y a tomar decisiones basándonos en él. Decía que esto conducía a la dicha, y aludía a *sat-cit-ananda*.

El término que empleó, *wyrd*, se refiere a la antigua imagen de tres mujeres que crean nuestro destino —las hermanas *wyrd*— del que se deriva la palabra *weird*.[85] Cuando sigues tus intuiciones y permaneces fiel a lo que guía tu destino, haces ciertas cosas que generan tu existencia, incluyendo una religión propia. Un día quizá comprendas que para ser una persona feliz tienes que distinguirte de la masa y vivir tu propia vida, seguir tu *wyrd*. Puede que te conviertas en una persona excéntrica y hagas cosas que la sociedad rechaza y preocupen a quienes te quieren.

La dicha es la alegría que experimentas cuando te liberas de la presión de ser un Yo insignificante. La dicha desciende sobre ti cuando te abres a la vida en toda su abundancia y maravilloso poder y te sumerges en ella hasta el punto de olvidar tu obsesión de ser alguien y justificar tu vida. Te rindes. Dejas que la vida te guíe. Te conviertes en una persona santa en lugar de en un egocéntrico secular, y descubres que tu santidad se basa en tu propia religión.

Una última lista

A la gente le gustan las listas. De modo que añadiré una lista de puntos que debes tener en cuenta cuando crees tu religión personal.

1. *Redefine los términos y las ideas tradicionales*. No asumas de forma inconsciente viejos significados y un viejo lenguaje. Reinventa y redefine. No aceptes los habituales

---

85. Inglés arcaico: referente al destino, que lo dirige o controla. *(N. de la T.)*

significados de «Dios» y «religión». No pienses en la ética como has hecho siempre. No imagines rituales y reuniones al estilo antiguo y arcaico. Reinventa. Reimagina.

2. No consideres una comunidad de forma demasiado literal. Recuerda que tu comunidad incluye a todo tipo de seres y objetos en el universo. No seas estrecho de miras sobre quién o qué integra tu comunidad. Incluye a los animales, los elementos pertenecientes a la naturaleza, como árboles y plantas, cosas y objetos, y seres con los que todavía no te has encontrado en el universo. Recuerda la paradoja: una comunidad local funciona mejor si tienes en cuenta la tierra y la comunidad cósmica, y a la inversa.

3. Tienes derecho a asimilar elementos de cualquiera de las tradiciones espirituales y religiosas del mundo y ponerlos en práctica. Te pertenecen. Puedes ser miembro o no de alguna de ellas, centrarte en varias o sólo en una o dos, probar una tras otra o varias a la vez, seguir fiel a la tradición familiar o alejarte de ella, abrazar las tradiciones o explorar tu agnosticismo.

4. Entiende que muchas cosas, si no todo, que suelen considerarse seculares son sagradas, si tienes los ojos para verlo. Una religión personal es distinta en el sentido de que puedes mantener lo sagrado y lo secular estrechamente unido, viendo lo sagrado en todas las actividades seculares.

5. Sé una persona mística a tu estilo. Esto no es una opción. Para ser plenamente humano, debes tener de forma regular algún tipo de experiencia mística. La naturaleza y el arte son muy importantes a este respecto.

6. No contemples la ética y la moral como una lista de cosas que no debes hacer. Considéralas cosas positivas que debes hacer, en la mayoría de los casos tú solo, y que contribuyen y ayudan a la comunidad humana.

7. Sabiduría, compasión y método. Puedes tomar prestados mis tres factores centrales, que yo he tomado prestados de Oriente. Puedes añadir los dos de Glenn Gould, *asombro* y *serenidad*. Crea tu propia religión con ellos. Añade otros dos de tu propia cosecha.

8. Utiliza las artes para tu educación espiritual y bienestar. Abórdalas de un modo especial, como senderos hacia la percepción y la experiencia espirituales. No visites un museo para instruirte; para conviértelo en un *darshan*, en un peregrinaje, medita mientras contemplas las imágenes.

9. Plantéate con inteligencia todo lo referente a tu espiritualidad, pero utiliza también tu intuición, confía en ella y desarróllala con métodos concretos. Recuerda la palabra que utilizaba Platón para describir estas formas de entendimiento: «manía». Quizá tengas la sensación de ser una persona algo desquiciada al escuchar a tu daimon, atender a tu *juno* y seguir tus intuiciones.

10. Abraza a Eros; no le temas. Conviértelo en parte de tu vida cotidiana. Sigue tus deseos y cultiva placeres profundos y sólidos. Construye tu religión sobre la alegría y la dicha. Entiende que gozar del cuerpo humano, el tuyo o el de otra persona, no es sino un paso para vivir con alegría en un mundo sensual y material. Es la base de una vida espiritual y el fundamento necesario a la hora de crear tu propia religión.

«Todas las Iglesias son Iglesias de un miembro», decía Emerson. No pretendo que este libro sea una crítica de la religión formal. El que seas un devoto miembro de una comunidad y tradición espiritual no carece de importancia. Tanto si eres un miembro o un buscador, puedes crear tu religión personal. Los recursos que tienes a tu alcance son abundantes y maravillosos. Lo único que tienes que hacer es perder la mala costumbre de discutir sobre quién tiene razón y quién está en posesión de la verdad. En estos temas recomiendo que prescindas de la palabra «verdad». Sólo te causará problemas.

Me gustaría volver el mundo del revés y desarrollar un sistema educativo en el que todo el mundo aprendiera en primer lugar arte y religión. Cuando hayas progresado en estos dos temas esenciales, estarás preparado para buscar una profesión o un trabajo. Entonces, y sólo entonces, estarás preparado para casarte y tener hijos. Sólo entonces serás capaz de envejecer con dignidad y sabiduría.

Nuestra sociedad comete locuras constantemente porque se ha olvidado de la religión. Trata de apañárselas sola. Menosprecia el misterio y sufre las consecuencias. Debemos utilizar métodos eficaces (*upaya*) para afrontar los misterios del amor, la enfermedad, el trabajo, la intimidad y la muerte. Por más que cueste imaginarlo, si pudiéramos cambiar las cosas y convertirnos en una cultura basada en la sabiduría en lugar de en una cultura basada en la información, quizá lograríamos salvarnos.

Si pudiéramos descubrir la importancia del ocio en lugar del trabajo duro, de la imagen en lugar de la interpretación, y del amor en lugar del control, nos aproximaríamos a la dicha. Si todos pudiéramos tener el placer de vivir nuestra propia religión, quizá conseguiríamos vivir en armonía y mutua alegría.

AGRADECIMIENTOS

Si he podido explorar mis «extrañas» ideas desde hace años ha sido gracias al apoyo de amigos que me aceptan como soy. No puedo mencionarlos a todos, pero citaré a unos cuantos que han tenido un impacto directo en este libro: Pat Toomay en Nuevo México, Cheryl Holmes, Brian Clark y Geoff Sweeting en Australia, Heather Bass en Maine, John Van Ness en mi barrio, Aris Boletsis en Nueva York y en el mundo, George Lopez en Maine, Simone Dinnerstein en Brooklyn, Veronica Goodchild entre los círculos en los campos de cultivo, Mike Berringer en Texas, David Chadwick en Zenland, Kevin Kelly en Kansas City, Carla Marie Greco en Santa Rosa, Catherine Gotshall English en el barrio, Gary y Patrice Pinette, que nunca están muy lejos, Sean Kramer en Manchester, Eva O'Callahan en Irlanda, Chris Robertson en Londres y la doctora Clare Willocks en Glasgow. El apoyo que me han brindado Brendan y Hazel Hester desde Dublín significa más para mí de lo que imaginan. Me alegro de volver a trabajar en Gotham con Bill Shinker y Lauren Marino, agradeciéndoles que vieran cierto valor en este libro, con la publicista Lisa Johnson y con mis colaboradoras diarias Emily Wunderlich y Beth Parker. Gracias al padre Mark Patrick Hederman de la Abadía de Glenstal por ayudarme a conservar mi catolicismo a mi manera. A Hugo Van Dusen por aconsejarme siempre bien. A Chris Bamford por sus ideas clave y sus consejos editoriales. A Aftab Omer por ayudarme a comprender mi trabajo y a Mark McKinney y a Byram Karasu por su afecto y lealtad. Gracias a Patricia Berry por su constante amistad, y a la reverenda Karin Kilpatric por hacer que mis ideas cobren vida. Gracias a Kim Witherspoon y a Alexis Hurley por sus oportunos consejos. El libro debe su existencia a Todd Schuster, que me ayudó a dar forma a la idea y presentarla al mundo. Gracias también a Jacob Moore por su papel en este proceso. Mi familia es un milagro análogo al trébol y a la lluvia a los que aludía Emerson: Abe es una persona maravillosamente completa y Ajeet una hija dotada de talento y cariñosa. Hari Kirin sabe aconsejarme y apoyarme de forma acertada y al mismo tiempo instruirme en materia del amor, el alma y el espíritu. Con el corazón rebosante de amor y gratitud, doy las gracias a todas estas personas profundamente creativas y visionarias por haber contribuido a crear este libro.